कर्मयोगी संन्यासी
योगी आदित्यनाथ

कर्मयोगी संन्यासी
योगी आदित्यनाथ

रहीस सिंह

प्रभात प्रकाशन, दिल्ली
ISO 9001:2015 प्रकाशक

प्रकाशक • **प्रभात प्रकाशन**
4/19 आसफ अली रोड,
नई दिल्ली–110002

संस्करण • प्रथम, 2019
मूल्य • चार सौ रुपए
मुद्रक • आर–टेक ऑफसेट प्रिंटर्स, दिल्ली

Karmayogi Sannyasi : YOGI ADITYANATH
by Shri Rahees Singh ₹ 400.00
Published by Prabhat Prakashan, 4/19 Asaf Ali Road, New Delhi-2
e-mail: prabhatbooks@gmail.com ISBN 978-93-5322-244-4

उन सभी
ऋषियों, यतियों और योगियों
को समर्पित,
जिन्होंने राष्ट्र और संस्कृति को अक्षुण्ण रखने में
अपना संपूर्ण जीवन
समर्पित कर दिया।

दो शब्द

"यदि हम तलवार थामे रखना चाहते हैं, तो यह जरूरी है कि दूसरों को तलवार म्यान में डालने के लिए बाध्य करें।" जॉर्ज हर्बर्ट का यह कथन समस्त संप्रभु सत्ताओं के लिए भले प्रासंगिक न रहा हो, लेकिन महाशक्तियों के लिए हमेशा ही प्रासंगिक एवं अनिवार्य रहा है। इसका सीधा सा मतलब है कि यदि हम ताकतवर हैं तो हमें ताकतवर दिखना भी होगा। भारत इतिहास के आरंभिक कालखंडों में महाशक्ति रहा और आजादी के बाद भी बड़ी ताकत के रूप में उभरा, लेकिन वह यह दिखाने में असफल रहा कि वह एक बड़ी शक्ति है। सवाल यह उठता है कि जब भारत तलवार थामने की ताकत रखता था, तब उसने ऐसा प्रदर्शन करने में अक्षमता क्यों दिखाई? उसकी यही अक्षमता उसे 'सॉफ्ट स्टेट' की सीमा-रेखा के अंदर घसीट ले गई, जिसका फायदा हमारा अहित चाहने वालों ने बड़ी आसानी से उठा लिया। हमें इतिहास के पन्नों का यह सबक तो पढ़ाया गया कि वहाँ हिमालय के पार एक महादानव सो रहा है, उसे मत जगाओ; क्योंकि जिस दिन वह जागेगा, धरती को हिला देगा। लेकिन इस सबक से वंचित रखा कि हिमालय से हिंदमहासागर के बीच त्रिदेव की धरती दुनिया की सबसे शक्तिशाली और पवित्र धरती है, उसमें इतनी शक्ति है कि वह दुनिया का पोषण भी कर सकती है और संहार भी, यह अलग बात है कि उसकी मूल प्रकृति पोषक की है, संहारक की नहीं। वह धरती विश्व विजेताओं की धरती है, फिर चाहे हम उसे राम के चरित्र में खोजें, कृष्ण के प्रेम में ढूँढ़ें, बुद्ध के सत्य व अहिंसा में तलाशें या विवेकानंद के ज्ञान में। हमें यह भी नहीं बताया गया कि यह संपूर्ण विश्व संस्कृति और अध्यात्म के मामले में भारतभूमि का ऋणी है। आखिर वजहें क्या रहीं? क्या भारत का नेतृत्व करनेवाले लोग भारत की संस्कृति और अध्यात्म से डरते रहे, जो इसे आगे नहीं ला

सके या फिर राजनीति के अंकगणित में ये लंबे समय तक शामिल होने की योग्यता से वंचित रहे। तब क्या हम इस निष्कर्ष पर पहुँच सकते हैं कि आज भारत में पुनः सांस्कृतिक-आध्यात्मिक पुनर्जागरण की आवश्यकता है? यदि औपचारिकताओं को परे रखें तो यह इन पहलुओं पर विचार करते समय निष्कर्ष पर पहुँचने में कोई कठिनाई नहीं होती थी या बुद्ध की दार्शनिक शब्दावली में कहें तो प्रतीत्यसमुत्पाद स्पष्ट था, गामिनी प्रतिपदा का अनुमान था; लेकिन गुरु/नायक कौन होगा, यह सुनिश्चित करना मुश्किल था। वही न जो ऐसे संकल्प से प्रतिबद्ध हो। पर यहाँ सिर्फ त्याग का विकल्प है? तो अगला सवाल उठ जाता था कि यह त्याग करेगा कौन? वह वर्ग जिसका उद्देश्य दसवीं कक्षा तक पहुँचते-पहुँचते सिर्फ नौकरी और उससे आगे भौतिक सुखों से सृजित सपनों को जमीन पर उतारना भर रह जाता है? या वह वर्ग जो राजनीति की प्राइमरी पाठशाला से ही टोकनवाद का पाठ पढ़ना शुरू कर देता है? इस टोकनवाद के लिए तो राष्ट्र, समाज और लोग सिर्फ साधन मात्र होते हैं। यदि ये दोनों नहीं तो, फिर बचा कौन?

मैं एक बार महाराजजी (योगी आदित्यनाथ) से बात कर रहा था, बात करते-करते किसी प्रसंग के दौरान उन्होंने कहा कि मैं संन्यासी नहीं बनना चाहता था। बात सुनते ही मुझे कुछ देर के लिए असहज सा लगा और मन में सवाल आया कि क्या वे किसी दबाव में या लालच में संन्यासी बने। मैं यह प्रश्न उनके सामने रखता, इससे पहले ही वे बोल दिए कि मैं राष्ट्र की सेवा करना चाहता था। मेरा मन था कि मैं राष्ट्रीय स्वयंसेवक संघ में जाऊँगा और फिर राष्ट्र सेवा करूँगा। लेकिन उनके गुरु महंत श्री अवेद्यनाथजी उन्हें संन्यास की तरफ लाना चाहते थे। महराजजी ने बताया कि उन्होंने श्री अवेद्यनाथजी से भी स्पष्ट कह दिया था कि वे संन्यासी बनकर माला नहीं फेरना चाहते या कारोबार नहीं करना चाहते। वे तो राष्ट्र और समाज की सेवा करना चाहते हैं। इसके बावजूद भी श्री अवेद्यनाथजी ने उन्हें गोरखपुर बुलाया और वहाँ उनके साथ कुछ लोगों को भेजा कि वे अजय सिंह (महाराजजी के विद्यार्थी जीवन का नाम) गोरक्षनाथ पीठ की समस्त गतिविधियों को दिखाएँ, जिसमें शैक्षणिक, चिकित्सकीय, समाज सेवा, दान…आदि शामिल थीं। अजय से कहा कि वह इन सबको देखने के पश्चात् स्वयं इस निष्कर्ष पर पहुँचें कि गोरक्षनाथ पीठ क्या वास्तव में समाज और राष्ट्र सेवा की दिशा में गतिशील है या नहीं? क्या गोरक्षनाथ पीठ उनके मानदंडों और मनोविज्ञान पर खरी उतर पा रही है या नहीं? एक बात और, महंत श्री अवेद्यनाथजी के गुरु महंत श्री दिग्विजय नाथजी

ने 1969 में शरीर त्याग दिया था, जबकि महाराजजी (योगी आदित्यनाथ) का जन्म 1971 में हुआ था और महंत अवेद्यनाथजी अजय (यानी योगी आदित्यनाथजी) में अपने गुरु की छवि देखते थे, इसलिए वे चाहते थे कि अजय ही उनके उत्तराधिकारी बने। कुल मिलाकर अजय की बचपन से लेकर अब तक बहुत सी जिज्ञासाएँ, बहुत से प्रश्न और एक विशाल फलक पर भारत को देखने का सपना था। वह अतीत की भित्तियों को ही नहीं टटोलता था, बल्कि वह अयोध्या से लेकर बामियान तक में मौजूद भारतीय गौरव की कथाओं को देखने की कोशिश करता था। उसमें भारतीय गौरव के ध्वंस की पीड़ा भी था और वर्तमान विश्व को जानने की उत्सुकता भी। वह तमाम ध्वंसों को देखकर केवल द्रवित ही नहीं होता था, बल्कि मौन संकल्पों की श्रृंखलाओं के क्रम में एक कदम आगे बढ़ जाता था। लेकिन गोरक्षपीठ के सत्कार्य, उसकी सामाजिक न्यायप्रियता, उसका हिंदुत्व एवं राष्ट्रत्व के प्रति समर्पण और पीठ की हैसियत को देखकर वह शायद अब इस निष्कर्ष पर पहुँचने में सफल हो रहा था कि गोरक्षनाथ पीठ, भगवान् गोरखनाथ और गुरु की कृपा ही उसके संघर्ष का आधार और शक्ति बनेंगे। आखिर परमहंस की कृपा ने ही विवेकानंद को शिकागो में भारतीय गौरव की स्थापना की शक्ति प्रदान की थी। यहीं से अजय को धर्म, संस्कृति एवं राष्ट्र के कार्य पूर्ण करने के सिलसिले को शुरू करने का महान् अवसर हासिल हुआ। यही वजह थी कि महाराजजी ने संन्यासी होने के साथ-साथ राजनीति में कदम रखा, क्योंकि उनके लिए राष्ट्र सर्वोपरि है और सर्वेच्च उद्देश्य है—राष्ट्र सेवा।

महाराजजी के मुख्यमंत्री (उत्तर प्रदेश) बनने के बाद विपक्षी जमात से लेकर वर्ग विशेष तक में एक सवाल तैरता दिखा कि एक संन्यासी को सत्ता की आवश्यकता क्यों? यहाँ दो जवाब थें—पहला यह कि गोरखनाथ पीठ शासकीय पीठ है, इसलिए इस पीठ का प्रमुख राजत्व के गुणों से भी संपन्न होता है। दूसरा यह कि जो लोग यह प्रश्न करते हैं, वे भारत की सांस्कृतिक-आध्यात्मिक परंपरा से परिचित नहीं हैं। उन्हें न ही भारत के शास्त्रों का ज्ञान है और न पुराणों का। यहाँ परशुराम जैसे संन्यासियों ने राजधर्म की प्रतिष्ठा की है। यहाँ विश्वामित्र जैसे क्षत्रिय ऋषि भी ब्रह्मर्षि हुए हैं, यहाँ विदेहराज जनक जैसे शासक राजर्षि हुए हैं…। फिर विशेषकर आज के इस युग में, जहाँ 'करप्शन ऑफ कॉम्प्लीकेशन' बेहद प्रभावशाली हो, तो महाराजजी जैसे सत्यनिष्ठ और ईमानदार नेतृत्व की प्रासंगिकता बहुत बढ़ जाती है। सवाल यह उठता है कि यदि महाराजजी नहीं तो कौन, जो भारत

की सांस्कृतिक-आध्यात्मिक विरासत को सहेजते हुए राष्ट्रनीति कर सकता है। आज तक प्रयागराज नाम की पुनर्प्रतिष्ठा करने और अयोध्या को उसका स्थान तथा उसके गौरव को लौटाने की पहल करने की हिम्मत किसी में भी नहीं हुई थी। तो यह उम्मीद कैसे की जा सकती है कि वह भारत की इस थाती को सही से संरक्षित और पोषित करते हुए भारत को आगे ले जाएगा, जहाँ दुनिया के तार भारत से पुनः इस तरह से जुड़ेंगे कि भारत विश्व की सभ्यता व संस्कृति का केंद्र की हैसियत से प्रतिष्ठा प्राप्त कर सके।

दरअसल 1990 के बाद से बाजारवाद के साथ-साथ अति असामान्य महत्त्वाकांक्षा का जो चरण शुरू हुआ था, उसमें सिर्फ एक फॉर्मूले पर आगे बढ़ा गया कि बाजार की समृद्धता में ही राष्ट्र की समृद्धता छिपी है और बाजार ही एक दिन भारत को महाशक्ति के सर्वोच्च पायदान तक ले जाएगा। लेकिन इस नवउदारवाद ने तो भारत में जिप्पियों को जन्म दिया। ये जिप्पी विश्वबाजार में भारत का झंडा लेकर चलने को तो उत्सुक थे, लेकिन श्यामलाल गुप्त पार्षद का झंडा गीत गाते हुए, उसे विश्व विजयी बनाने के लिए नहीं, बल्कि कंपनियों के झंडे उठाए हुए प्रेमगीत गाते हुए इनकी काबिलीयत लाभ अर्जन के लिए थी, न कि सामाजिक पूँजी के निर्माण और राष्ट्र को नायक बनाने के लिए। इसी को देखते हुए जेरी राव ने कहा था कि हमारे यहाँ कोई व्यक्ति उदारवादी कलाओं में नहीं जा रहा है तथा हर कोई इंजीनियरिंग और एम.बी.ए. में प्रवेश ले रहा है। हम भावी प्रोगामरों और विक्रेताओं (सेल्स पीपल्स अथवा सेल्समैन) का देश बनते जा रहे हैं। उन्होंने यहाँ तक भी लिखा है कि यदि हमारे पास मानविकी के अधिक लोग नहीं होंगे तो हम वी.एस. नॉयपाल "जैसों की अगली पीढ़ी खो देंगे।" इसका सीधा मतलब है कि हम मानव-मूल्यों और मानवीय शक्तिधारकों को धीरे-धीरे तिरोहित कर रहे हैं और उनके स्थान पर विक्रेताओं को पैदा कर रहे हैं, जिनका वास्ता मूल्यों यानी प्राइसेज से है, लेकिन मूल्यों यानी वैल्यूज से नहीं। बाजार की शक्तियाँ वैल्यूज का निर्माण नहीं कर सकतीं और देश बिना मूल्यों के महाशक्ति में रूपांतरिक नहीं हो सकता। पर हमारी तो ख्वाहिश है कि भारत महाशक्ति बने। लेकिन इसके लिए जरूरी शक्ति, मूल्य (वैल्यूज) और दृष्टि लाएगा कौन?

वर्ष 1990 के बाद भारत राजनीति में भ्रष्टाचार, धन और बल आनुपातिक रूप से काफी बढ़ा। दरअसल यह राजनीति और बाजार के बीच स्थापित अन्योन्याश्रित संबंधों का ही परिणाम था। यही वजह है कि बाजार का चरित्र बदलने के अनुपात

में राजनीति का चरित्र भी बदलता चला गया। परिणाम यह हुआ कि उन्होंने इस मूल तथ्य को पूरी तरह से दरकिनार कर दिया कि भारत 'कर्मभूमि है, भोगभूमि नहीं।' यह अलग बात है कि आज यह तर्क देकर भारतीय संस्कृति की आलोचना की जा रही है कि भारतीय संस्कृति विकास नहीं सिर्फ अध्यात्म केंद्रित है; जबकि सत्य यह नहीं है। भारतीय संस्कृति में भौतिक विकास के लिए उतना ही स्थान है, जितना आध्यात्मिक विकास के लिए। हमारी संस्कृति जिस भौतिक विकास की परिकल्पना करती है, उसमें भौतिक द्वंद्वात्मकता नहीं है, बल्कि हैपीनेश (खुशहाली) है तथा देश और काल दोनों का संयोजन है, जिसमें युगधर्म और राष्ट्रधर्म दोनों ही समान रूप से पोषित एवं प्रतिष्ठित होते हैं। हमारी संस्कृति लक्ष्मी को माता मानती है और उसे देवत्व में स्थान देती है। वह उसे काम्य और भोग्य भाव से नहीं, पूज्य और श्रद्धा भाव से देखती है। हमारी संस्कृति भारतमाता को भी 'सुजलां, सुफलां मलयज शीतलाम्' वाले रूप में देखती है। गौर से देखें तो हमारी संस्कृति में मनु द्वारा किए गए अभिनवीकरण का बहिष्कार भी है और कौटिल्य द्वारा किए गए अभिनवीकरण का स्वीकार्य भी। फिर तो संस्कृति और अध्यात्म को किनारे रखकर आर्थिक विकास का मतलब है—कभी न समाप्त होनेवाले 'करप्शन ऑफ कॉम्प्लीकेशन' या वर्गीय संघर्ष की ओर जाना। शायद यही वजह है कि हम आर्थिक उपादानों के जरिए निरंतर समाधान का दावा तो कर रहे हैं, लेकिन अंतिम परिणाम प्रायः उनसे भिन्न रहे; क्योंकि उन्होंने एक नए कॉम्प्लीकेशन को जन्म दे दिया। यानी आज जो विद्रूपताएँ हैं, उनका समाधान बिना संस्कृति और अध्यात्म के संभव नहीं है। पर सवाल फिर वही, इनकी प्रतिष्ठा करेगा कौन? वही जो राष्ट्र की संसद् में खड़े होकर यह कहने की अंतश्चेतना व शक्ति रखता है कि हिंदू सांप्रदायिकता का नहीं, हिंदू राष्ट्रीयता का प्रतीक है। जिसे यह याद है कि रवींद्रनाथ टैगोर ने कहा था कि अगर भारत को समझना है तो तुम्हें भारतीय अस्मिता को पहचानना पड़ेगा। और यदि भारत की अस्मिता को पहचानना है तो स्वामी विवेकानंद को पहचनाना पड़ेगा, जिन्होंने कहा था—'गर्व से कहो हम हिंदू हैं।' यानी योगी आदित्यनाथ ने।

बहरहाल मैं जितने लंबे समय से योगी आदित्यनाथजी को देख रहा हूँ और जितना मैंने उन्हें जाना है, उसके आधार पर हम उनके लिए यह कह सकते हैं—"…उस बल को कोई नहीं रोक सकता, जिसका समय आ गया है।" कारण यह है कि योगी आदित्यनाथ मेरे मनोदैहिक संदर्भ में एक मुख्यमंत्री नहीं, बल्कि संघर्ष और त्याग के पर्याय हैं। उनमें मैं विवेकानंद की विवेच्यता, शिवाजी के

कौशल और महाराणा प्रताप की शक्ति व संकल्प का संयोजन देखता हूँ। खास बात यह है कि उनमें श्री दिग्विजयनाथजी का वह अक्स निरंतर दिखता है, जिसमें वसुधैव कुटुंबकम् की चेतना, हिंदू जाति का संगठन, सांस्कृतिक पुनर्जागरण, हिंदी हिंदू और हिंदुस्तान की रक्षा का संकल्प; राष्ट्रीय एकीकरण की भावना को बढ़ावा; देश की एकता एवं अखंडता को बनाए रखने हेतु युवा पीढ़ी को मार्गदर्शन देने की क्षमता का संयोग है। उनमें महंत श्री अवेद्यनाथजी की उस सोशल मेकैनिज्म का सार भी है, जिसमें आध्यात्मिक हिंदुइज्म के साथ-साथ सोशल हिंदुइज्म पर फोकस किया गया है। उनमें 'एंग्री यंग मैन' की विशेषता है और कमजोरों की रक्षा व सेवा का भाव भी। वे सत्यनिष्ठ, स्पष्टवक्ता, ईमानदार और दूरदर्शी हैं। वे यह कहने में कोई संकोच नहीं करते कि जब अयोध्या में विवादित ढाँचा गिराने से कोई नहीं रोक सका तो मंदिर बनाने से कौन रोकेगा। या मूर्ति विसर्जन से होनेवाला प्रदूषण दिखता है, लेकिन बकरीद के दिन हजारों निरीह पशु काटे जाते हैं (काशी में), उनका खून सीधे गंगाजी में बहता है, क्या वह प्रदूषण किसी को नहीं दिखता? वही यह कहने का साहस रखते हैं कि हिंदू समाज विश्वनाथ के दर्शन के लिए जाता है, तब ज्ञानवापी मसजिद हमें चिढ़ाती है। यदि ऐसा है तो हमें अनुमति दें, हम प्रत्येक मसजिद में गौरी गणेश और नंदी की स्थापना करेंगे। ऐसा इसलिए, क्योंकि राजनीति और सत्ता उनके लिए साधन मात्र है, साध्य नहीं। यही वजह है कि उनकी रिकॉल वैल्यू में वैल्यू एडीशन हुआ है, डेफिसिट नहीं। इसी की प्रतिध्वनि और प्रतिबिंबन उस समय दुनिया में दिखा था, जब योगी आदित्यनाथ ने मुख्यमंत्री पद की शपथ लखनऊ में ली थी। सोचिए, कोई तो वजह होगी कि पाकिस्तान का एक वर्ग शुरमा लगाकर टी.वी. पर योगीजी को देख रहा था और दूसरा कलम चलाने के लिए टाइम्स से लेकर वाशिंगटन पोस्ट तक पी.सी. स्क्रीन पर खँगाल रहा था।

फिलहाल पूर्णविराम की ओर बढ़ूँ, इससे पहले मैं उन सभी का ऋण चुकाना चाहता हूँ, जो मुझे शक्ति, स्नेह, प्रेरणा और सहयोग देकर सदैव अग्रसर रखते तथा बढ़ाते हैं। इस पुस्तक को लिखते समय मैंने महाराजजी से जब भी विभिन्न बिंदुओं पर बात करने के लिए समय माँगा, उन्होंने मुझे पर्याप्त समय दिया और विषयवस्तु को तलाशने व तराशने में अतुलनीय सहयोग व अपार स्नेह दिया। मैं उनके इस स्नेह का सदैव ऋणी रहूँगा, क्योंकि सामान्य आभार इस ऋण को नहीं चुका सकता। मैंने इस पुस्तक को लिखते समय संजीव सिंहजी से कई सैद्धांतिक पहलुओं पर बात की, जिससे एक संपूर्ण अध्याय बन सका। यह अध्याय आज के युवाओं के लिए

या उनके लिए जो खंडित व्यक्तित्ववाद के सिंड्रोम का शिकार हैं, बेहद महत्त्वपूर्ण है। इसलिए मैं संजीवजी का भी आभारी हूँ। मैं अपने प्रिय शिष्य गौरव कुमार सिंह (आई.ए.एस.) का आभारी हूँ, जो हर क्षण मुझे अपेक्षित सहयोग देने को तत्पर रहते हैं। इसके साथ ही मैं अपने शुभेच्छुओं, मित्रों व स्वजनों का आभारी हूँ, जो हमेशा ही मेरे स्वस्थ और सक्रिय रहने की कामना ईश्वर से करते हैं। अम्माँ, पिताजी, बेटा—यश और बेटी अपर्णा, आप चारों को मुझे स्नेह और साहस देने के लिए आभार। मैं उस शख्स का हृदय, मन और आत्मा से ऋणी हूँ, जो शायद यह न जानता हो कि वह मेरे लिए क्या हैं। उसके लिए बस इतना ही कि···तुम्हारा यश मेरा अभिमान हैं/तम्हारी हमारी ताकत/तुम्हारा नेह हमारी मेधा है/तुम्हारी मुसकान हमारा गौरव/तुम्हारे कुछ शब्द मेरी बंदगी हैं/तुम्हारा साथ हमारी जिंदगी···तुम्हारे लिए तो शब्द केवल प्रतीक हैं, व्यक्त करने के लिए तो एक फलक चाहिए; लेकिन यहाँ बस इतना ही। अब तुम्हारा आभार कैसे व्यक्त करूँ—हे ईश्वर, क्योंकि कर्ता तो तुम्हीं हो, मैं तो निमित्त मात्र, बस इतना ही कि सबकुछ तुम्हें समर्पित इस प्रार्थना के साथ कि तुम्हारी कृपा मुझ पर हमेशा बनी रहे।

—रहीस सिंह

अनुक्रम

1
कुछ शब्द इसलिए

यह एक ऐतिहासिक सत्य है कि नेता समय की माँग पर पैदा होते हैं। आजादी के पहले और आजादी दिलाने तक तो हम मान सकते हैं कि महात्मा गांधी और सुभाषचंद्र बोस सरीखे नेता और भगत सिंह, चंद्रशेखर आजाद, रामप्रसाद बिस्मिल, अशफाक उल्ला खाँ, सूर्यसेन, प्रीतिलता वड्डेदार, शांति घोष, सुनीति चौधरी, ऊधम सिंह जैसे क्रांतिकारी या फिर वे अनगिनत नाम, जिन्हें हम यहाँ नहीं लिख पा रहे हैं, समय की माँग पर पैदा हुए थे और उन्होंने समय की अपेक्षाओं को पूरा भी किया। यही वजह है कि संपूर्ण देश और मानव जन उन्हें नमन करता है। लेकिन आजादी के बाद क्या ऐसा हो सका ? इसमें कोई संशय नहीं कि भारत माता की संतानों ने बड़े नेता होने का गौरव प्राप्त किया; लेकिन वे वास्तव में समय की माँग पर ही आए थे, यह कह पाना मेरे लिए थोड़ा मुश्किल पड़ रहा है। इसलिए यह देखना भी आवश्यक है कि भारत ने जिन नेताओं को देखा, उनमें से कौन समय की माँग पर आया, कौन एक वर्ग विशेष की माँग पर आया, कौन भाषा की माँग पर आया, कौन विचारधारा की माँग पर आया, कौन एक जाति विशेष की माँग पर आया, कौन तानाशाही के खिलाफ संपन्न हुई प्रतिक्रिया से व्युत्पन्न होकर आया, कौन अव्यवस्था से व्यवस्था के खिलाफ उपजी खीझ की खोज पर आया, कौन नवनिर्माण के विवेच्य से संपन्न होकर नवोदित मध्यम वर्ग की माँग पर आया और कौन नवराष्ट्रवाद की आवश्यकताओं के साथ-साथ धर्म एवं संस्कृति की पुनःप्रतिष्ठा हेतु समय की माँग और स्वप्रेरणा से प्रेरित होकर आया ? इस विषय पर मंथन और विभिन्न विषयक आयामों का अनुसंधान मानो निर्वात में एक हलचल उत्पन्न करना

होगा। चूँकि यह तयशुदा या तथाकथित प्रतिष्ठित विवेच्यता पर प्रश्नचिह्न भी लगाएगा और उनकी बनाई गई राह को दरकिनार करेगा तथा उनकी ज्ञान गंगा की धारा को मोड़ने के प्रयास करेगा, इसलिए प्रतिक्रिया की संभावनाएँ भी पैदा होंगी। निश्चय ही कुछ सत्यों की प्रतिष्ठा—यह हमारे लिए बेहद जोखिम भरा होगा, विशेषकर तब, जब बहुत सी चीजें तमाम उन खाँचों में बँटी हुई हों, जहाँ बिना अध्ययन के निष्कर्ष स्थापित किए गए हों जो पूर्वग्रह उचित व अनुचित का निर्धारण करते हों। मैं यहाँ बात नाथपंथ के ऋषि (योगी), गोरक्षपीठाधीश्वर और उत्तर प्रदेश के मुख्यमंत्री श्री योगी आदित्यनाथ की कर रहा हूँ। मैं उन पर इसलिए लिख रहा हूँ, क्योंकि वे मेरे लिए एक संभावना हैं, एक यथार्थ हैं, एक कर्मयोगी हैं, सत्यनिष्ठ हैं, ईमानदार हैं, राष्ट्र व समाज के प्रति प्रतिबद्ध और राष्ट्रवाद हिंदुवादी राष्ट्रवाद के प्रतीक हैं। इन सभी विमाओं तक, जिनका जिक्र मैंने किया है, उनके व्यक्तित्व को ले जाना और फिर एक निष्कर्ष स्थापित करना उस परंपरागत सोच पर सीधा कुठाराघात करना होगा, जो स्वयं को प्रतिष्ठित एवं प्रगतिशील मान रही है; लेकिन सच को इस भय के कारण दरकिनार तो नहीं किया जा सकता। यह तो कायरता होगी और अपने सांस्कृतिक दायित्वों, कार्मिक बोधों तथा राष्ट्रीय सरोकारों के प्रति अवज्ञा भी। इसलिए जो तथ्य सामने हैं और आएँगे, उन्हें संकलित कर समाज और राष्ट्र को समर्पित करना तथा इस परिपाटी की निरंतरता को बनाए रखना मेरी दृष्टि में याज्ञिक अनुष्ठान की तरह है और कर्म-धर्म का प्रतीक भी।

इस पुस्तक को लिखने के लिए योगी आदित्यनाथजी के व्यक्तित्व, राष्ट्र और समाज के प्रति उनके समर्पण तथा मेरे प्रति उनके स्नेह के साथ-साथ कई चक्र की वार्त्ताओं के दौरान मैंने उनमें कार्य के प्रति जो संकल्पबद्धता व निष्ठा देखी, उससे बहुत से तथ्यों की पुनः खोज करने की स्फूर्ति मुझमें आई। इस दिशा में जिन विषयों व आयामों को मैंने पुनः देखा तथा योगी आदित्यनाथ के विचारों को उनके साथ जोड़कर देखने की कोशिश की तो पाया कि वे उनकी सत्यनिष्ठा, स्पष्टवादिता, कर्तव्यपरायणता, बोधगम्यता, न्यायप्रियता, संस्कृतिनिष्ठता, आध्यात्मिकता, धर्मपरायणता और उनके समभाव तथा नैतिक शुचिता को स्वयंसिद्ध कर रहे थे। मैंने उनके बहुत से आयामों में कुछ से अधिक प्रेरणा ली, जिनका मैं यहाँ उल्लेख भी करना चाहूँगा।

उनके वैचारिक परिप्रेक्ष्यों को मैंने तलाशते हुए देखा कि वे यह स्पष्ट तौर पर मानते हैं कि स्वार्थ और परमार्थ के बीच जब विभाजक रेखाएँ खिंच जाती हैं, तब राजनीति वर्चुअल (आभासी) अधिक हो जाती है और वर्चुअल राजनीति राष्ट्रीय एकता व अखंडता के समक्ष संकट पैदा करने लगती है। जब इस तरह की राजनीति और उसे नेतृत्व प्रदान करनेवाला व्यक्तित्व सामने होता है तो ऐसा प्रतीत होता है कि लोकतंत्र या तो वर्चुअल हो गया है या फिर एक निजी कंपनी की तरह, जिसका नेता—नेता कम 'प्रोपराइटर ऑफ इंटरप्रेन्योर' अधिक है। यह प्रोपराइटर ऐसा होता है, जिसका देश की संस्कृति, उसकी प्रकृति, उसकी आवश्यकता, उसकी क्षमता, उसमें निहित दक्षता एवं मानव पूँजी, उसकी संभाव्यता, उसके समक्ष मौजूद चुनौतियों आदि से कोई खास सरोकार नहीं होता है। इसलिए वह इन्हें दरकिनार कर सिर्फ राजनीतिक लाभ चाहता है। चूँकि इस तरह के लाभ की निरंतरता के लिए सत्ता में बने रहना आवश्यक होता है, इसलिए उसकी हर युक्ति इन्हीं दो स्तंभों पर टिकी होती है, यानी लाभ और सत्ता। राजनीतिक लाभ का लोभ कभी-कभी विकृत स्थिति तक पहुँच जाता है। जब वह इस स्थिति तक पहुँचता है, तब कहीं कोई नेता आपात-स्थिति की घोषणा कर देता है, कहीं कोई विदेशियों की घुसपैठ को वैधानिक मान लेता है, कहीं कोई चीनी माओ की प्रशंसा करता दिखाई देता है तो कहीं कोई अलगाववादियों को संत बना देता है; कभी वह अलगाववादियों के सामने घुटने टेक देता है, किसी अल्पसंख्यक समुदाय विशेष को यह कहकर संतुष्ट करता है कि देश की संपत्ति पर पहला अधिकार उसका है और कभी वह देश के सामने उपज रहे खतरों की ओर से आँखें बंद कर लेता है। धीरे-धीरे राजनीतिक स्वार्थ थोड़ी और हदें पार करते हैं और ऐसा करते हुए वे न्यायपालिका की अवमानना भी करने लगते हैं। बँगलादेशी घुसपैठियों का मामला इसका सबसे निकृष्ट और चुनौतीपूर्ण उदाहरण है। इस संबंध में उच्चतम न्यायालय द्वारा विदेशी बँगलादेशी घुसपैठियों का नाम मतदाता सूची से निकालने और चिह्नित करके देश से बाहर करने के निर्देश भी दिए जा चुके हैं, जिनकी पिछले कुछ दशकों में किस कदर अवहेलना की गई, यह भी देखने योग्य है।

यहाँ पर कुछ प्रकाश इस अवैध आप्रवासन की समस्या पर डालना जरूरी प्रतीत होता है। दरअसल जिन्हें बँगलादेशी अवैध घुसपैठियों में मानवाधिकार,

मौलिक अधिकार, श्रेष्ठ मानवीय मूल्यों की प्रतिष्ठा नजर आती है, वे इस तथ्य को दरकिनार कर देते हैं कि यह पाकिस्तान की रणनीति का एक हिस्सा है, जिसके जरिए वह सन् 1971 के इतिहास का बदला लेने के उद्देश्य से भारत के विभाजन का सपना बँगलादेश के जरिए पूरा करना चाह रहा है। यह पाकिस्तानी सेना और आई.एस.आई. की देन है कि बँगलादेश वर्ष 1990 के बाद से 'बृहत्तर बँगलादेश' (ग्रेटर बँगलादेश) के उद्देश्य से पूर्वोत्तर के राज्यों में जनसांख्यिकीय परिवर्तन लाने की रणनीति पर कार्य करने लगा। इस उद्देश्य को पूरा करने के लिए ही पाकिस्तान की खुफिया एजेंसी इंटर सर्विसेज इंटेलिजेंस (आई.एस.आई.) 'ऑपरेशन पिन कोड' के जरिए पूर्वोत्तर और पश्चिम बंगाल के बँगलादेश से सटे जिलों का तालिबानीकरण (पैन इसलामाइजेशन या अखिल इसलामीकरण) करना चाह रही है। एक अनुमान के अनुसार, लगभग 3 से 4 करोड़ बँगलादेशी अवैध घुसपैठिए भारत में मौजूद हैं, जो आज से लगभग दस साल पहले 2 करोड़ के आसपास थे। ध्यान रहे; आई.बी. द्वारा अपनी 38वीं कॉन्फ्रेंस में प्रस्तुत डॉक्यूमेंट में बँगलादेशी अवैध घुसपैठियों को भारत की सुरक्षा के लिए एक विकट समस्या बताया गया था; लेकिन इसके बावजूद सरकार ने इस दिशा में कोई कार्रवाई नहीं की थी। इस डॉक्यूमेंट में यह भी कहा गया था कि बँगलादेशी घुसपैठ बिना किसी रोक-टोक के अभी भी जारी है। इस एजेंसी का यह भी कहना था कि यह अवैध घुसपैठ महत्त्वपूर्ण तरीके से बँगलादेश से सटे भारतीय राज्यों में जनसांख्यिकीय चरित्र को परिवर्तित करने में कामयाब हो रही है। उल्लेखनीय है कि सन् 1991 की जन-गणना के मुताबिक—मुर्शिदाबाद, मालदा, उत्तरी दीनाजपुर, दक्षिणी दीनाजपुर एवं कूच बिहार जिलों की आबादी क्रमश: 61.40, 47.47, 45.47, 23.20 और 23.34 प्रतिशत थी, जो वर्ष 2001 में बढ़कर क्रमश: 63.67, 49.72, 45.55, 24.02 और 24.44 प्रतिशत हो गई। इसी प्रकार से असम में धुबरी, कछार व करीमगंज जिलों में सन् 1991 में मुसलिम आबादी क्रमश: 70.45, 34.49 व 49.17 थी, जो 2001 में बढ़कर क्रमश: 74.29, 35.13 व 51 प्रतिशत हो गई। पूर्वोत्तर के राज्यों में इनकी संख्या पिछले एक दशक में लगभग चार गुना के आसपास बढ़ गई। आखिर कैसे? इसका उत्तर बँगलादेश की जनसंख्या और भारत के इन राज्यों की जनसंख्या के बीच संबंधों को तलाशने पर ही मिल पाएगा; पर इसकी तलाश करेगा

कौन ? वही, जो राष्ट्र के प्रति प्रतिबद्ध होगा, क्योंकि बँगलादेशी अवैध घुसपैठियों की बढ़ती हुई संख्या से भारत के आर्थिक स्रोतों पर प्रभाव तो पड़ता ही है। लेकिन वास्तविक समस्या यहाँ नहीं, बल्कि हमारी सुरक्षा में लग रही सेंध और वियोजित हो रहे सामाजिक व सांस्कृतिक ताने-बाने की है।

भारतीय मनीषा ने राष्ट्र को एक भू-सांस्कृतिक इकाई के रूप में स्वीकार किया है, जिसमें एक जन, एक संस्कृति, एक विधान और एक निशान ही राष्ट्र की संप्रभुता, एकता व अखंडता की गारंटी होती है। फिर सत्ता के लोभ में देश को घुसपैठियों का अड्डा बना देना कहाँ तक उचित है ? यह आवाज जिस नेता ने सबसे ज्यादा बुलंद की, हमने उसमें देश का भविष्य ढूँढ़ना शुरू कर दिया। हमें उसी में राष्ट्रवाद के उन्नायक की झलक दिखी।

दूसरा उदाहरण उत्तर प्रदेश के पूर्वी हिस्से के एक जिले का है, जिसका असर न केवल उत्तर प्रदेश, बल्कि पूरे देश पर देखा गया और तत्कालीन सत्ताधारियों ने किस तरह से संस्कृति, परंपरा और ऐतिहासिक आध्यात्मिक धरोहर से संपन्न इस जिले को आतंक का ऐसा गढ़ बनाया, जिसे तत्कालीन चर्चाओं में 'मिनी पाकिस्तान' या तालिबान का दूसरा गढ़ तक कहा गया। यह जिला आजमगढ़ है, जो कभी आर्यमगढ़ के रूप में जाना जाता था और जिसका संबंध महर्षि दुर्वासा, महर्षि भृगु आदि ऋषियों से था। उत्तर प्रदेश व हिंदुस्तान की कुसंस्कारग्रस्त राजनीति ने उसके चरित्र को बदलने में महती भूमिका निभाई। धर्मनिरपेक्षता के छद्मवाद ने इस जनपद का चरित्र इस कदर बदला कि यह 'इसलामी आतंकवाद' का गढ़ बन गया। इसे न केवल देश, बल्कि विदेश के लोग भी हाजी मस्तान, अबू सलेम, अबुल बशर, अबू आजमी जैसे आतंकियों और उनसे जुड़ी गतिविधियों के लिए जानने लगे। देश के किसी कोने में हुई आतंकी गतिविधियों के सूत्रों के छोर किसी-न-किसी रूप में इस जनपद तक जरूर पहुँचे, फिर चाहे वह मुंबई ब्लास्ट हो या देश की संसद् पर हमला, वह कोलकाता में अमेरिकन सेंटर पर हमला हो या फिर संकट मोचन मंदिर वाराणसी पर आतंकी हमला, श्रमजीवी एक्सप्रेस में विस्फोट हो या राम जन्मभूमि पर आतंकी हमला अथवा दिल्ली, मुंबई, हैदराबाद, बँगलुरु, जयपुर, अहमदाबाद, गोरखपुर से जुड़ी घटनाएँ हों। यह मानवीयता के समक्ष एक संकट था, जिसे छद्म सेक्युलरवादियों ने पलने व बढ़ने ही नहीं दिया,

बल्कि पोषण भी दिया। इसे जिसने निशाने पर लिया, वे हैं योगी आदित्यनाथ जो हिंदुत्व के नायक व प्रखर राष्ट्रवादी हैं, जिनके नेतृत्व में हमें भी संस्कृति, विरासत, अध्यात्म, धर्म एवं ऐतिहासिक मूल्यों की रक्षा का सार दिखा और हमने उन पर विश्वास करने का निर्णय लिया।

भारत गणराज्य शायद दुनिया का एक ऐसा गणराज्य होगा, जो 'क्रॉनिक डिजीज ऑफ रिजर्वेशन' से ग्रस्त और श्रप्त है; पर इस धरती पर तमाम लोग अपना सीना ठोंककर भारत माता के सपूत कहलाने का तमगा लगाने और भारत को 21वीं सदी का सिरमौर बनाने का दावा करने वाले नेता कुछ बोलने का साहस नहीं जुटा सके। वे इस बात पर भी विचार नहीं कर सके कि भारत माता अपने ही बच्चों के बीच ऐसा विभेद कैसे कर सकती है ? वह अपने बच्चों की योग्यता पर कुठाराघात कैसे कर सकती है ? वह अपनी जनी योग्यताओं को कुंठा की माँद में कैसे धकेल सकती है ? फिर आरक्षण की नीति और विधान को लानेवाला तथा उसकी पैरोकारी करनेवाला कोई भी नेता भारत माता का सच्चा सपूत होने का दावा कैसे कर सकता है ? यदि वह करता है तो कम-से-कम हमारे जैसा व्यक्ति उसकी बात पर यकीन नहीं कर सकता। इन नेताओं ने उस सच को भी भुला दिया कि यदि किसी समाज या जाति को अकर्मण्य या निकम्मा बनाना हो तो उसे बिना कर्म किए सुविधा प्रदान करना आरंभ कर दीजिए। एक दिन ऐसा आएगा कि यह व्यवस्था जाति व समाज में ही नहीं, बल्कि देश में अकर्मण्यता एवं निकम्मापन प्रकट करेगी। ये तो उस वैज्ञानिक सत्य को भी नहीं पहचान पाए, जो लेमार्क और डार्विन स्थापित कर गए, भारतीय अध्येताओं और मनीषियों की बात तो छोड़ ही दीजिए। दरअसल स्वातंत्र्योत्तर राजनीति ने भारतीय समाज को इसके जरिए स्वावलंबी बनाने की बजाय संकीर्ण एवं अकर्मण्य बनाकर अपने लिए एक भीड़ निर्मित करने का उद्देश्य पूरा किया, जो अंतत: वोट में बदलनी थी। कुछ लालच में एक वर्ग उस भीड़ का हिस्सा बनने के लिए तैयार भी हो गया, यह सोचे बिना कि इससे उसका नुकसान भी हो सकता है। महत्त्वपूर्ण बात यह है कि इस व्यवस्था ने समाज के सबसे निचले वर्ग, यानी दलित में एक नव ब्राह्मणवादी वर्ग पैदा कर दिया। यह वर्ग अपने लाभ के लिए इस व्यवस्था को बनाए रखना चाहता है और अपनी ही जाति के उन लोगों को वंचित रखता है, जो आरक्षण पाकर सामाजिक

व आर्थिक रूप से ही नहीं, बल्कि राजनीतिक रूप से संभ्रांतता की सीमा पार कर चुके हैं और नवसामंती प्रतिष्ठा हासिल करने में सफल रहे हैं। खास बात यह है कि 21वीं सदी में, जो वैश्वीकरण की सदी है, ग्लोबल विलेज की सदी है, ग्लोबल टेक्नोलॉजी, ग्लोबल पर्सोनैलिटीज और ग्लोबल मार्केट की सदी है, जहाँ प्रतियोगिता सीधी और सरल रेखा में नहीं होनी है, इसलिए वहाँ आपका चयन (सेलेक्शन) और सरवाइव कर पाना भी सीधा और सरल नहीं होगा। अब तो बहुआयामी मेधाओं का कालखंड है, जिसमें आरक्षण जैसी कुरीतियों को समाप्त करने के लिए उसी वर्ग को स्वयं आगे आना चाहिए, जो इसे एक महान् अवसर और उपलब्धि के रूप में देख रहे हैं; हालाँकि ऐसा नहीं हो रहा है और इसके विपरीत तर्क गढ़े जा रहे हैं। ऐसे में नेतृत्व का दायित्व बनता है कि वह निर्भीक और निर्णायक कदम उठाए।

लेकिन देखा यह जा रहा है कि इस विषय पर कोई बोलने की हैसियत नहीं रखता। इसकी ईमानदार समीक्षा करने जैसी बात कहने की स्थिति में सब की जुबान लड़खड़ा जाती है। फिर तो अधिकांश या लगभग सभी भारतीय राजनेता रँगे हुए सियार से अधिक कुछ नहीं कहे जा सकते, जो खुद बबर शेर बताने की कवायद दिन-रात करते दिखते हैं और झूठी शेखी बघारते हैं। भारत माता और उसकी संतानें या तो उन पर हँसती हैं या रोती हैं अथवा मौन हो जाती हैं। चूँकि राजनीति इस कुव्यवस्था के साथ जुड़ गई, इसलिए राजनीति भी कुराजनीति में बदल गई। फिर जन और राष्ट्र सरोकार उसमें कहाँ रह गए? ऐसे में जो भी यह कहने का साहस रखता है कि आरक्षण देश के शरीर पर कोढ़ की तरह है, आरक्षण की वर्तमान व्यवस्था गैर-बराबरी को बढ़ावा दे रही है, आरक्षण सामाजिक या आर्थिक रूप से अत्यंत कमजोर तबके को सुविधा प्रदान करने के लिए होना चाहिए, न कि उसके लिए जो पहले ही उन सुविधाओं से लाभान्वित है और बेहतर सामाजिक व आर्थिक हैसियत प्राप्त कर चुका है। जो यह कहने का साहस रखता है कि आरक्षण का वर्तमान दायरा भारतीय प्रतिभाओं का नुकसान कर रहा है, उन्हें कुंठाग्रस्त बना रहा है। जो कहने का साहस रखता है कि अगर इस राष्ट्र को स्वावलंबी और शक्तिशाली बनाना है तो उसका उपचार आरक्षण नहीं, बल्कि राष्ट्र के प्रत्येक नागरिक की प्रतिभा के अनुरूप सम्मान देना ही हो सकता है। वही सत्यनिष्ठ है और वही भारत माता का सच्चा सपूत या सपूतों का नेता है। हम भी उसी के विषय में लिखेंगे और

उसी में अपने भविष्य की संभावनाओं के सपने गढ़ेंगे।

भारत प्राचीनकाल से ही सांस्कृतिक और राजनीतिक दृष्टियों से एकात्मता के अखंड और सुदृढ़ सूत्र में अपने आपको सुगठित, समृद्ध एवं शक्ति-संपन्न बनाए रखने में सफल रहा है। मैं योगी आदित्यनाथजी की ही एक वेबसाइट को देख रहा था, तब मुझे कुछ व्यंजनाएँ, कुछ भाव, कुछ बोधगम्यता और राष्ट्रधर्म व युगधर्म की विशेषताओं से संपन्न भावों के आरोह-प्ररोह दिखे। हम उन्हें कुछ शब्दों के जरिए व्यक्त करने की कोशिश कर रहे हैं। समय चाहे वैदिक काल का रहा हो या उत्तर वैदिक काल का, रामायण काल का रहा हो या महाभारत काल का, मौर्य काल का रहा हो या गुप्त काल का; इसी प्रकार से भारतीय वाङ्मय चाहे वैदिक हो या शास्त्रीय, सभी में भारतवर्ष की प्राचीनता और एकात्मता की पुष्टि होती है। हमारे पुराणों ने न केवल धार्मिक, बल्कि सांस्कृतिक, राजनीतिक और भौगोलिक भारत की जिस संरचना को निर्धारित किया है, हम आधुनिक काल में आकर उस तक पहुँचने का साहस नहीं जुटा पा रहे। यही नहीं, हम तो उसकी विवेकशील व्याख्या तक करने में स्वयं को समर्थ नहीं पा रहे। एक उदाहरण के तौर पर देखें तो 'विष्णु पुराण' कहता है कि पृथ्वी का वह भाग, जो समुद्र के उत्तर तथा पर्वतराज हिमालय के दक्षिण में स्थित है और जहाँ भारतीय संततियाँ निवास करती हैं, वही भारतवर्ष है। हमारे पुराणों में हमारी चतुर्दिक् विजय और चक्रवर्तित्व की अवधारणाएँ भारतवर्ष की उन सांस्कृतिक-आध्यात्मिक व राजनीतिक परिधियों को निरूपित करती हैं, जिसे लेकर वर्ष 2017 में अमेरिकी राष्ट्रपति डोनाल्ड ट्रंप 'इंडो-पेसिफिक' शब्द का प्रयोग करने के लिए विवश हो जाते हैं। हमारे सांस्कारिक संकल्प में हम निरंतर इस बृहत् राष्ट्रीय संकल्पना को दोहराते हैं और अपनी प्रतिबद्धता प्रकट करते हैं (या संकल्प लेते हैं)—जंबूद्वीपे भरतखण्डे भारतवर्षे आर्यावर्त्तन्तर्गते…। कुल मिलाकर जिस देश की मनीषा ने, विवेच्यता ने, ऋषि परंपरा ने राष्ट्र के रूप में भारत को एक समृद्ध, शक्तिशाली और अखंड इकाई के रूप में पहचान दी है, उसे संकीर्ण राजनीतिक स्वार्थों के लिए कभी क्षेत्रीय आधार पर, कभी भाषा के आधार पर, कभी किसी अन्य आधार पर बाँटने का बार-बार अपराध किया जा रहा है। यह तो वास्तव में राष्ट्रद्रोहात्मक षड्यंत्र जैसा है। इस विषय का जो यथार्थ ज्ञान रखता है; उन मूल्यों को, जो हमारी समृद्ध परंपरा की विरासत हैं, को पहचानता है; उन्हें अनुरक्षित रखने के लिए जो

कृत संकल्पित है और जिसका पूरा जीवन अपने राष्ट्र, अपने धर्म, अपने कर्म, अपने जनों के लिए समर्पित है, हमारा झुकाव तो उसी की तरफ होगा। मानव मन उसे ही नेतृत्व शक्ति प्रदान करना चाहेगा। जो इसके विपरीत चलनेवाले को चुनौती देता हुआ दिखेगा, उसी में हम अपना भविष्य देखेंगे। जिन्हें भारत के इतिहास और भूगोल की जानकारी नहीं है, वे लोग आज क्षेत्रवाद जैसे संकीर्ण मुद्दों को उठाकर राष्ट्र को अलगाववाद की आग में झोंकने का प्रयास कर रहे हैं। उन्हें कैसे अपना नेता मानकर उनपर शब्द खर्च किए जा सकते हैं।

राष्ट्र सर्वोपरि है, ऐसे मनोविज्ञान को पोषित करनेवाला प्रत्येक व्यक्ति यह चाहता है कि निज राष्ट्र, निज धर्म, निज संस्कृति और सभ्यता वैभवशाली बने। मैथिलीशरण गुप्त के शंब्दों में—"जिसको न निज गौरव तथा निज देश का अभिमान है; वह नर नहीं, नरपशु निरा है और मृतक समान है।" अपने देश को विश्वगुरु के रूप में देखने की इच्छा प्रत्येक जीवंत भारतीय के हृदय में होना स्वाभाविक रूप से होनी चाहिए और है भी। यही कारण है कि श्रीमद्भगवद्गीता में भगवान् श्रीकृष्ण अर्जुन के जरिए देश को संदेश देते हैं—स्वधर्म ही श्रेष्ठ है। अपने धर्म में तो मरना भी कल्याणकारक है और दूसरे का धर्म भय देनेवाला है—

श्रेयोन्स्वधर्मो विगुणः परधर्मात्स्वनुष्ठितात।
स्वधर्मे निधनं श्रेयः परधर्मो भयावहः॥

लेकिन स्वधर्म का पालन सुख या दुःख को देखकर नहीं किया जाता, बल्कि भगवान् या शास्त्र की आज्ञा को देखकर निष्काम भाव से किया जाता है। लेकिन यह उस युग की बात है, जब श्रीकृष्ण इस धरती पर थे या उससे पहले जाएँ तो श्रीराम ने मर्यादा पुरुषोत्तम के रूप में इस धरती पर अवतार लिया। आज के युग की नहीं, क्योंकि आज का युग मर्यादा पुरुषोत्तम श्रीराम और लीलाधर, योगेश्वर श्रीकृष्ण का नहीं है। वहाँ तो कर्म ही धर्म था। उन्हीं के द्वारा स्थापित परंपराओं पर हमारी भारतीय संस्कृति जनमी और पोषित हुई, जिसमें धार्मिक सहिष्णुता आधारभूत लक्षण के रूप में मौजूद रही, जिसमें किसी भी उपासना-पद्धति का कभी विरोध या निषेध नहीं किया गया था। इसी विशेषता के चलते ही भारत दुनिया की तमाम विस्थापित, आव्रजित जातियों और संस्कृतियों की शरण-स्थली बना; लेकिन प्राचीन इतिहास के कालखंड को छोड़ दें तो मध्य काल और आधुनिक काल ऐसा नहीं रहा। मध्य काल यानी तुर्क-मुगल काल में भारत में इसलामी आव्रजकों या

आव्रजक आक्रांताओं ने भारत के सनातनी हिंदुओं का धर्मांतरण कराया। इसके बाद यूरोपीय उपनिवेशवादियों और मिशनरियों ने भारतीयों के साथ षड्यंत्रपूर्वक, प्रलोभन देकर, छल-कपट कर धर्मांतरण कराया। यह वास्तव में औपनिवेशिक साजिश का परिणाम था। मध्य काल और आधुनिक काल में धर्मांतरित नागरिक आज भारत के समक्ष संकट उत्पन्न कर रहे हैं, उसके विरुद्ध गंभीर षड्यंत्र रचते हुए पाए जा रहे हैं; लेकिन इस विषय पर बोलने की क्षमता सामान्य राजनीतिज्ञों में नहीं है, जबकि आज भी इसलाम की मुख्य निगाह भारत पर है। उसका लक्ष्य मोरक्को से मलेशिया तथा संपूर्ण दक्षिण एशियाई पट्टी को इसलाम के झंडे के नीचे लाने की योजना है; लेकिन 'इसलामी आतंकवाद' और 'इसलामी षड्यंत्र' शब्द लाने का साहस छद्म सेक्युलरवादियों में नहीं है। यह साहस योगी आदित्यनाथ में है और वे समय-समय पर इसे संसद् से लेकर राजनीतिक मंचों तक पर स्पष्ट रूप से व्यक्त भी कर चुके हैं।

यदि हम सभी यह मान लें कि अभी भी नव-उपनिवेशवादी व्यवस्था चल रही है, नव-पूँजीवाद पहले की तरह ही कुचक्र रच रहा है और अब संस्थाएँ पहले की तरह नितांत धार्मिक नहीं रह गई हैं, बल्कि अब उनका चरित्र आर्थिक-धार्मिक हो गया है। यह गठजोड़ पहले से भी अधिक खतरनाक है और पहले से अधिक उद्‍देश्यपरक। फिर तो यह भी भारतीयों को अपनी मातृभूमि के प्रति आस्थावान् बनाने की बजाय यूरोपीय बाजारवाद के प्रति निष्ठावान् बनाना चाहेगा। अगर वह धार्मिक आस्थाएँ बदलने में कामयाब हो जाता है तो फिर राष्ट्रीय आस्था को बदलने का कुचक्र रचेगा। चूँकि आधुनिक इतिहास के निर्माण के समय से ही उसकी युक्ति और चाल भारत की भूमि के इतिहास और संस्कृति को विच्छिन्न करने की रही है, इसलिए वह भारत में विभाजन और उपविभाजन के प्रयास करेगा। यह कार्य वह उन धर्मांतरित लोगों के जरिए करना चाहता है, जो पहले से ही भारत में मौजूद हैं। इसका नमूना भारत के पूर्वोत्तर के राज्यों, विशेषकर नागालैंड, मिजोरम, मेघालय में देख सकते हैं। महत्त्वपूर्ण बात यह है कि जहाँ-जहाँ इसका प्रभाव अधिक है, वहाँ-वहाँ अलगाववादी आंदोलनों की तीव्रता भी अधिक है। इस व्यवस्था का उद्‍देश्य है—सर्वप्रथम सामाजिक-सांस्कृतिक घुसपैठ, द्वितीय—धर्मांतरण, तृतीय—जनसांख्यिकीय असंतुलन और चतुर्थ—नव-संस्कृति की स्थापना। इसका सीधा प्रभाव भारत की सामाजिक, सांस्कृतिक और राजनीतिक संरचना पर पड़ेगा

और राष्ट्रीय सुरक्षा खतरा महसूस करने लगेगी या उसके समक्ष खतरा उत्पन्न होगा। इसका मतलब कहीं यह तो नहीं है कि धर्मांतरण के माध्यम से राष्ट्रांतरण हो रहा है, जो उपनिवेश काल में देखा जा चुका है। इस विषय को उठाने की हिम्मत किसने दिखाई, संभवतः प्रत्येक देशवासी जानता होगा।

हमने विगत दशकों में देखा कि न केवल दूसरे देशों के कुछ वर्गों ने भारत की आस्था पर हमला किया, बल्कि भारत के बुद्धिजीवियों ने इस दिशा में कोई कोर-कसर नहीं छोड़ी। अगर अमेरिका का एक शख्स 'इनोसेंस ऑफ मुसलिम' शीर्षक से एक 13 मिनट की मूवी बनाकर अपलोड करता है तो दुनिया में जिहाद की उत्ताल तरंग ऐसी उठती है, मानो दुनिया काँपने लगे। यदि कोई अखबार या पत्रिका पैगंबर मुहम्मद का कोई कार्टून बना देती है तो आधी धरती सिर पर उठा ली जाती है। यदि हजरत बल दरगाह में रखे पैगंबर मुहम्मद का बाल कहीं गुम हो जाता है तो भारत में दैवी आपदा आ जाती है यानी इस विषय पर सवाल नहीं कर सकते। मक्का-मदीना या येरूशलम अथवा वेटिकन सिटी पर भी कोई सवाल नहीं उठ सकता; लेकिन अयोध्या पर उठ सकता है, मथुरा पर उठ सकता है। श्रीराम पर उठ जाता है, उनकी अयोध्या पर प्रश्न उठा जाता है। क्यों? जबकि श्रीराम भारत के और भारत श्रीराम का है, इसलिए श्रीराम के बिना भारत की कल्पना ही व्यर्थ है। तुलसीदासजी का यह भाव आज भी भारत में प्रासंगिक है और यदि भारत के शीर्ष पर मुकुट देखना है तो इसे बनाए रखना होगा। "जा के प्रिय न राम-बैदेही; तजिए ताहि कोटि बैरी सम, जद्यपि परम सनेही।" तुलसी के इस भाव को फिर से किसने प्रतिष्ठित करने का संकल्प व्यक्त किया? उसने, जिसने अयोध्या को लाखों दीपों से प्रकाशमान् कर देश के 'सांस्कृतिक प्राण' को पुनः प्रतिष्ठित किया, देश के सांस्कृतिक हृदय को प्रकाशमान् कर वर्षों से शुष्क पड़ी श्रीराम की जन्मभूमि को अमृत सिंचित किया। वही भारत के भविष्य के नेता हैं, राष्ट्रपुरुष और राष्ट्रनायक होने की योग्यता रखते हैं।

ऐसे राष्ट्रऋषि हिंदश्रेष्ठ के लिए कुछ शब्दों का विरचन नेह के संसार में प्रस्तुत करना, कुछ भावों को उकेरना, उन्हें केंद्र में रखकर क्लासिकी साहित्य की पुनर्व्यंजना करना और फिर एक नई इबारत लिखना मैं समझता हूँ, समाज और राष्ट्र-ऋण को चुकता करना होगा।

□

2
योगी ही क्यों?

मार्च 2017 में उत्तर प्रदेश की विधानसभा के लिए संपन्न हुए आम चुनावों में भारतीय जनता पार्टी जैसे-जैसे 300 का आँकड़ा पार कर रही थी, व्युत्क्रम और अनुक्रम अनुपातों वाले सवाल मेरे मस्तिष्क में तीव्र हलचल उत्पन्न कर रहे थे; हालाँकि उस समय दूरदर्शन में मतगणना की प्रक्रिया पर हो रही निरंतर लंबी परिचर्चा में पूछे जानेवाले सवाल मेरे बहुत से प्रश्नों के उत्तर ढूँढ़ने में मददगार साबित हो रहे थे, लेकिन मैं समाधान की ओर नहीं बढ़ पा रहा था। खैर, परिणाम आने पर यह सवाल संपूर्ण प्रश्नपक्षी वातावरण में नाभिकीय विषय बन चुका था कि उत्तर प्रदेश की जनता ने भारतीय जनता पार्टी और उसके सहयोगियों को 325 सीटें क्यों दीं? आखिर वह वजह क्या थी? क्या यह सब प्रधानमंत्री नरेंद्र मोदी के 'मिसमैराइज्ड' कर देनेवाले व्यक्तित्व और वक्तृत्व का परिणाम था या उत्तर प्रदेश के थके-हारे लोगों ने चुके हुए लोगों की बजाय भारतीय जनता पार्टी में अपनी महान् आशाओं को पनपने के अवसरों को देख लिया था?

इस कशमकश के बाद बाद हम आकर दो मौलिक तथ्यों पर ठिठक गए। प्रथम यह कि उत्तर प्रदेश की जनता विधानसभा में भारतीय जनता पार्टी को इतना बड़ा जनादेश देकर अपनी तकदीर लिखने की असाधारण प्रतिभा का प्रदर्शन कर रही थी या फिर प्रधानमंत्री नरेंद्र मोदी अपने ब्रांड की रिकॉल वैल्यू को पुख्ता करने में सफल हो गए थे। द्वितीय, उत्तर प्रदेश के लोग शायद यह संदेश देने की कोशिश कर रहे थे कि वे परंपरागत परिपाटी से बँधा हुआ नेतृत्व नहीं चाहते; हालाँकि चलन में यह बात कही जाती है कि जनता सब जानती है, इसलिए

उसके निर्णय को नकारात्मक रूप से नहीं, सिर्फ सकारात्मक रूप से देखने की जरूरत होती; लेकिन मैं इस बात से कभी सहमत नहीं हो पाता हूँ। मेरे विचार से, जनता उतना ही जानती है, जितना जान पाती है या फिर जानना चाहती है। उसके जानने का दायरा कुछ सीमित प्रत्ययों और अति सीमित लाभों तक का होता है। इसलिए यह मान लेना कि उसने यह फैसला बेहद सोच-समझकर दिया था, शायद गलत होगा; लेकिन यह मानना सर्वथा उचित हो सकता है कि वह भारतीय जनता पार्टी के साथ मिलकर अपने भाग्य और भविष्य का निर्माण करना चाहती थी। यह सामाजिक अर्थशास्त्र या आर्थिक समाजशास्त्र अथवा राजनीति शास्त्र का विषय नहीं है। भारतीय समाज की सामान्य विशेषता है और वह प्राय: इन दायरों से आगे नहीं जाता।

फिर भी, अपने झूठे आश्वासन के साथ ही सही, यह मान लिया कि हमारे देश की जनता बहुत योग्य है और उसका यह फैसला इसलिए आया था कि वह अपने भविष्य का इतिहास अब भारतीय जनता पार्टी के नेतृत्व में लिखना चाहती थी। लेकिन तत्काल ही एक प्रश्न व्यक्ति और चेहरे को लेकर उठ गया कि वह कौन है, जो सही अर्थों में प्रदेश की जनता के भविष्य की नव-संरचना में अपना संपूर्ण योगदान दे सके। उन 325 विधायकों में तो वास्तव में भी हम ऐसा देख पाने में असमर्थ थे। अगर जनता ने बेहद सोच-समझकर यह जनादेश दिया था तो फिर उनका उद्धार करने के लिए कौन नायक साबित हो सकता है? यह सवाल बहुत बड़ा था और मैं खुद के सवालों और जवाबों के चक्रव्यूह में उलझता जा रहा था। अभी तक मस्तिष्क में बननेवाली आड़ी-तिरछी रेखाएँ उस नायक की छवि को स्पष्ट नहीं कर पा रही थीं, जिसका व्यक्तित्व इस विशाल जनमत का आदर कर पाने में समर्थ हो। जनमत में निहित अपेक्षा तो शायद एक ऐसे नेतृत्वकर्ता की थी, जो अब तक की परंपरावाली राजनीति की भित्तियों को गिराकर नई परिधियों का निर्माण कर सके। हालाँकि दिल्ली, लखनऊ सहित अन्य कुछ शहरों से प्रकाशित अखबार अपने पृष्ठों पर सुसज्जित, लेकिन थके हुए चेहरों को पेश कर रहे थे; लेकिन उनकी लकीरें बेहद कमजोर और धुँधली थीं और अनुमान संभवत: आधारहीन। यह भी संभव है कि वे किसी खास प्रबंधन के जरिए उन चेहरों को आगे कर रहे हों, ताकि नेता विधानमंडल दल का चुनाव

करने में 'इनबिल्ट प्रेशर' का प्रयोग कर उसे प्रभावित किया जा सके; लेकिन कंप्यूटर पर डिजिटल प्रयासों एवं उच्च मेगापिक्सल्स से निर्मित रूपचित्र तमाम संयोजनों के बाद प्रिंटिंग मशीनों में रोल होते-होते अपने रंगों को छोड़ जा रहे थे।

एल.सी.डी. और एल.ई.डी. की छोटी से बड़ी स्क्रीनों तक भी डिजिटलाइज एफर्ट एवं इफेक्ट और आभासी दुनिया में ट्रांसक्रिप्ट होनेवाले संदेश अप्रभावी साबित हो रहे थे, क्योंकि वे जनमत की आशाओं का आदर करने की क्षमता ही नहीं रखते थे। स्क्रीन पर दिखने या बिकनेवाले चेहरे लगातार ड्रेसिंग रूम से स्टूडियो और स्टूडियो से ड्रेसिंग रूम की यात्रा उसी तरह से कर रहे थे, जैसे 17वीं-18वीं सदी में यूरोप के कर्मकार कंधे पर कमाने (रुई धुनने की कमान) रखकर कैंटरबरी से नार्विच तक चक्कर लगा रहे थे, लेकिन हाथ कुछ भी नहीं आ रहा था, शून्य के अतिरिक्त। कारण यह था कि वे किसी अध्ययन या जनमानस की इच्छाओं को जानने के बाद नेतृत्व को प्रोजेक्ट नहीं कर रहे थे, बल्कि अव्यक्त इमेजरी एवं डाटा मैट्रिक्स या वार रूम अर्थमेटिक्स उनके साधन मात्र थे। मुझे लग रहा था कि उत्तर प्रदेश की जनता की इच्छा ऐसे नेतृत्व के साथ आगे बढ़ने की नहीं थी, जिसे इन मीडियाई संवाद सूत्रों या डिजिटलीकृत उच्च मेगापिक्सल्स वाली तसवीरों या डाटा मैट्रिक्स के जरिए अब पेश किया जा रहा था। उसे तो वह चाहिए था, जो लीक से अलग चलनेवाला हो, व्यक्तित्व का धनी हो, संघर्ष करने में सक्षम हो, विजनरी हो और सत्ता के लिए सत्तासीन न हो, बल्कि लोक-कल्याण, लोक-समृद्धि, लोकोपकार, लोक-संचय, लोक-न्याय, लोक-समता का दायित्व पूरा करने के लिए आगे आए।

मेरी अपनी समझ, जिसे मैंने इतिहास के पन्नों और वैदेशिक व आर्थिक स्थितियों के सापेक्ष विकसित करने के लिए तपस्या की है, कहती थी कि निर्णय उत्तर प्रदेश की सांस्कृतिक, सामाजिक, आर्थिक, राजनीतिक और प्राकृतिक मूल्यों को ध्यान में रखकर होगा, कम-से-कम भारतीय जनता पार्टी से यह अपेक्षा की जा सकती है। वैसे, मैं मुख्य रूप से राष्ट्रीय स्वयंसेवक संघ से यह अवश्य ही अपेक्षा कर रहा था कि वह भारतीय जनता पार्टी के शीर्ष नेतृत्व को उचित निर्णय लेने हेतु कोई मार्गदर्शी हेतु या सूत्र अवश्य देगा, क्योंकि जिसमें 'राष्ट्र सर्वोपरि' की मौलिक भावना निरंतरता के साथ पोषित हो रही हो, उसमें जनापेक्षा का आदर करने का

उच्चादर्श भी होता है। कारण यह कि उत्तर प्रदेश में पिछले कुछ वर्षों या दशकों में जिस वातावरण का निर्माण हुआ था, वह एक चुनौती से कम नहीं था। उसमें ध्रुवीकरण, एक विशेष समुदाय को बढ़ावा, जिससे कई शहर अराजकता, संशय और विद्रोह के केंद्र-से बन गए थे। हमारी सांस्कृतिक धरोहर के साथ भक्ति की बहती सरस धाराएँ शुष्क पड़ चुकी थीं। विशाल सांस्कृतिक, आध्यात्मिक, नैतिक, प्राकृतिक और भौगोलिक संपदा से घनीभूत तथा शिव की भभूति में निहित समता एवं न्याय, राम की मर्यादा एवं राष्ट्रोद्धार का संकल्प, वासुदेव कृष्ण की प्रेम और आदर्श से संपन्न उत्तर प्रदेश की धरती, जो ट्रिलियंस इकोनॉमी की परिधियों को चीर सकती थी, वह बीमारू बना दी गई थी। यह सब उनकी देन थी, जो मसीहाई चेहरे के साथ आए थे और अपने लाभों को अपनी जातियों के लाभों के साथ समेकित कर चले गए थे। मनुवाद का विरोध करनेवाले स्वयं विकृत मनुवादी हो चुके थे और समाजवादी नव-सामंतवादी। इसका परिणाम यह हुआ कि प्रदेश विकास से वंचित हो गया और जनता गुणवत्ता-आधारित जिंदगी से। प्रदेश का युवा एक तरफ गुणवत्तापूर्ण शिक्षा से वंचित हुआ और दूसरी तरफ रोजगार से। यहीं से प्रदेश की रीढ़ टूटनी शुरू हो गई; लेकिन इसके बाद कुछ रुका नहीं, क्योंकि सत्ता में आए लोग न तो अतीत का ज्ञान बनाए रख पा रहे थे और न ही नया कुछ सीखने की उनमें क्षमता थी। परिणाम यह हुआ कि शासन का स्थान कुशासन लेता गया और पारदर्शिता सामंती सिंहासनों के पायों के नीचे दब गई। इसलिए संपूर्ण एडमिनिस्ट्रेटिव मेकैनिज्म प्रदेश को उत्तम बनाने में असमर्थ रही। इतना ही नहीं, एडमिनिस्ट्रेटिव मेकैनिज्म को एक ऐसे वातावरण और ढाँचागत तंत्र का विकास करना था, जो प्रदेश को आगे ले जाने में सफल हो; लेकिन उनकी मेधा तो प्रदेश को बीमारू बनाने में खर्च हो गई (परिणाम संबंधी आँकड़े तो कम-से-कम यही बताते हैं)। यानी अब तक जो अविकास की लकीरें खिंच चुकी थीं, नए नेतृत्व को पहले उनके सच को पुष्ट करना है (हालाँकि जनता इसे समझ चुकी है, क्योंकि यदि ऐसा न होता तो शायद उन्हें सत्ता से बेदखल नहीं किया गया होता), तत्पश्चात् स्थायी और उभरी हुई नई लकीरों को खींचने का कार्य संपन्न करना है। यह काम आसान नहीं है, इसलिए साधारण नेतृत्व की क्षमता के बाहर है। एक बात और, उत्तर प्रदेश की जनता ने जो जनादेश मार्च 2017 में दिया था,

वह किसी मसीहाई नहीं, करिश्माई नेतृत्व की माँग कर रहा था; लेकिन यह काम या तो विवेकानंद जैसा कोई परिव्राजक कर सकता है या फिर शिवाजी जैसा एक साम्राज्य-निर्माता, जिसमें कबीर और रैदास-सी उदात्त भक्ति व सामाजिक न्याय की उत्कंठा हो, महाराणा प्रताप-सी जिजीविषा, शिवाजी का नायकत्व, विशेषकर जो मातृत्व और मातृ-शक्ति के प्रति अगाध निष्ठा एवं आदर रखता हो। एक ऐसा नेतृत्व, जिसमें तुलसी के नायक श्रीराम-सी मर्यादा और राष्ट्रोद्धार का भाव हो और 'गीता' के उद्घोषक श्रीकृष्ण-सी मर्मज्ञता, कर्म-प्रधानता एवं निर्लिप्तता का सार हो। मेरा मनोविज्ञान उस समय तक इन्हीं परिधियों में संघर्ष एवं मंथन करता रहा, जब तक यह खबर नहीं आई कि नाथ परंपरा के महंत श्री योगी आदित्यनाथजी को नेता विधानमंडल दल चुना गया है। लेकिन इसके बाद भी तमाम सवाल उठे? उन सवालों में इतिहास से लेकर वर्तमान तक की चिंता थी। वही चिंता, जो शिवाजी के राजतिलक से लेकर उनके संपूर्ण जीवनकाल में रही। वही चिंता, जिसके कारण राणा प्रताप को आज तक इतिहास में वह स्थान नहीं मिल पाया, जो उन्हें मिलना चाहिए था। कुछ और प्रश्न भी थे, जो भविष्य की संभावनाओं और आकलनों का ताना-बाना बुन रहे थे।

हम किसी निष्कर्ष पर पहुँचें, इससे पहले हमने यह सवाल स्वयं से पुनः पूछा कि एक परिव्राजक का चुनाव कितना उचित है? विशेषकर हमारे देश में आजादी के बाद राजनीति की परंपरा में जो 'नेता' को चुनने की एक अजीब सी लकीर खींच दी गई है तो उसे लाँघकर एक परिव्राजक को चुनना किस तरह से न्यायपूर्ण ठहराया जा सकता है? यद्यपि हम आगे के अध्यायों में इस विषय पर विस्तृत चर्चा करने का प्रयास करेंगे, लेकिन यहाँ पर भी एक संक्षिप्त मनोवैज्ञानिक अन्वेषण उचित प्रतीत होता है। जब मैं 'परिव्राजक' शब्द का प्रयोग करता हूँ तो मेरे मस्तिष्क में सबसे पहले स्वामी विवेकानंद आते हैं। हालाँकि भारत में परिव्राजकों और संतों की एक बहुत बड़ी परंपरा रही है, लेकिन इतिहास के प्रमाणों के साथ इतिहास में अवतरित विवेकानंद उन समस्त भेदों एवं आलोचनाओं से परे हैं, जो अन्यों को लेकर विपरीत मतवाले आरोपित करते हैं। इसलिए जैसे ही यह प्रश्न आता है कि परिव्राजक ही क्यों? तो मेरा ध्यान इतिहास की एक बड़ी घटना पर की गई एक असाधारण टिप्पणी पर जाता है, हालाँकि इस विचार में

कि परिव्राजक ही क्यों और उस घटना में कोई सीधा संबंध नहीं है; लेकिन फिर भी, समझनेवाले इसे समझ सकते हैं, यह सोचकर दोनों को एक साथ लाने की कोशिश कर रहा हूँ। यह टिप्पणी है—"प्लासी (प्लासी के मैदान में बंगाल पर अंग्रेजों की विजय के बाद) के बाद बंगाल प्रायः लुटा हुआ और एक प्रायोजित राज्य था।" गंभीरता के साथ अध्ययन करें या फिर विकास रिपोर्टों को देखें तो संपूर्ण भारत न सही, लेकिन उत्तर प्रदेश सहित उत्तर भारत के कई प्रदेशों की तसवीर कुछ ऐसा ही बयाँ करती है, भले ही विद्धज्जन इसे स्वीकार करें या मेरे निष्कर्षों के लिए मुझे हिकारत भरी निगाहों से देखें। अगर इन प्रदेशों का नेतृत्व कल्याणकारी, मानवतावादी, बहुजनवादी, समाजवादी और लोकतंत्रवादी होने के साथ-साथ विकासवादी भी था, तो फिर ये बीमारू राज्य क्यों बने? उत्तर प्रदेश के 23 जिले (नवंबर 2017 की नीति आयोग की रिपोर्ट के अनुसार) पिछड़े और 8 अति पिछड़े क्यों रहे? सबसे अधिक मानव संपदा वाला प्रदेश ह्यूमन माइग्रेशन का शिकार क्यों हुआ? दुनिया के कई देशों से अधिक आबादी रखने के बावजूद 1 ट्रिलियन डॉलर की अर्थव्यवस्था तक भी क्यों नहीं पहुँच पाया? जबकि नेतृत्व और राजनीतिक नुमाइंदे अपनी पूँजी एवं भौतिक संसाधनों में गुणोत्तर श्रेणी में वृद्धि कर गए। फिर तो एक बार परिव्राजक के नेतृत्व पर विचार करना बनता है न!

एक परिव्राजक में सत्य पर कायम रहने की क्षमता होती है, अन्यों में यह साहस और क्षमता अपेक्षाकृत कम या न के बराबर होती है, विशेषकर वर्तमान भारतीय राजनीतिक परिवेश में तो आप इसकी कल्पना नहीं कर सकते। हम भारतीय इतिहास में परिव्राजकों की मेधा, आवेग, संवेग और शक्ति से परिचित हो चुके हैं। इनमें सबसे हाल का उदाहरण स्वामी विवेकानंद का है, जिन्होंने वर्ष 1893 में अमेरिका की धरती पर (शिकागो) अमेरिकियों को मानवीय संवेदनाओं से भर दिया था। यह वही परिव्राजक था, जिसने 19वीं सदी में पश्चिम से पूरब की ओर देखने का मनोविज्ञान पश्चिम में न केवल प्रस्तुत किया था, बल्कि पश्चिम को यह मानने के लिए बाध्य कर दिया था कि सभ्यता का अधिकेंद्र पूरब में है और स्पंदन की लहरें भारत से उठती हैं। उसी ने पश्चिम को बताया था कि संबंध (रिलेशन), मनुष्यता, संवेदना, वेदना, मर्म, स्पर्श मेकैनिकल नहीं हो सकते और न ही ये किसी बाजार में पूँजी से खरीदे जा सकते हैं। ये जीवंत होते हैं और इन्हीं

के माध्यम से आप ईश्वर की खोज भी पूर्ण कर सकते हैं। यह उन्हीं (विवेकानंद) की देन है कि पश्चिम मानवीय मूल्यों को लेकर भारत का ऋणी बना; लेकिन यह सब उन्होंने अपने लिए नहीं किया था, बल्कि 'सैक्रेड मदरलैंड' के लिए किया था, जिसकी कद्र कम-से-कम राजनीति की ब्रांडिंग के जरिए तैयार हुए राजनीतिक नुमाइंदे नहीं कर सकते। इसलिए उनका फोकस शब्द, संवाद और प्रबंधन पर होता है। इस सबका संचालन इवेंट मैनेजर करते हैं, नेता नहीं; लेकिन एक परिव्राजक ने व्हाइट इंटलेक्चुअलिज्म या गोरी बौद्धिकता का चोला पहने हुए पश्चिम को अपने पीछे चलने पर विवश कर दिया था। यह किसी इवेंट मैनेजमेंट का परिणाम नहीं था, बल्कि साहस और सहजता का परिणाम था, जो उसकी तपस्या से फलीभूत हुआ था। इसी के जरिए उन्होंने पहचान लिया था कि पश्चिम ने अर्थ और विज्ञान में तरक्की तो कर ली है, लेकिन नैतिक-आध्यात्मिक रूप से वह बहुत गरीब है। जब हम आज के वातावरण को देखते हैं तो पुनः इस नतीजे पर पहुँच जाते हैं कि आज भारत को फिर ऐसे परिव्राजक की जरूरत है, जो भारत के नैतिक-आध्यात्मिक खोखलेपन को समझ सके और इस बीमारी का उपचार तलाश सके, अन्यथा जी.डी.पी. के पश्चिमी मॉडल पर सरकती हुई विशेषताएँ हमारी नैतिक-आध्यात्मिक थाती को विद्रूप बना देंगी।

लेकिन क्या एक परिव्राजक में एक अच्छे शासक की विशेषता हो सकती है ? भारत भूमि की कहानी पढ़ने पर आपको ऐसा कई बार देखने को मिलेगा, जहाँ ऋषि-मुनियों, यतियों व योगियों ने धर्म की रक्षा हेतु सत्ता का संचालन भी किया है। हाँ, इसके लिए कुछ पन्नों को पलटने की जरूरत पड़ेगी, जिसकी क्षमता आज के युग में थोड़ी कम होती दिख रही है। हो सकता है कि इस निष्कर्ष को लेकर इस देश के लोगों में संशय पनपे या फिर पनपाया जाए, लेकिन मुझे कोई संशय नहीं है; क्योंकि ऐसा ही शासक/मुखिया 'सब्बे मुनस्ये पजा ममा' (सभी मनुष्य हमारी संतान हैं) का भाव रख सकता है, क्योंकि उसमें 'कुर्वन्तेवेह कर्माण' के अनुसार लोक-कल्याण हेतु सदैव कार्यरत रहने की युयुत्सा होती है। इतिहास लेखन की आज की भारतीय दक्षिणपंथी परंपरा में हम जब ऐसे नायकों को खोजते हैं तो श्रृंखला की कड़ियाँ शिवाजी तक पहुँच जाती हैं। हालाँकि शिवाजी को लेकर मराठी लेखकों, सभासद बखरों के इतिहास और कैंब्रिज सहित पाश्चात्यवादी

लेखकों में उन्हें लेकर काफी मतभेद रहता है। उनका व्यक्तित्व आध्यात्मिक मातृच्छाया में इस प्रकार विकसित हुआ था, जो 'महाराष्ट्र धर्म' पर टिके हिंदवी स्वराज्य की स्थापना करने में सफल रहा। यहाँ महाराष्ट्र का संबंध महाराष्ट्र राज्य से नहीं, बल्कि 'महान् राष्ट्र', जिसे स्वामी विवेकानंद के शब्दों में—'सैक्रेड मदरलैंड' कह सकते हैं, से है; क्योंकि छत्रपति शिवाजी इसे इसी रूप में लेते हुए दिखे थे। शिवाजी जिस आध्यात्मिक परंपरा में बड़े हुए थे, उसमें ज्ञानेश्वर, एकनाथ, तुकाराम, रामदास जैसे महान् संतों की प्रबुद्धता, आध्यात्मिकता, मूल्य एवं आदर्श थे, जिनकी चीत्कार ने मराठा शक्ति की उस भित्ति को तोड़ दिया था, जिसने मराठा शक्ति को आच्छादित कर रखा था या आज के शब्दों में कहें तो बीमारू बना रखा था, यानी उत्तर प्रदेश के लोगों की अभिलाषा में विवेकानंद की आध्यात्मिक बौद्धिकता और शिवाजी ने राज्य-निर्माण की क्षमता से संपन्न किसी शासक की खोज की थी। योगी का एक और पहलू है, जो मैंने देखा, वह है—महाराणा प्रताप जैसा संकल्प, उनके जैसी निर्भीकता, उनके जैसी दृढ़प्रतिज्ञता, मातृभूमि के प्रति उनके जैसा प्यार, अपने लोगों के प्रति महाराणा जैसा समर्पण, अपने धर्म की रक्षा के लिए महाराणा जैसा दृढ़निश्चय और व्यक्तित्व।

उत्तर प्रदेश, जो आर्यावर्त का एक बड़ा हिस्सा है, जहाँ से इक्ष्वाकु वंशियों का रथ दसों दिशाओं में जा चुका है, जिसके साक्षी हिमालय और गंगा ही नहीं रहे हैं, बल्कि मेघ और तारे भी रहे हैं। प्राकृतिक तत्त्वों से संपन्न आर्यावर्त की इस धरती को किसी दृष्टि से कमतर नहीं आँका जा सकता। राम और कृष्ण के रूप में वासुदेव नारायण स्वयं यहीं आए और बुद्ध ने अपने आध्यात्मिक चक्रवर्तित्व (धर्मचक्र प्रवर्तन) की प्रतिष्ठा यहीं पर की। इतिहास के इन अध्यायों ने प्रदेश के वर्तमान को ही नहीं, बल्कि प्रत्येक कालखण्ड में देश को भी आत्मविश्वास और आत्मस्फूर्ति दी; लेकिन इसके साथ ही कुछ दायित्व भी दिए, जो कम-से-कम इस प्रदेश के प्रमुख से यह अपेक्षा करते हैं कि वह राम के मर्यादोचित संव्यवहार, कृष्ण के उदात्त वैश्विक प्रेम और निश्छल समर्पण तथा बुद्ध के सत्य एवं अहिंसा के प्रति न केवल प्रतिबद्ध रहे, बल्कि इन्हें एक सूत्र में पिरोए भी। इस दायित्व को अब तक अधिकांश मुख्यमंत्री निभा नहीं पाए। सवाल उठता है कि क्यों नहीं कर पाए? क्योंकि वे परिवारवाद, पिछड़ावाद, दलितवाद आदि

की गिरफ्त में थे, जिनके जरिए उन्हें अपने निजी स्वार्थ पूरे करने थे। इतिहास के आईने में झाँककर देखें तो हमें यह सुझाव मिलता दिखेगा कि सद्गुणों से संपन्न शासक के निर्माण के लिए सांस्कृतिक-आध्यात्मिक मूल्यों के निर्माण की जरूरत होती है और यह कार्य संत ही पूर्ण कर सकते हैं। ध्यान रहे कि छत्रपति शिवाजी के उदय में जितना उनका कूटनीतिक व सैनिक चातुर्य था, उससे कहीं बहुत अधिक भक्त संतों द्वारा चलाया गया भक्ति आंदोलन (यानी वराकरी आंदोलन) का योगदान था, जिसके जरिए महाराष्ट्र की जमीन पर एक विशाल सांस्कृतिक-आध्यात्मिक आंदोलन उभरा, जिसने न केवल महाराष्ट्र की धरती को पहचान दी थी, बल्कि उसके सामाजिक-आर्थिक ताने-बाने को बदलकर समरस समाज का निर्माण किया। इस आध्यात्मिक-राजनीतिक या सामाजिक-आर्थिक-सांस्कृतिक आंदोलन का केंद्र पंढरपुर था और केंद्रीय शक्ति विठोबा में निहित थी। तो क्या हम यह नहीं मान सकते हैं कि नाथपंथी आंदोलन ने एक लंबी और वृहत् परंपरा में न केवल भारत, बल्कि बँगलादेश, नेपाल, पाकिस्तान, अफगानिस्तान आदि की सामाजिक-आर्थिक संबंधों की ऊबड़-खाबड़ जमीन को समतल बनाने का कार्य किया था। गोरक्षनाथ के संरक्षण में संतों ने एक लंबी परंपरा में गोरखपुर को पंढरपुर से कहीं बहुत विशाल केंद्र बनाया, जिसका प्रभाव एशिया के तमाम देशों पर देखा जा सकता है। इतिहास के इन तुलनात्मक पक्षों को यदि हम योगी आदित्यनाथ तक ले आएँ तो उनमें शासक एवं परिव्राजक के संयोग का विशेष पक्ष अवश्य दिखेगा। इस स्थिति में तो योगी आदित्यनाथ का व्यक्तित्व शिवाजी से कहीं विराट् है, क्योंकि उनमें महाराणा प्रताप-सा प्रताप और अपनी मातृभूमि की रक्षा तथा अपने धर्म पर अडिग रहने की विशेषता भी है। इस तरह से उनमें केवल उत्तर और दक्षिण की परंपराओं के समवेत स्वरूप का ही प्रतिबिंबन नहीं हो रहा है, बल्कि अखंड भारत की तमाम धाराओं, विशेषताओं और परंपराओं का संयोजन भी है। निस्संदेह योगी आदित्यनाथ ऐतिहासिक परंपरा को आधुनिक भारत की आवश्यकता से संयोजित करने की क्षमताओं से संपन्न हैं। इसलिए हम उनसे भविष्य की अपेक्षाएँ कर सकते हैं, हम उनमें बेहतर भविष्य देख सकते हैं और देखते भी हैं, लेकिन अब इसे सिद्ध करना योगी आदित्यनाथ का धर्म भी है और कर्म भी।

थोड़ी देर के लिए अतीत और वर्तमान को पुनः एक साथ लाकर देखें। इतिहास का वह कालखंड, जब महाराष्ट्र में शिवाजी ने हिंदवी स्वराज्य की स्थापना की थी। वह कालखंड राजतंत्र का था, इसलिए राजतिलक के बाद वे कानून एवं व्यवस्था से ऊपर हो गए थे। राजतिलक के बाद वे हिंदू-धर्मोद्धारक, हिंदू-पद पादशाही जैसी विशेषताओं से संपन्न थे, जिससे दैवी राजत्व का भाव पुष्ट हुआ और वे कानून एवं व्यवस्था से ऊपर उठ गए। उनका इतिहास बखरों को लिखना था। जिस कालखंड में महाराणा प्रताप ने मुगल बादशाह अकबर के सामने न झुकने का संकल्प सिद्ध किया था, वह समय भारत में मुगल सत्ता के सूर्योदय का था। इसलिए एक इतिहास सीमित रहा और दूसरे को विलुप्त कर दिया गया। आज ऐसा नहीं है। उस कालखंड में स्थापित राजवंशों और शासन-व्यवस्थाओं में जनता के प्रति जवाबदेही का विकल्प आज जैसा नहीं था। परंतु वर्तमान कालखंड लोकतंत्र का है। संसदीय लोकतंत्र उदार परंपराओं और जवाबदेही के बुनियादी तंतुओं पर टिका है, यानी योगी आदित्यनाथ जिस लोकप्रिय सरकार के प्रमुख हैं, वह लोकतांत्रिक व्यवस्था की इन्हीं बुनियादी विशेषताओं पर टिकी है। इसलिए वे संविधान के प्रति, विधान के प्रति, विधानसभा के प्रति और जनता के प्रति जवाबदेह हैं। वे कानून एवं व्यवस्था से ऊपर, बल्कि इसकी स्थापना के दायित्व से बँधे हुए हैं। वे प्रदेश के स्वामी नहीं, सिर्फ जन-प्रतिनिधि हैं। उनके ऊपर दूसरी तरह के दबाव भी हैं और प्रदेश तथा देश की जनता का बेपनाह प्यार, असीमित इच्छाएँ और नित-नित बदलती अपेक्षाएँ हैं। इसलिए योगी आदित्यनाथ को विवेकानंद-सा विवेक, शासकीय व्यवस्था में शिवाजी जैसी आक्रामकता जैसी अपनी जनता के प्रति समर्पण में महाराणा प्रताप जैसी दृढ़ता योग्यता, क्षमता एवं शक्ति का प्रयोग व प्रदर्शन करना होगा। अगर योगी आदित्यनाथ अपनी मौलिक शैली में रहते हैं तो वे ऐसा अवश्य कर ले जाएँगे; लेकिन यदि वे इससे हटे या फिर उन्हें हटने के लिए विवश किया गया तो उनके लिए कठिनाइयाँ उत्पन्न होने लगेंगी। हम यह मानकर चलें कि वे अपनी मौलिकता, अपनी विशेष शैली और प्रताप-सी दृढ़ प्रतिज्ञता और राष्ट्र के प्रति दृढ़भक्तिता को सिद्ध करने में सफल होंगे। तब क्या यह मान लिया जाए कि प्रदेश की जनता की ही नहीं, बल्कि देश की जनता की भी खोज अब पूरी हुई? वैसे भी, योगी आदित्यनाथ पॉलिटिकल इमर्जेंस का

परिणाम हैं, इसलिए उनके साथ कुछ खास गुण, अवसर एवं चुनौतियाँ रहेंगी। जब किसी नेता का राजनीति में इमर्जेंस हुआ होता है तो उसके लिए बैंडविड्थ के एक छोर पर घृणा होती है और दूसरे छोर पर प्रेम। इसी बैंडविड्थ के एक छोर पर संभावनाएँ होती हैं तथा दूसरे छोर पर घोर विरोध। यह भी संभव है कि उनका इमर्जेंस किसी शीर्ष नेता के लिए चुनौती बनने लगे, जो उनके लिए ही घातक हो।

क्या वास्तव में योगी आदित्यनाथ इमर्जेंस का प्रतीक (सिंबल ऑफ इमर्जेंस) हैं? यदि ऐसा है तो वे शक्तियाँ कौन सी हैं, जिनके कारण उनका इमर्जेंस हुआ? ये शक्तियाँ आध्यात्मिक हैं या राजनीतिक अथवा सामाजिक? इस इमर्जेंस में युवाओं की क्या भूमिका रही है? युवा मनोविज्ञान स्थायी नहीं होता, बल्कि उसमें बहुत जल्दी-जल्दी परिवर्तन होता है, इसलिए यदि युवाओं को संतुष्टि न मिली तो यही इमर्जेंस एक चुनौती बन जाएगा। आखिर उम्मीद किससे की जाए? क्या योगी का इमर्जेंस इतिहास के अनसुलझे अर्थशास्त्र को सुलझा पाएगा? भारत की इस आध्यात्मिक-सांस्कृतिक भूमि की असल जरूरत तो यही है, इसलिए योगी इस रास्ते को किस प्रकार तय करेंगे, यह भी अहम सवाल है। एक सवाल और भी है कि क्या योगी आदित्यनाथ का इमर्जेंस प्रदेश की माँग से व्युत्पन्न है?

हालाँकि इतिहास और वर्तमान को जोड़ने में कई बार पृष्ठ प्रक्षेपण हो जाता है। यह इतिहास की ही नहीं, वर्तमान की माँग भी है और कमी भी। अतः 'जीरोसम इरर' की संभावना यहाँ भी हो सकती है; लेकिन वह केवल आपके और हमारे दृष्टिकोण एवं अध्ययन की सीमित अथवा असीमित परिधियों में ठहरने के कारण तथ्य उन्हें उन पायदानों पर स्वीकारते हैं, जहाँ हमने उन्हें पाया है या देखने की कोशिश की है। कल उन्हें कहाँ स्थापित होना है, कहाँ ठहरना है और राजनीति की किन परिधियों का निर्माण करना है अथवा किन परिधियों को पार करना है या किन-किन भित्तियों को तोड़ना है, यह उन्हें ही तय करना है।

□

3

रिकॉल वैल्यू में हो रहा वैल्यू एडीशन

यदि किसी समय राजनीतिक बाजार में लोकतंत्र का मुख्य ब्रांड 'लोक' यादों में चला गया हो और 'देश' नाम के ब्रांड को व्यक्ति द्वारा आच्छादित कर दिया जाए, तब वहाँ संघर्ष के दायरे और युक्तियाँ काफी बदल जाती हैं। यूँ कहें कि वे संभ्रांतता की परिधि से बाहर चली जाती हैं। इस स्थिति में व्यक्ति अपने ब्रांड की रिकॉल वैल्यू को बनाए रखने के लिए किसी भी स्तर तक उतर सकता है। वहीं दूसरी तरफ यदि ऐसी शख्सियत राजनीति में विद्यमान हो, जो 'एंग्री यंग मैन' की फेस वैल्यू के साथ अपना पहला कदम राजनीतिक कुरुक्षेत्र में रखे और शीघ्र ही इसमें 'हिंदू हृदय सम्राट्' को संयोजित करने या कराने में सफल हो जाए तथा समय के साथ-साथ इसमें वृद्धि या वैल्यू ऐड होता रहे, जिससे 'रिकॉल वैल्यू' समृद्ध हो और उसमें नवीनता आए तो हम इस निष्कर्ष पर पहुँच सकते हैं कि भविष्य किसकी रिकॉल वैल्यू को स्वीकार करेगा। हालाँकि बाजार का शाश्वत नियम है कि बाजार और उसके साथ-साथ उसमें शामिल लोगों को निरंतर चलनेवाले चक्रों (साइकिल्स) से गुजरना पड़ता है। इसलिए जब तक चक्र किसी ब्रांड के लिए प्रॉस्पैरिटी का रहता है, तब तक उसकी रिकॉल वैल्यू स्थापित रहती है; लेकिन जैसे ही सुस्ती का दौर (पीरिएड ऑफ रेस्सेशन) शुरू होता है तो स्थितियाँ नए संकेत देने लगती हैं। इन स्थितियों को समझने की जरूरत होती है, अन्यथा ब्रांड अपनी वैल्यू खो देता है; लेकिन यह तभी संभव है, जब उस लीडर के इर्द-गिर्द वे लोग हों, जो इस परिस्थिति को समझने और अपने नेता को उन नकारात्मकताओं को बताने का साहस रखते हों। यदि ऐसा नहीं होता है तो नेता

की ब्रांड वैल्यू बनाए रखने के लिए कभी किसी उभरते हुए नेतृत्व को दबाया जाता है और कभी बाजार के उन इंस्ट्रूमेंट्स को खरीदने का काम किया जाता है, जो गलत तरीके से ही सही, उसके ब्रांड की रिकॉल वैल्यू को पूर्ववत् पेश करने में मदद करते हैं, ठीक उसी तरह से जिस तरह से स्टॉक मार्केट में किसी खास फर्म के खास ब्रांड के अंशों (शेयर्स) को कृत्रिम रूप से तब तक उछाले रखा जाता है, जब तक कि मार्केट खुद धराशायी न हो जाए। लेकिन राजनीति विशुद्ध बाजार तो नहीं कि कुछ फर्में और संस्थाएँ मिलकर ब्रांड की वैल्यू को कृत्रिम रूप से चढ़ाए रखें। राजनीति का अंतिम निर्णय टी.वी. स्क्रीन पर नहीं होता, बल्कि वह जमीन पर उस व्यक्ति के मत से होता है, जिसने ब्रांड की प्रामाणिकता का आधार उसके काम को बनाया है, विज्ञापन को नहीं। फलत: जैसे ही जनमत पहलेवाले ब्रांड की बजाय उस नए ब्रांड (नेता) को स्थापित कर देता है, उसकी रिकॉल वैल्यू में प्योरिटी, क्वालिटी और वैल्यू एडीशन होता है।

यानी हम यह मानकर शुरुआत करें कि प्रत्येक ब्रांड की अपनी रिकॉल वैल्यू होती है और यही वैल्यू तय करती है कि उस लीडर का जनता के मनोविज्ञान पर असर कितना रह गया है, उसकी लोकप्रियता के स्तर में कमी आई है या वृद्धि हुई है, जनता ने उसके व्यक्तित्व को उसके कार्यों के सापेक्ष खरा पाया है या नहीं और जनता ने उसे ईमानदार, सत्यनिष्ठ, कर्मयोगी तथा जवाबदेह माना है या नहीं। उदाहरण के तौर पर, आज भी महात्मा/बापू या नेताजी की रिकॉल वैल्यू है और उसमें कोई कमी नहीं आई है, क्योंकि 'बापू' कहते ही महात्मा गांधी सामने आ जाते हैं और 'महात्मा' कहते ही बापू, गांधी या राष्ट्रपिता अथवा 'नेता' कहते ही सुभाषचंद्र बोस। यह रिकॉल वैल्यू बताती है कि उस ब्रांड की पहचान कितनी मजबूत और स्थायी है। इसे आप इस उदाहरण से समझ सकते हैं कि आज भी 'निरमा' का नाम लेते हुए वाशिंग पाउडर की तसवीर सामने आ जाती है या 'रिन' कहने से कपड़े धोनेवाले साबुन की। स्वतंत्र भारत के इतिहास में राजनीतिक नेतृत्व के क्षेत्र में महात्मा गांधी और सुभाषचंद्र बोस के अतिरिक्त कुछ अन्य नेताओं की भी रिकॉल वैल्यू रही है; जैसे नेहरूजी, सरदार पटेल, भीमराव अंबेडकर, इंदिरा गांधी, अटल बिहारी वाजपेयी, यहाँ तक कि नरेंद्र मोदी की भी। अटलजी ने अपनी ब्रांड वैल्यू अपने शासनकाल के दौरान बदलने की कोशिश

की। इसका परिणाम यह हुआ कि भारत में बुनियादी विकास की प्रतिस्पर्धी नींव रखने के बावजूद वे अपनी रिकॉल वैल्यू में वैल्यू ऐड नहीं कर पाए। हालाँकि उनका चेहरा आज भी भारतीय जनता पार्टी में सबसे ऊपर है, यानी उनकी फेस वैल्यू है; लेकिन उनकी रिकॉल वैल्यू नेपथ्य में चली गई या फिर धकेल दी गई। बाजार का एक यह भी नियम है कि एक ब्रांड को पीछे धकेलकर ही दूसरा ब्रांड आगे आ सकता है। इसलिए जब राजनीति का बाजारीकरण हुआ तो स्वाभाविक है कि एक नेता की ब्रांड वैल्यू को नेपथ्य में पहुँचाकर ही दूसरे नेता को ब्रांड बनाया जा सकता है। तो क्या हम यह मान लें कि 'अटल ब्रांड' पीछे जाने पर ही 'मोदी ब्रांड' आगे आ सकता था? बाजार तो ऐसा ही मानेगा, पर राजनीति में कहीं पर कुछ और संभावनाएँ तथा बदलती स्थितियाँ भी होती हैं, इसलिए इस निष्कर्ष को पूरी तरह से मान लेना शायद उचित न हो। ऐसा इसलिए, क्योंकि दोनों का चेहरा अलग-अलग तरह की आभा रखता है और अलग-अलग ब्रांड व ब्रांड वैल्यू। दोनों ही ब्रांड्स में कार्यशैली एवं व्यवहार में अंतर है। दोनों की शुचिता और पारदर्शिता, दोनों का मिजाज और जनता के बीच घुलने-मिलने के तरीके व तरजीह में जमीन-आसमान का अंतर है। एक खुली किताब है, जिसे अधिकांश पढ़ सकते हैं; लेकिन दूसरा एक ऐसी किताब, जिसके हर पृष्ठ पर रहस्यात्मकता की थोड़ी-थोड़ी धुंध है, जिसकी बड़ी खूबसूरती से ब्रांडिंग की गई है और देश के जनमानस को रणनीतिक ढंग से उसे देखने का हुनर सिखाया गया है।

ब्रांड के रूप में मोदी की शुरुआत वर्ष 2002 में हुई, यानी 21वीं सदी का बाजार पूँजीवाद या पूँजी का बाजारवाद और भारतीय राजनीति का नव-ब्रांडवाद सही अर्थों में एक साथ आया। जैसे-जैसे बाजार अपने ऊपर से वरक उतारता गया, हमारा राजनीतिक ब्रांड भी धीरे-धीरे उन परतों को हटाता चला गया और नई कलई चढ़ाता गया, ताकि विज्ञापनी चमक में उसके चेहरे भी नई तरह की शाइनिंग करने का हुनर दिखा सकें। मोदी ब्रांड दरअसल दो विषयों का मिश्रण था, जिसे लोग अलग-अलग कर नहीं देख पाए। एक हिंदुत्व का और दूसरा व्यवसाय का (इसे निजी रूप में नहीं, बल्कि उस रूप में लेना चाहिए, जिस रूप में उनके प्रधानमंत्री बनने से पहले ही चीन के तत्कालीन प्रधानमंत्री वेन जियाबाओ ने कहा था कि मोदी नैतिक व्यापारी हैं)। ध्यान रहे कि मोदी के ब्रांड बनने की प्रक्रिया

वर्ष 2002 के बाद से शुरू थी, लेकिन उसमें केवल एक विषय ही जुड़ा था और वह था हिंदुत्व का। इसलिए वे राष्ट्रीय और अंतरराष्ट्रीय फलक पर स्थापित नहीं हो पाए थे, बल्कि उन्हें बहुत से अंतर्विरोधों का सामना करना पड़ा था, नफरत और अपमान भी झेलना पड़ा था। पर सत्य तो यह है कि उस समय गोधरा में जो घटना हुई थी और छद्म सेक्युलरवाद ने जिस तरह से उस पर मौन साधा था, हिंदू जनमानस में एक क्षोभ पनपा था। उसी क्षोभ से एक विक्षोभ उत्पन्न हुआ, जिसे मोदी ने न केवल ठीक से देखा, बल्कि उसी में अपना भविष्य तलाश लिया। ठीक यही स्थिति हिंदू जनमानस की रही, जिसने मोदी में अपना भविष्य देखना शुरू कर दिया। एक बात और जो अंतर्विरोध उस समय नरेंद्र मोदी को लेकर उपजे, मोदी ने उन पर मौन धारण किया और देश ने उनके लिए शब्द गढ़ने शुरू कर दिए। देश में जैसे-जैसे मोदी के प्रति सहानुभूति और उनके लिए गढ़े गए शब्दों का दायरा बढ़ता गया, मोदी का पद स्थायित्व और कद वृद्धि का वरण करता गया और मोदी एक ब्रांड के रूप में देश के सामने आए; हालाँकि उन दिनों के तमाम मीडिया सर्वे राष्ट्रीय फलक पर उन्हें वह मुकाम नहीं दे पा रहे थे, जो हिंदुत्व की अपेक्षा थी। शायद यही वजह है कि मोदी को व्यापारी के रूप में भी उतरना पड़ा। गुजरात बाइब्रेंट ने उन्हें एक दूसरा चेहरा दिया, जो अमेरिका के कारोबारियों को बहुत भाया। वहाँ का मिलिट्री इंडस्ट्रियल कॉम्प्लेक्स तो उस पर फिदा हो गया। वह इतना फिदा हुआ कि अमेरिकी राजदूत ने नरेंद्र मोदी से मिलने में आना-कानी की तो उन्हें पद से हाथ धोना पड़ गया। यह दरअसल उनका इस्तीफा नहीं, बल्कि मिलिट्री इंडस्ट्रियल कॉम्प्लेक्स की तरफ से की गई बरखास्तगी थी। अभी भारत के लोगों को यह बात समझ में नहीं आनी थी या शायद कभी भी नहीं कि यह दूसरा चेहरा ही उनका असली चेहरा है और यही भारत के विकास के लिए अपेक्षित भी था; लेकिन भारत के लोग इस पर फिदा होने वाले नहीं थे, क्योंकि सही अर्थों में वे विकास का मतलब ही नहीं समझते। उन्हें तो सीमित आत्म-सुखों में जीने की आदत है, अतः उन्हें इस सीमित आत्म-सुख से वंचित रखकर कोई जोखिम लेना नहीं चाहेगा। इसलिए नरेंद्र मोदी को हिंदू हृदय सम्राट् का ब्रांड (या हिंदी की सामान्य शब्दावली में कहें तो मुखौटा) प्रदान किया गया। यही कारण रहा कि प्रधानमंत्री बनने के बाद वे लगातार कशमकश से गुजरते रहे और अपनी

गढ़ी गई छवि या ब्रांड को विभिन्न आईनों में देखने-दिखाने की कोशिशें करते रहे। उनके ब्रांड के अनुरेखण पर लेपे गए रंगों को देखें तो वे केवल नई दिल्ली, वाशिंगटन, टोक्यो, सिडनी, रंगून, अस्ताना, बाकू आदि में ही अलग नहीं दिखे; बल्कि बनारस, अहमदाबाद, नई दिल्ली में भी अलग-अलग दिखे। कारण यह था कि उन्हें स्वयं को हिंदू हृदय सम्राट् के फ्रेम से निकालकर 'मैन ऑफ डिवेलपमेंट' यानी 'विकास पुरुष' के फ्रेम में फिट करना था और यही भारत की आवश्यकता थी तथा वैश्विक संबंधों की लाइफलाइन भी। उन्होंने शुरू में ऐसी ही छवि बनानी आरंभ की और इसके लिए वे दुनिया भर में घूमे तथा इवेंट डिप्लोमेसी के जरिए अपने ब्रांड का प्रचार भी किया।

मेक इन इंडिया, स्किल इंडिया, स्टार्टअप इंडिया तथा इसी तरह के कार्यक्रमों को स्थापित कर नवाचारी ब्रांड बनने की कोशिश की गई; लेकिन यह कोशिश सही अर्थों में पूरी तरह से सफल नहीं हुई। जनता के अंतस्थल में अंततः इसके लिए स्थायी जगह नहीं बन पाई। इसलिए इसमें सफल न होते देख वे नोटबंदी का विस्फोट कर बैठे और ईमानदारी को मोदी ब्रांड से जोड़ने की निरंतर व युक्तिपरक कोशिश की; लेकिन समय के साथ उनकी कोई भी छवि 24 कैरेट पर खरी नहीं उतर पाई। आर.बी.आई. के पास 18 लाख 13 हजार करोड़ रुपए पहुँच जाने और नीरव मोदी व मेहुल चौकसी जैसे लोगों के प्रधानमंत्री के इर्द-गिर्द दिखने ने यह संदेश तो दे ही दिया कि अब मोदी ब्रांड या तो संक्रमण में है अथवा संकट में या फिर ऐसे परिवर्तन की प्रक्रिया में, जो उनकी गढ़ी गई छवि के विपरीत है। राजनीतिक चंदे को लेकर सरकार ने जिस तरह के कानून बनाए और राजनीतिक दलों को बेनामी चंदे की छूट दी, उसे देखकर कोई भी प्रबुद्ध भारतीय नागरिक यह सवाल कर सकता है कि यह वह ईमानदारी तो नहीं है, जिसे हम जानते थे। शायद यह ईमानदारी का कोई नया ब्रांड है। ऐसे में, आज के राजनीतिक बाजार में उस पर फिर से गोल्ड कोटिंग करने की जरूरत है। लेकिन गंगा तो वैसी ही है और अयोध्या भी, फिर धर्म का ब्रांड कैसे पुनर्स्थापित होगा ? सर्वोच्च न्यायालय के अनुसूचित जाति/अनुसूचित जनजाति अधिनियम पर निर्णय देने के बाद सरकार ने सर्वोच्च न्यायालय के निर्णय को बदलने की जो कोशिश की, उसने सामाजिक न्याय को मोदी ब्रांड का हिस्सा तो नहीं बनाया, लेकिन उनके

विकासवादी ब्रांड को ठिकाने लगा दिया। अब राष्ट्रवादी ब्रांड का विकल्प ही शेष है। चूँकि हिंदू हृदय सम्राट् का ब्रांड अब योगी आदित्यनाथ के नाम के साथ जुड़ चुका है, इसलिए उसके विपरीत दिशीय होने की संभावना न के बराबर है। यदि ऐसा न होता तो योगी आदित्यनाथजी को गुजरात, त्रिपुरा, केरल, कर्नाटक के मुख्य हिस्सों की चुनाव प्रचार की कमान कभी नहीं दी गई होती। महत्त्वपूर्ण बात तो यह रही कि योगी आदित्यनाथ ने अपने ब्रांड के अनुसार परिणाम भी दिए, इसलिए ब्रांड की रिकॉल वैल्यू बढ़ी और ब्रांड में वैल्यू एडीशन हुआ। तो क्या हम मान लें कि अब योगी आदित्यनाथ भारत के 'हिंदू हृदय सम्राट्' हैं और यही उनकी मौलिक छवि है ?

योगी आदित्यनाथ तो उस परंपरा के हैं, जिसने हिंदुत्व का पोषण किया है। जितना कि इतिहास के पन्नों को मैंने पलटा है, पढ़ा है और लिखा है, उसके आधार पर मैं यह कहने में कोई संकोच नहीं करता कि नाथपंथ ने इस गौरवशाली हिंदुत्व की परंपरा को उस काल में बचाने का काम किया, जब उसे तर्क और विज्ञानवाद से परे जाकर सामंती सिंहासनों के नीचे बैठने के लिए विवश किया जा रहा था। हालाँकि दक्षिण भारत में कई आंदोलन चले थे, जिसमें शंकराचार्य का वेदांतवादी आंदोलन और रामानुजाचार्य से लेकर उनके आगे की परंपरा के आचार्यों द्वारा अद्वैतवाद के विपरीत विशिष्ट अद्वैतवाद, द्वैताद्वैतवाद, द्वैतवाद जैसे समांतर संशोधित आंदोलन चलाए जा रहे थे; लेकिन किसी ने भी कट्टरपंथी ब्राह्मणवाद द्वारा खींची गई लकीरों को पार करने की हिम्मत नहीं दिखाई, या कोई भी ब्राह्मणवादी पौरोहित्यवाद द्वारा निर्मित दीवारों को तोड़कर हिंदुत्व के अंदर उन जातियों को लाने का साहस नहीं दिखा पाया, जो जन्मना और कर्मणा इसी धर्म का हिस्सा थीं। यही वजह है कि हमारे अपने धर्म में जनमे, पले और बढ़े शूद्र परिधि से दूर खड़े होकर अमानुषिक अत्याचार का शिकार बनते रहे और कुछ विचारक इस व्यवस्था पर शर्म का अनुभव करते रहे। नाथपंथ ने इन लकीरों को बहुत हद तक धुँधला कर दिया, ताकि परिधियों से बाहर छिटके हमारे अपने लोग मूल धारा में आ सकें। उनका स्वामी तो सभी का स्वामी था। वह किसी के साथ विभेद नहीं करता था। उसकी करुणा और दया के वे उतने ही सहभागी थे, जितने कि अन्य। परिणाम यह हुआ कि छिटके पड़े शूद्र हिंदुत्व

की परिधि में आने लगे। दूसरा एक महत्त्वपूर्ण पक्ष यह भी था कि इसलामवादियों के आगमन के समय तक धार्मिक आंदोलन की लगभग सभी धाराएँ ठंडी पड़ने लगी थीं और तुर्क विजेता को दो जरूरतें पूरी करनी थीं। इनमें से एक थी धन की और दूसरी थी धर्म की। धार्मिक आवश्यकताओं को उन्होंने आलिमों और सूफियों के माध्यम से पूरा करने की रणनीति बनाई। नाथपंथी संतों ने इसे समझने में कोई चूक नहीं की। उन्हें पता था कि इसलामी आव्रजक भारत की संपत्ति को ही नहीं, संस्कृति और अस्मिता को भी लूटने आए हैं। इसलिए उन्होंने सूफियों को ही हिंदुत्व की आध्यात्मिकता व योग विद्या सिखाने की युक्ति को अपनाया, ताकि इसलामी आव्रजकों के वे हथियार भोथरे हो जाएँ, जिनके जरिए उन्हें यह कार्य संपन्न करना था।

ऐतिहासिक साक्ष्यों को यदि देखें तो स्पष्ट हो जाएगा कि सूफियों के भारत आने का मार्ग पेशावर और कंधार होते हुए था। इसलिए नाथपंथियों ने उनके प्रवेश द्वार पर ही अपना केंद्र बनाया और सूफियों को हठयोग/प्राणायाम की शिक्षा दी। बाबा फरीद (फरीद-उद्-दीन गंज शकर) इसका सबसे श्रेष्ठ उदाहरण हैं, जो सूफियों में अपनी प्राणायाम (चिल्ला माकूश) की पद्धति के लिए विशेष तौर पर जाने जाते थे। यही नहीं, निजामुद्दीन औलिया पर भी नाथपंथी संतों का काफी प्रभाव था। इस दृष्टि से देखें तो हिंदू हृदय सम्राट् की दावेदारी तो इस परंपरा के संत की कहीं अधिक हो सकती है। इसलिए यदि मैं योगी आदित्यनाथ को इस विशेष पद से संबद्ध करूँ तो तथ्य व जमीनी हकीकत इसका समर्थन करेगी। हाँ, विरोध करने या प्रतिक्रिया करनेवालों के अपने तर्क या मत अथवा प्रतिमत हो सकते हैं, होंगे भी। ये बाहर से भी होंगे और अंदर से भी। उनके लिए प्रत्युत्तर का स्पेस हमारे पास होना चाहिए, जो शास्त्रीय परंपरा का हिस्सा है। योगी आदित्यनाथ यदि अब तक इस विशेषण से वंचित रहे तो इसका कारण यह है कि वे राजनीतिक सत्ताधारी नहीं बने थे और हमारे देश के लोग तब तक आपको महान् नहीं बनाते, जब तक आपकी योग्यताओं का बखान नहीं करते या तब तक उनके जीवन-दर्शन या जीवन-यात्रा पर निगाह नहीं डालते, जब तक कि वे सत्ताधारी न हो जाएँ। सत्ताधारी होते ही सारे विशेषण और विशेषज्ञताएँ स्वयं ही उनके अकाउंट में क्रेडिट हो जाती हैं। योगी आदित्यनाथ ने अपनी आध्यात्मिक

परंपरा के साथ राजनीतिक सत्कार्यवाद को जोड़ा है, इसलिए यह विचार करने की बात है कि शास्त्र और राज का समायोजन आप कैसे करते हैं।

स्थितियाँ योगी आदित्यनाथ को हिंदू हृदय सम्राट् के उतना ही करीब ले जा चुकी हैं, जितना कि शिवाजी को हिंदू धर्मोद्धारक के करीब ले गई थीं या जितना कि बाजीराव प्रथम को हिंदू पद पादशाही के करीब ले गई थीं या जितना कि महाराणा प्रताप को क्षत्रिय शिरोमणि/राजपूत शिरोमणि के करीब ले गई थीं। भारतीय जनता पार्टी के शीर्ष नेतृत्व को पर हर्ष हो या न हो, लेकिन राष्ट्रीय स्वयंसेवक संघ को हर्ष का अनुभव अवश्य होगा और उन अधिसंख्य लोगों को भी, जो इस देश की एकता के केंद्र में हिंदुत्व को रखकर नए भारत का निर्माण करना चाहते हैं। यहाँ मैं जिस हिंदुत्व की बात कर रहा हूँ, वह उस भारतवर्ष का पूरक है, जिसका कम-से-कम विक्रमी सदी की शुरुआत में निर्माण हुआ और जिसे हम हर मांगलिक कार्य की शुरुआत में इन शब्दों के माध्यम से स्मरण करते हैं, "...श्री श्वेतवाराह कल्पे वैवस्वत मन्वंतरे अष्टाविंशतिमे कलियुगे कलिप्रथम चरणे जंबूद्वीपे भरतखंडे भारतवर्षे आर्यावर्तैक देशांतरगते...।" इसलिए भारत की कक्षाओं में सभी धर्मों और संप्रदायों को समवेत होने का अधिकार उनकी योग्यता के अनुरूप है। हाँ, केंद्रीय या नाभिकीय स्थिति तो हिंदुत्व की ही बनती है, जो कि इस देश की जीवन-पद्धति है (यह बात तो इस देश का सर्वोच्च न्यायालय भी कह चुका है)।

इसलिए जब भी भारत की आत्मा की बात की जाएगी तो कुछ संदर्भों को समझने की जरूरत होगी। भारत की आत्मा में श्रीराम हैं, भारत की आत्मा में कृष्ण हैं, भारत की आत्मा में शिव हैं, भारत की आत्मा में पांडुरंग हैं, भारत की आत्मा में विरूपाक्ष हैं, भारत की आत्मा में बद्रीनाथ हैं, भारत की आत्मा में केदारनाथ हैं; भारत की आत्मा में उमा-पार्वती, लक्ष्मी और सरस्वती हैं; भारत की आत्मा में वेद हैं, उपनिषद् हैं, पुराण हैं, संहिताएँ हैं, स्मृतियाँ हैं, सूत्र हैं और अन्य समस्त वे प्राचीन ग्रंथ, जिनमें भारत जीवंत होता है। भारत के मठ, भारत की शक्तिपीठें, भारत के अरण्य, भारत के तीर्थ और भारत की पवित्र नदियाँ उसमें स्पंदित होती हैं। वेद, शास्त्र, पुराण, सूत्र, संहिताएँ व स्मृतियाँ उसकी ज्ञान परंपरा के इतिहास की अविरल धाराओं का प्रमाण प्रस्तुत करती हैं। अगर हमारे आत्मिक संसार में

शिव हैं, विष्णु हैं और ब्रह्मा हैं; अगर हमारे शक्ति संसार में पार्वती, लक्ष्मी और सरस्वती के रूप में शक्तियाँ हैं, जो विश्व-रचना की साक्षी हैं और हमारे पथ प्रशस्त करने एवं धर्म की प्रतिष्ठा तथा राष्ट्र-निर्माण का कर्तव्य स्वयं भगवान् श्रीराम और श्रीकृष्ण पूरा करने के लिए आए तो फिर हमारे राष्ट्र और राष्ट्रवाद, हमारे राष्ट्रधर्म और युगधर्म के केंद्र में और दूसरा कोई कैसे आ सकता है?

योगी आदित्यनाथ उन परंपराओं में से एक के उत्तराधिकारी हैं, प्रतिनिधि हैं, प्रणेता हैं, साक्षी हैं, अधिष्ठाता हैं, संत हैं और पीठाधीश्वर हैं, साथ ही संकल्परत संन्यासपरायण वृत्ति के योद्धा भी हैं, जो शस्त्र और शास्त्र परंपरा का एक साथ निर्वहण कर सकते हैं, तो उन्हें वह पद प्रदान करना न्यायोचित होगा, जो कभी छत्रपति शिवाजी ने धारण किया, कभी मराठा पेशवा बाजीराव प्रथम या इतिहास में विद्यमान तमाम राजपूत योद्धाओं ने अर्थात् क्षत्रिय कुलावतांश एवं हिंदू पद पादशाही (अथवा हिंदू हृदय सम्राट्) ने। ध्यान रहे कि किसी अन्य ब्रांड वैल्यू के साथ 'मजाक' शब्द लग सकता है, लेकिन योगी आदित्यनाथ के साथ ऐसी संभावना न के बराबर है। वे अपनी मौलिक छवि को न ही ध्वस्त करेंगे और न किसी को करने देंगे। वे अपनी मौलिकता को अपनी आध्यात्मिकता, अपनी संन्यासपरायणता और सांस्कृतिकता के साथ नैतिक-आर्थिक विकास को संयोजित करना चाहते हैं, सामाजिक न्याय को प्रोत्साहित करना चाहते हैं और भारतीय समरसता को जीवंतता प्रदान करना चाहते हैं। वे राष्ट्र की गरिमा, एकता और अखंडता के प्रति एक प्रहरी की तरह रहना चाहते हैं। वे न्याय, स्वतंत्रता और समता के प्रति सचेत व संकल्पित रहना चाहते हैं; लेकिन वे दलगत व्यवस्था के शीर्ष पर नहीं, बल्कि उसके एक सिपाही हैं। इसलिए उन्हें बहुत से दबावों और विपरीत परिस्थितियों के बीच से अपना रास्ता खोजना पड़ेगा। ऐसा दिख भी रहा है। ऐसी स्थिति में उन्हें कुछ समझौते भी करने पड़ सकते हैं, ताकि सर्वोच्च उद्देश्यों को सिद्ध किया जा सके। हालाँकि यह उनकी मौलिकता के प्रतिकूल होगा, लेकिन दो कदम पीछे हटना और फिर लक्ष्य को भेदना धनुष की चाप खींचने जैसा ही है। जितना मैंने व्यवस्था को निकट से देखा है और जो मेरे पास तथ्य व सूचनाएँ हैं, उसके आधार पर यह कहना तर्कसंगत और आवश्यक भी है कि योगी आदित्यनाथ स्वयं को कुंदन की तरह तपा-तपाकर खरा बना रहे

हैं; क्योंकि शीर्ष नेतृत्व से लेकर ठीक उनके साथ और नीचे बैठे लोग समानांतर सत्ता चला रहे हैं, जो उनके लिए आघात से कम नहीं है। इसे वे बखूबी जानते भी हैं, लेकिन फिर भी राज्य और जनता के प्रति अपने दायित्वों को पूरा करने का कर्तव्य मुस्कराकर पूरी निष्ठा, तत्परता और मनोयोग से, अथक परिश्रम के साथ निभा रहे हैं। उनका प्रयास है कि भ्रष्टाचार समाप्त हो और कानून व व्यवस्था की स्थापना हो, व्यवस्था का विशेषीकरण व उन्नयन हो और वह जन-आधारित एवं न्याय-केंद्रित बने। यद्यपि इसके लिए व्यवस्था का आमूलचूल परिवर्तन जरूरी होगा; लेकिन इस क्षेत्र में उन्हें जितनी भी विजय मिलेगी, उसी अनुपात में विकास, रोजगार और सामाजिक न्याय की स्थापना हो पाएगी।

इस दिशा में आगे बढ़ते समय मेरी समझ से उनका फोकस सांस्कृतिक-आध्यात्मिक राष्ट्रवाद पर भी रहेगा और रहना भी चाहिए। दरअसल उनका कहना है कि भारत में परंपरागत संस्कृति की बहुत सी धाराएँ बिखरी हुई हैं, जिनमें नाथपंथ के साथ-साथ तमाम सहजयानी धाराएँ भी हैं, जो सदियों से आध्यात्मिक-सांस्कृतिक पोषण के साथ-साथ सामाजिक न्याय के लिए सतत रूप से संघर्ष करती रही हैं। असल बात तो यह है कि उन्हें आज तक मूल धारा से जोड़ने का काम नहीं किया गया है। यदि उन्हें जोड़ने में कामयाबी मिल जाती है तो हिंदुत्व की तमाम बिखरी कड़ियाँ मिलकर एक बहुत ही सुंदर, मजबूत और बहुरंगोंवाली भारतीय माला का निर्माण कर सकती हैं। यही भारत की वास्तविकता है और इसी में भारत की असल ताकत भी निहित है, जिसकी हम निरंतर अनदेखी करते चले आए हैं। यदि इस दिशा में योगी आदित्यनाथ को सफलता मिलती है तो फिर वे निर्विवाद रूप से हिंदू हृदय सम्राट् और सामाजिक न्याय की प्रतिष्ठा करनेवाले के रूप में चुनौती विहीन ब्रांड बनेंगे।

जो भी हो, बाजार—चाहे वह वस्तु का हो या पूँजी का या फिर राजनीति का—किसी भी ब्रांड को अपनी आवश्यकतानुसार स्वीकार या अस्वीकार करता है, प्रतियोगिता कराता है, परिवर्तन करता है, विस्थापित करता है और स्थापित करता है। इसलिए यह कहना कहीं अधिक तार्किक होगा कि संपूर्ण सत्य कुछ नहीं है। लेकिन संपूर्ण असत्य भी तो कुछ नहीं है। इसलिए यदि किसी का भी यह पर्सपेक्टिव है कि किसी शीर्ष नेतृत्व का आज कोई विकल्प नहीं है, यह कल

भी नहीं होगा, ऐसी भविष्यवाणी तो नहीं की जा सकती। उस कल में हम जिसे एक ब्रांड वैल्यू के रूप में स्थापित कर रहे हैं, वहाँ पर उसका विकल्प और कोई नहीं है, यह निष्कर्ष निकालना इतिहास और वर्तमान के सत्य को ठुकराना होगा—और ऐसा कोई मूर्ख ही कर सकता है। कुछ विश्लेषक यह मान रहे हैं कि एक ब्रांड फीका पड़ रहा है; लेकिन मैंने उत्तर प्रदेश में ही नहीं, गुजरात, त्रिपुरा, कर्नाटक—तीन जगहों पर देखा कि योगी की ब्रांड वैल्यू प्रतिष्ठित हो रही है। देखना यह है कि बाजार इस ब्रांड को किस रूप में लेता है और बाजार की शक्तियाँ उसे किस तरह से देखती स्वीकारती हैं। दअरसल बाजार और बाजार की शक्तियाँ बेहद क्रूर होती हैं और वे कब किसी को ताज पहनाएँ और कब किसे बेताज कर दें, पता नहीं; कब किसे क्रूसेड पर चढ़ाएँ और कब किसे बादशाहत दिला दें, किसी को नहीं मालूम। लेकिन जनता का भरोसा बाजार के मुकाबले कहीं बहुत अधिक होता है। वह इतनी क्रूर नहीं हो सकती, बशर्ते उसके साथ न्याय हो, उसे समानता के साथ जीवन जीने के अवसर मिलें, उसे उचित व मौलिक अधिकार हासिल हों और वह स्वयं को सुरक्षित महसूस करे।

इन सभी क्षितिजों पर अब प्रदेश की ही नहीं, बल्कि देश की जनता योगी आदित्यनाथ में विश्वास व्यक्त कर रही है। बाजार भी अब उनके कदम-ताल के साथ लयबद्ध होता दिख रहा है, अन्यथा इन्वेस्टर्स समिट 2018 में 4.68 लाख करोड़ के मेमोरेंडम ऑफ अंडरस्टैंडिंग (एम.ओ.यू.) साइन न हुए होते, छह माह के अंदर 60 हजार करोड़ का निवेश जमीन पर उतरा न होता और 50 हजार करोड़ का निवेश पाइपलाइन में न होता; सैमसंग कंपनी, जो पिछली सरकार के समय नोएडा से कारोबार समेटने का मन बना चुकी थी, वह लगभग 5 हजार करोड़ का निवेश करने का पुनः निर्णय न लेती। हाँ, उन्हें विकास और विश्वास की परंपरा को जीवित रखना होगा। प्रतिज्ञा/संकल्प की प्रतिबद्धता सिद्ध करनी होगी। न्याय सुनिश्चित और स्वतंत्रता संरक्षित करनी होगी। यही नहीं, अब उन्हें प्रदेश के विकास, राजनीतिक विश्वास और जन-स्वीकार्यता के बीच इतनी बड़ी लकीर खींचनी होगी, जिसे पार करने का साहस अगला कोई न कर सके। □

4

हिंदुत्व और राष्ट्र की अखंडता

यह संभवत: वर्ष 2007-08 की बात है, तब श्री प्रणव मुखर्जी भारत सरकार में विदेश मंत्री थे। उस समय चीन की एक वेबसाइट, जिसका नाम 'आईएसएस डॉट सीएन' (iss.cn) है, ने चीन की सरकार को सुझाव दिया था कि उसे भारत को 20 से 30 टुकड़ों में विभाजित करने की रणनीति पर काम करना चाहिए। हालाँकि अब तक यह खुलासा नहीं किया गया है कि इसके पीछे चीन का एक थिंक टैंक काम कर रहा था या कोई निजी संस्था; लेकिन चीन की सरकार ने उसके खिलाफ कोई कार्रवाई नहीं की थी, इसलिए संभव है कि यह चीनी थिंक टैंक ही रहा हो। इस वेबसाइट ने यह भी बताया था कि यह कार्य कैसे हो सकता है और भारत को एकीकृत करने का काम किसने किया है। उसका कहना था कि बँगलादेश, नेपाल, पाकिस्तान, भूटान का भरपूर सहयोग लेकर भारत को तोड़ने की रणनीति बनाई जा सकती है। लेकिन जो सबसे अहम बात है, वह यह कि वेबसाइट कहती है कि 'भारत' नाम का कोई देश तो अतीत में था ही नहीं। यह तो 'हिंदुत्व' का कमाल है, जिसके अनुयायियों ने आपसी मेल-जोल के द्वारा इस देश का निर्माण कर लिया। वेबसाइट आगे बताती है कि चीन के हितों तथा पूरे एशिया के विकास के लिए यह जरूरी होगा कि असमियों को, नागाओं को, कश्मीरियों को, तमिलों को और इसी प्रकार के अन्य स्वतंत्रतावादियों को सहायता देकर उनके अलग राष्ट्र स्थापित कराए जाएँ। यहाँ पर कुछ बातें भारत की रक्षा और सुरक्षा को लेकर बेहद उपयोगी हैं, जिन पर इसी अध्याय में अन्यत्र चर्चा संभव है; लेकिन यहाँ पर मेरा सवाल तो इतना भर है कि जिस हिंदुत्व को भारत के मीडिया

संस्थानों और विशिष्ट वैचारिक संस्थानों व वर्गीय विभाजन के शिकार बुद्धिजीवियों ने कट्टरपंथ, लड़ाकू और यहाँ तक कि आतंक की श्रेणी में ला खड़ा करने का षड्यंत्र किया है, उसे चीनी थिंक टैंक भारत की एकता का बुनियादी सूत्र बता रहा है। फिर सच किसे माना जाए, भारत के तथाकथित प्रगतिशाली विवेच्यवादियों को या फिर चीनी थिंक टैंक के अध्ययन और आकलन को ?, क्या इसकी वजह यह रही कि लंबे समय तक सुषुप्त पड़ा रहा हिंदुत्व पुनः शक्ति प्राप्त करने लगा है या फिर यह कि पश्चिमी और साम्यवादी ताकतों के षड्यंत्र को हिंदू समझ गया है और नई जरूरतों के अनुरूप स्वयं को संगठित तथा प्रगतिशील बना रहा है ?

इससे पहले कि निष्कर्षात्मक पक्ष रखा जाए, मुझे थोड़ा पृष्ठ प्रक्षेपण करने की आवश्यकता महसूस हो रही है। मेरा मन प्रायः मुझसे यह सवाल पूछता है कि असली भारत कहाँ है, या असली भारत कौन सा है ? मैं लंबे अरसे से उसे खोजने की निरंतर कोशिश करता हूँ। जो भारत आज हमारे समक्ष है, उसमें वह अखंडता नहीं है, जो शास्त्रों और पुराणों में मौजूद भारत में थी। वह भारत भी कहीं नहीं दिखता, जिसे चंद्रगुप्त मौर्य एवं सम्राट् अशोक ने निर्मित किया था और न ही वह भारत मिल पा रहा है, जिसे रामायण व महाभारत जैसे शास्त्रों ने प्रस्तुत किया था, यहाँ तक कि वह भारत भी नहीं मिल पा रहा, जिसे विदेशी घुमक्कड़ों ने देखा और फिर बताया है। भारतीय आध्यात्मिक संस्कृति से जुड़ी दो पंक्तियों पर ध्यान दें, जिनमें सनातनता के साथ भारतवर्ष की तसवीर पेश की गई है—"ॐ विष्णुर्विष्णु श्री परमात्मने श्रीश्वेतवाराह कल्पे वैवस्वत मन्वंतरे अष्टाविंशतिमे कलियुगे कलिप्रथम चरणे जंबूद्वीपे भरतखंडे भारतवर्षे आर्यावर्तैक देशांतरगते··· ।" ऐसा इसलिए है, क्योंकि हम उन परंपराओं, उस संस्कृति और आध्यात्मिक आधार को भूल चुके हैं। लेकिन जिसे आपको कमजोर करना होता है, वह इन व्यवस्थाओं के मूल चरित्रों का अध्ययन करता है और फिर उसमें पाई गई विशेषताओं के जरिए ही उसकी एकता को खत्म करना चाहता है। चीनी थिंक टैंक ने सही पढ़ लिया; क्योंकि जैसे-जैसे हिंदू शक्ति कमजोर होती गई, भारत का दायरा भी संकुचित होता गया। फिर तो यह विचार करने की जरूरत है कि कड़ियाँ कहाँ से टूटी थीं और इन्हें जोड़ेगा कौन ? क्या हमें नया विजेता मिल गया है ? क्या उसे ये कड़ियाँ, जो टूटकर बिखर चुकी हैं, जोड़ने का अवसर

दिया जाएगा? या फिर उस विजेता के लिए अपने और पराए सभी मिलकर लौह भित्तियाँ निर्मित करेंगे?

दअरसल ये कड़ियाँ पिछले कई सौ वर्षों में तोड़ी गईं, लेकिन भारत के नवनिर्माण के दौर में भी इन्हें जुड़ने के रास्ते बंद करने की कोशिशें हुईं। यह कार्य भारत में पनपी दो विचारधाराओं ने किया। इनमें एक थी—साम्यवाद या वामपंथ की और दूसरी थी—आधी-अधूरी पूँजीवाद और फिजियोक्रेट्स के अशुद्ध मिश्रण की। इन दोनों में से साम्यवाद/वामपंथ ने देश का सबसे ज्यादा नुकसान किया। कारण यह रहा कि वह भारत की शैक्षिक संस्थाओं पर काबिज हुआ और उसने भारत के मनोविज्ञान को बदल डालने का षड्यंत्र किया। इस उद्देश्य से इसने भारतीय जनमानस में उसके गौरवशाली आध्यात्मिक अतीत के प्रति वितृष्णा बोई और आर्थिक नीतियों को प्रभावित कर संपूर्ण तंत्र में एक सिंड्रोम डाल दिया, जिसने सामाजिक-सांस्कृतिक ढाँचे को नष्ट करने या उसे भोथरा बनाने का काम किया। दूसरी तरफ, नवधनाढ्य बहुराष्ट्रीय कंपनियों से निजी स्वार्थ साधने के लिए किसी भी तरह के समझौते से नहीं हिचके और भारत को ठीक उसी तरह से लूटा, जैसा कि पहले की इसलामी एवं ईसाई ताकतों ने लूटा था। परिणाम क्या हुआ? एक ऐसा भारत तैयार हुआ, जिसकी कड़ियाँ टूटीं ही नहीं, बल्कि बिखर गईं; एक ऐसा भारत तैयार हुआ, जहाँ गरीबी व भुखमरी थी और इसके कारण उसमें न ही सांस्कृतिक वैचारिकी की पुनर्व्यंजना करने की क्षमता थी और न इन बिखरी हुई कड़ियों को जोड़ने का सामर्थ्य। इन धाराओं ने एक ऐसा भारत तैयार किया, जो अपनी संस्कृति की जड़ों को छोड़ रहा था। एक ऐसा भारत तैयार किया, जिसमें सामाजिक पूँजी खत्म हो रही थी। फिर कहाँ बची भारत की आत्मा?

एक बात और। भारत को मिली स्वतंत्रता केवल राजनीतिक स्वतंत्रता थी, शेष सबकुछ पश्चिम की गिरफ्त में था। शायद यही वजह थी कि महात्मा गांधी लंबे समय तक उपनिवेशवादियों द्वारा दी जानेवाली स्वतंत्रता पर सहमत नहीं थे, क्योंकि वे पूर्ण स्वतंत्रता के पक्ष में थे। पश्चिम यह नहीं चाहता था कि भारत अपनी जड़ों से पुनः जुड़े, इसलिए उसको शासन करने के लिए पश्चिम का मॉडल दिया गया और उसके साथ लगाए गए वे कृत्रिम घटक, जो पश्चिम से आयात किए गए थे। इनमें से एक था—समाजवाद और दूसरा धर्मनिरपेक्षतावाद। भारत को

आयातित धर्मनिरपेक्षतावादी ट्रैप में इस कदर फँसाया गया कि वह इससे कभी बाहर न निकल सके। इसमें महती भूमिका प्रशासकों एवं धार्मिक मिशनरियों की रही। परिणाम यह हुआ कि देश को बैक प्रेशर के जरिए खंडित करने की कोशिश की गई। स्वाभाविक है, इससे देश में एक संघर्ष की स्थिति बनती। लेकिन संघर्ष करता कौन? हिंदू! पर इस संघर्ष में आधुनिक हिंदू नहीं कूदा। वह चुप रहा। इसके दो कारण थे। एक तो इसलिए कि फायर ब्रॉण्ड हिंदू नेता नहीं था, जैसे कि आज हम योगी आदित्यनाथ में उस तरह के नेतृत्व को देख सकते हैं। दूसरा कारण था सत्ता और पाश्चात्यता के बीच निर्मित ब्रांड, जिसको तोड़ पाना बेहद मुश्किल था। इसलिए उस दौर में बौद्धिक मनोविज्ञान पर जो चित्र उभरा, उसमें हिंदू कुंठित और कायर की तरह था। वामदेव शास्त्री, जो कभी डेविड फ्रॉली थे, ने लिखा है कि "वे प्रतिरोध नहीं करते। वे इतने भीरु एवं कायर हैं कि आप उनसे कुछ भी कहिए, वे पलटकर जवाब देने की क्षमता खो चुके हैं। पहले उन्होंने मुसलमानों से पराजय पाई, बाद में अंग्रेजों से और अब भी वे इतने दिशाहीन हैं कि वे खुद नहीं जानते कि उन्हें करना क्या है? इतने वर्षों की गुलामी ने उनकी मानसिकता बदल दी और आज भी वे गुलामी की मानसिकता में जी रहे हैं।" इस मानसिकता को बदलने के लिए एक नए विजेता की आवश्यकता थी, या दूसरे शब्दों में कहें कि वे एक नए विजेता की ओर देख रहे थे।

यहाँ पर अर्जुन का वह भाव याद आता है, जब कुरुक्षेत्र में भगवान् श्रीकृष्ण उनसे कहते हैं—"क्लैव्य छोड़कर उठो। यह संघर्ष एककालीन नहीं है, अनंतकाल तक चलने वाला है। असत्य से सत्य का समझौता न हुआ, न होगा। सत्य की प्रतिष्ठा के लिए संघर्ष जारी रखना होगा। ये प्रश्न तो हमारे देश में स्वयं मेरे सामने मौजूद हैं। इसका कारण यह है कि भारत में दो तरह के लोग हैं। इनमें से एक वे, जो भारत की समस्याओं से खुश हैं और दूसरे वे, जो इन प्रश्नों के प्रति उदासीन हैं। वे यह भूल जाते हैं कि इन प्रश्नों के प्रति उदासीनता का तात्पर्य है देश के वास्तविक हितों की उपेक्षा, भारत माता के कष्टों की उपेक्षा। लेकिन यहाँ तो माँ की वंदना करने को काफिर घोषित करनेवाली ताकतें मुँह बाए बैठी हैं। वंदे मातरम् को धर्मांधता की मोटी चादर में लपेटने के अनगिनत षड्यंत्र हो रहे हैं।

ये बातें यहाँ पर सिर्फ इसलिए उठाई गईं, क्योंकि हमें यह जानना चाहिए

कि भारत दुनिया की आध्यात्मिक व्यवस्था का केंद्र है, दुनिया का हृदय है। यह स्थान कोई नहीं ले सकता और न ही दुनिया को आध्यात्मिक नेतृत्व दे सकता है? क्या अमेरिका और उसके पीछे चलनेवाले यूरोपीय देश इसकी आपूर्ति कर सकते हैं? नहीं। ये देश सही अर्थों में तो चर्च और वेटिकन के प्रभाव से अभी तक मुक्त नहीं हैं, बल्कि उसे समानांतर हथियार के रूप में प्रयुक्त कर रहे हैं। उनका धर्म साम्राज्यिक उद्देश्यों की पूर्ति के लिए है, न कि दुनिया के आध्यात्मिक कल्याण के लिए। रही बात इसलामी दुनिया की, तो वह आध्यात्मिक शक्ति का प्रतिनिधित्व नहीं कर सकती, क्योंकि उसकी बुनियाद में अध्यात्मवाद की बजाय तलवार के बल पर लड़े गए युद्ध, अमानवीय कृत्यों से संपन्न अनैतिक जिहाद और भौतिकवाद कहीं अधिक शामिल है। पूर्वी एशिया का बुद्धिज्म, जो हिंदू धर्म की ही एक शाखा है, भी यह सत्कार्य अब नहीं कर सकता, क्योंकि वह स्वयं अपनी मौलिकता खो चुका है। आज के दिन वह कहीं साम्यवाद तो कहीं पूँजीवाद और कहीं कन्फ्यू-शियसवाद के नीचे दबकर कराह रहा है। अब तो सिर्फ भारत ही बचता है और उसी से ही यह उम्मीद की जा सकती है कि वह दुनिया का आध्यात्मिक नेतृत्व करे। लेकिन यह तभी संभव है, जब भारत के हिंदू आत्मविश्वास, आत्मस्फूर्ति, आत्मविश्लेषण करने में समर्थ हों। यह कार्य विवेकानंद ने सन् 1893 के शिकागो सम्मेलन और उसके बाद बड़ी ही सावधानीपूर्वक विवेच्यता के साथ किया था, जब भारत के हिंदू आत्मविश्वास से रिक्त, निर्जीव-से अलग-थलग पड़ रहे थे। उन्होंने भारतीयों को दुनिया की धारा से न केवल जोड़ा था, बल्कि उन्हें दुनिया का मुकुट बनानेवाला परिश्रम भी किया था। क्या अब हमें वह परिव्राजक पुनः मिल सकता है—उस रूप में या फिर किसी कर्मयोगी के रूप में?

पिछले कुछ दशकों से हिंदुओं के मन में हिंदू धर्म के तात्त्विक पक्ष को जानने और उसके पुनरुत्थान की जिज्ञासा उत्पन्न हुई है। उन्होंने वेदांत, भारतीय योग विद्या, आयुर्वेद, ज्योतिष आदि पर शोध एवं अध्ययन आरंभ किया। हालाँकि इस आरंभ हुई नवचेतनात्मक सक्रियता या नवजागरण को कुछ विद्वानों ने नव-हिंदूवाद (नियो-हिंदुइज्म) का नाम दिया; लेकिन मुझे लगता है, ऐसा कहना उचित नहीं होगा, क्योंकि सनातनता सदैव सनातन ही रहती है। उसमें 'नियो' शब्द यदि प्रगतिशीलता का द्योतक हो, तब ठीक, लेकिन यदि इसके साथ पाश्चात्यता जोड़ दी जाए तो

धर्म के मौलिक तत्त्वों को कमजोर कर देता है। यह सब रणनीतिक व्याख्या का हिस्सा हो सकता है। कारण यह है कि आजादी के बाद भारत की शिक्षण संस्थाओं में साम्यवादियों का वर्चस्व रहा, जिन्होंने शिक्षा में आध्यात्मिक मूल्यों को नकारा था और भारत की आध्यात्मिक चेतना तथा उस पर निर्भर एकता को खंडित करने का षड्यंत्र किया। इस बीच पाश्चात्य दृष्टिकोण से प्रभावित हिंदू हीन-भावना के शिकार होते चले गए। उनमें इतनी हीन-भावना भर गई कि वे अपने मूल को छिपाने लगे और भारत की मूल आध्यात्मिकता के मूल्यों से दूर भागने लगे। उन्हें मंदिर दकियानूसी, लेकिन मसजिद और चर्च जाने के रास्ते आदर्श विवेच्यता की सीढ़ी लगने लगे। इन्हीं लोगों ने हिंदुत्व को फासिस्ट, रूढ़िवादी, पिछड़ा और अनुदार घोषित कर दिया, जबकि हिंदू धर्म विभिन्न मत-मतांतरों को अपने में समेटे हुए 'एकं सद्विप्राः बहुधा वदन्ति' के उद्घोष से समन्वित है।

'एकं सद्विप्राः बहुधा वदन्ति' तथा 'स्वधर्मे निधनं श्रेयः परधर्मो भयावहः।' कम-से-कम मैं यह डंके की चोट पर कह सकता हूँ कि इस तरह की सहनशीलता दुनिया के किसी धर्म में नहीं है। लेकिन फिर भी सन् 1992 में दुनिया भर के समाचार-पत्रों के साथ-साथ भारतीय मीडिया तंत्र ने भी हिंदुत्व को सैन्यवादी मनोविज्ञान का हिस्सा बनाकर पेश कर दिया। क्या सच में उस समय ऐसा था? क्या सच में सन् 1992 में जिस जीर्ण-शीर्ण ढाँचे को गिराया गया था, वह मसजिद ही थी, क्या सच में इस देश के बहुसंख्यक समाज को अपने आराध्य श्रीराम को, जो उनका वास स्थान रहा था, उसे समर्पित करने का नैतिक-आध्यात्मिक अधिकार नहीं था? भारतीय न्यायपालिका इस विषय पर जो भी निर्णय दे, वह मान्य होगा; लेकिन वह धार्मिक-आध्यात्मिक भावनाओं और उनमें निहित श्रीराम के स्थान को आधार बनाकर निर्णय तो नहीं देगी न। सन् 1992 में जो ढाँचा गिराया गया था, उसे बाबरी मसजिद सही अर्थों में नहीं माना जा सकता। इस संदर्भ में कुछ ऐतिहासिक तथ्य भी हैं। एक तथ्य तो यही है कि बेवरिज, जिन्होंने 'बाबरनामा' का अनुवाद तुर्की भाषा से अंग्रेजी में किया था, ने लिखा है कि उन्होंने अयोध्या जाकर मसजिद देखी थी, जिसमें मीर बाकी ने कुछ लिखवाया था। उसकी दीवार पर उकेरा गया था—'फरिश्तों के उतरने की यह जगह बादशाह बाबर कलंदर के हुक्म से तामीर हुई।' मसजिद फरिश्तों के उतरने की जगह कब से बन गई?

यही नहीं, उसका पूरा वास्तुकलात्मक ढाँचा मसजिद से मेल नहीं खाता था। उसकी आंतरिक व बाहरी सज्जा इसलामी मान्यताओं के विरुद्ध थी। दूसरा तथ्य यह कि उसमें न केवल इस देश के, बल्कि दुनिया के मुसलमानों को कोई शक नहीं होना चाहिए कि अध्योध्या श्रीराम की है। भारत के कुछ अध्येता यह कहते हैं कि किसी मुसलिम लेखक ने इसका जिक्र नहीं किया है कि अयोध्या श्रीराम की थी। तो अबुल फजल 'अकबरनामा' में लिखता है कि अयोध्या हिंदुस्तान के मुकद्दस मुकामातों में से एक है, जहाँ भगवान् रामचंद्र का वास था, जो त्रेता युग के मजहबी पेशवा और बादशाह थे। ये दो तथ्य इसलिए दिए गए, क्योंकि कुछ तथाकथित विद्वान् 'रामायण' में लिखी बात को नहीं मानते और उसे पौराणिक कहानी बताकर उपहास करते हैं।

आज इस बात पर बहसें चल रही हैं कि हिंदुत्व अपने आपको राजनीतिक दृष्टि से संगठित कर रहा है। उसके राजनीतिक इरादों पर संदेह किया जा रहा है। लेकिन इन लोगों को यह बताना चाहिए कि आजादी के बाद से अब तक मुसलमानों ने शायद ही ऐसा कोई राजनीतिक संगठन बनाया हो, जिसका आधार, जिसका नाम, जिसका विचार विशुद्ध राजनीतिक हो, धार्मिक न हो। तब हिंदुत्व से परहेज क्यों? अगर आज इस हिंदुत्व को रोकने की जरूरत पड़ रही है तो इसलिए कि आजादी के बाद से आज तक मुसलमानों को ऐसी राजनीतिक पार्टियाँ बनाने से नहीं रोका गया। परिणाम यह हुआ हिंदू महत्ता राजनीति में घटती गई और देश के अंदर विभाजनकारी शक्तियाँ मजबूत होती गईं। ऐसे में एक नई विजय-भावना नई ऊर्जा और नैतिकता से संपन्न कर्मयोगी की आवश्यकता थी। इसकी बुनियाद रखी महंत दिग्विजय नाथजी ने, जो यह मानते थे कि आज के दौर में यह आवश्यक है कि भारत में आध्यात्मिक आधारशिला को मजबूत किया जाए; क्योंकि धर्म एवं आध्यात्मिक जीवन के द्वारा ही भारतीय राष्ट्र को उसके लक्ष्य के अनुरूप संगठित किया जा सकता है। धर्म का आधार छोड़ने पर राष्ट्र का मेरुदंड टूट जाएगा, जिसका परिणाम होगा सर्वतोन्मुखी विनाश। दिग्विजय नाथजी ने इस बात पर बहुत जोर दिया कि हिंदू राष्ट्रवाद के द्वारा ही भारत की सामाजिक, आर्थिक तथा राजनीतिक समस्याओं का समाधान किया जा सकता है। हिंदुत्व वह अखंड शृंखला है, जिसमें भारत की कई जातियाँ और संप्रदाय आबद्ध हैं। उसके टूट जाने पर वे उसी प्रकार

बिखर जाते हैं, जैसे माला के मोती। जब-जब समाज में हिंदुत्व की भावना कमजोर होगी, राष्ट्र के सामने एकता व अखंडता का संकट उत्पन्न होगा।

दिग्विजय नाथजी का विश्वास था कि आज शक्ति एवं शास्त्र के समन्वय की आवश्यकता है। श्रीमद्भगवद्गीता के 'मामनुस्मर युद्धं च' के वे अनन्य पुजारी थे। उनका यह भी मानना था कि धर्म, अध्यात्म एवं हिंदुत्व भारत के मेरुदंड हैं। यह कोई आधारहीन बात नहीं है, बल्कि यह वास्तविकता है कि हिंदुत्व ऐक्य की वह अखंड शृंखला है, जिसने भारत की कई जातियों और संप्रदायों को आबद्ध किया तथा समस्त भारतीय समाज को एक सूत्र में बाँधा है। इसलिए हमें यह समझना होगा कि वर्तमान समय में हिंदू राष्ट्रवाद ही एकमात्र हल है। हिंदू किसी धार्मिक पंथ का नाम नहीं है, बल्कि देश की राष्ट्रीयता का नाम है।

इस वैचारिक धरातल को एक नए शक्ति संगठन की जरूरत थी, ताकि हिंदुत्व की ताकत जमीन पर दिख सके। यह तभी संभव था, जब सुषुप्त हिंदू धर्म जयिष्णु हिंदू धर्म में बदले। तभी लोग उस पर यह विश्वास कर पाएँगे कि हिंदू राष्ट्रवाद की प्रतिष्ठा संभव है; लेकिन इस जयिष्णुता में संघर्ष मानवीय नहीं, विकासात्मक अधिक हो। सबसे पहले तो जरूरत इस बात की थी कि हिंदू धर्म के अंदर अंबेडकर और उनके अनुयायियों तथा उच्च वर्गों के कुछ क्षत्रपों ने जो लंबी-लंबी लकीरें खींच दी हैं, उनको मिटाया जाए, उन्हें एक छतरी के नीचे लाया जाए और यह छतरी इतनी कमजोर न हो, जो शोषित और पीड़ित को न्याय न दे सके, उसे सुरक्षा न प्रदान कर सके, उसका कल्याण सुनिश्चित न कर सके। तभी सही अर्थों हिंदुत्व जयिष्णु हिंदू धर्म की प्रतिष्ठा कर सकेगा। तभी यह राष्ट्रीयता का प्रतीक और प्रतिनिधि बन सकेगा और देश को सांप्रदायिकता, प्रांतीयता और जातीय संकीर्णता से बचा सकेगा। यह कार्य कोई नया विजेता, कर्मयोगी, परिव्राजक और ऐसा नेता ही कर सकता है, जिसमें पहले से ही देश के लोग यह विश्वास करते हों कि वह उन्हें सुरक्षा प्रदान कर सकेगा, वह उन्हें नई दिशा देने में समर्थ होगा, वह उनके भविष्य व सपनों का भारत निर्मित करने के लिए प्रतिबद्ध और संकल्पित होगा। अब तक जो मेरा आकलन रहा, उसमें एक ही नाम आता है—योगी आदित्यनाथ।

योगी आदित्यनाथ मानते हैं कि हिंदू कोई कार्ड नहीं, एक संस्कृति है, इस देश का प्राण है और प्राण के बिना शरीर की कल्पना नहीं की जा सकती है। योगी

शस्त्र और शास्त्र का प्रयोग एवं उपयोगिता बेहतर समझते हैं; लेकिन शस्त्र के लिए संगठन और राजनीतिक शक्ति की आवश्यकता होती है। इस राष्ट्रीय जरूरत को देखते हुए ही योगी आदित्यनाथ ने हिंदू युवा वाहिनी की वर्ष 2002 में स्थापना की। राजनीतिक विश्लेषक भले ही इसे राजनीतिक अर्थशास्त्र के चश्मे से देखें, लेकिन यह वास्तव में एक सांस्कृतिक संगठन है, ठीक वैसा ही, जैसा कभी शिवाजी ने महाराष्ट्र में कुनबियों को सुरक्षा, कल्याण और न्याय दिलाने के साथ-साथ हिंदू पताका को फहराने हेतु 'महाराष्ट्र धर्म' का उद्घोष किया था, जिसे वी.पी. राजवादे जैसे इतिहासकारों ने 'जयिष्णु हिंदू धर्म' का नाम दिया है। लेकिन सच यह था कि उसमें दक्षिण के भक्ति संतों की चीत्कार थी और वतन व्यवस्था के नीचे कराह रहे कुनबियों, मावलों, महारों आदि सहित निम्न वर्गों को न्याय दिलाने का संकल्प। वह एक प्रकार से भारत में नए सिरे से सांस्कृतिक-धार्मिक राष्ट्रवाद की शुरुआत थी। हिंदू युवा वाहिनी को भी राष्ट्रवाद के इसी सांस्कृतिक-धार्मिक खाँचे में रखकर देखने की जरूरत है और हिंदू युवा वाहिनी को इसी खाँचे में स्वयं को व्यवस्थित कर दीर्घकालिक उद्देश्यों को पाने की आवश्यकता है। यह जरूरत भी है कि योगी आदित्यनाथ को उसी फ्रेम और चेहरे के साथ देखा जाए, जिसमें शिवाजी कभी हिंदू धर्मोद्धारक दिखे थे या क्षत्रिय कुलावतांश और महाराणा कभी राजपूत शिरोमणि दिखे और मातृभूमि की रक्षा करनेवाले सच्चे योद्धा। कुल मिलकार ऋषि परंपरा के इस नायक को हम मध्यकालीन प्रत्ययों में न बाँधें, तब भी एक सांस्कृतिक राष्ट्रवाद के एक नायक या नए विजेता के रूप में देखने की दृष्टि एवं विश्वास विकसित कर सकते हैं अथवा उन्हें ऐसी संभावनाओं को देखने का मनोविज्ञान निर्मित कर सकते हैं।

□

5

पूरक रहे हिंदू राष्ट्रवाद और गोरक्षपीठ

भारत काफी लंबे समय से 'लोकतांत्रिक घाटे' (डेमोक्रेटिक डेफिसिट) से गुजर रहा है, लेकिन उसके विरुद्ध आवाजें उठने ही नहीं दी गईं। परिणाम यह हुआ कि विकृतियों और असमानताओं का उन्मूलन होने की बजाय समानताओं का उन्मूलन हुआ। गुणवत्ता की परिधियों को इतना छोटा कर दिया गया कि धीरे-धीरे उसके मायने खत्म होने लगे। यहाँ एक तरफ तो लोगों को कीमत और लागत की धुरी पर टाँग दिया गया और दूसरी तरफ उनकी जिंदगी को लाल फीतों से बँधी फाइलों में कैद कर दिया गया। यह गिरावट '60 के दशक से ही दिखनी शुरू हो गई थी, लेकिन '70 और '80 के दशक में तो खूब फली-फूली। इसने भारत के मौलिक आधार और बुनियादी संरचना को कमजोर किया। इसने हमारी संस्कृति को नेपथ्य की ओर धकेलने का काम किया, जिसका परिणाम यह हुआ कि सांस्कृतिक राष्ट्रवाद, जो भारत की शक्ति का आधार रहा था, संकुचित, निःशक्त और निष्क्रिय होने लगा। नई किस्म की पाश्चात्यता और भोगवाद के सम्मिश्रण ने शाश्वत जीवन-मूल्यों और भाषा को जिस तरह से नुकसान पहुँचाया, उसके फलस्वरूप ही राष्ट्रीय जीवन पतन की ओर अग्रसर हुआ। ये चीजें ऐसे ही घटित नहीं हो रही थीं, बल्कि इनके पीछे एक सुनियोजित षड्यंत्र था। इसे देखकर प्रायः 'गीता' के अध्याय-4 के उन श्लोकों का स्मरण होने लगा, जो भगवान् श्रीकृष्ण द्वारा कुरुक्षेत्र में अर्जुन को दिए संदेशों का हिस्सा हैं—"... यदा-यदा हि धर्मस्य ग्लानिर्भवति भारत... (Whenever there is decay of righteousness O descendant of Bharat)।" जिस युग में यह सब घट

रहा था, उसमें स्वामी विवेकानंद जैसे संदेष्टा और युगद्रष्टा भी नहीं थे, जो भारत के मूल मानस को सांस्कृतिक-आध्यात्मिक राष्ट्रवाद से संपन्न बनाए रख सकते और उनमें आत्मनिर्भरता, आत्मस्वाभिमान तथा आत्मस्फूर्ति की धारा स्थायी रूप से बहा सकते। ऐसे में एक सवाल तो बार-बार आया होगा कि फिर इस महान् दायित्व की पूर्ति करेगा कौन? हमारे देश के जन-गण का उस महान् सत्य से परिचय कराएगा कौन? यदि ऐसा कुछ हुआ भी तो क्या व्यवस्था इसे स्वीकार करेगी या फिर उसे खत्म कर देगी? ऐसे बहुत से प्रश्न थे, जिनके उत्तर जानने की निरंतर चेष्टा हुई।

इस महान् दायित्व को स्वीकार करने के लिए सबसे आगे आई गोरक्षपीठ और इसके अगुआ बने महंत दिग्विजय नाथजी। दिग्विजय नाथजी ने सबसे पहले देशवासियों को देश की चेतना के केंद्र, यानी धर्म से परिचित कराने का निर्णय लिया। इसी उद्देश्य से उन्होंने आध्यात्मिक भारत की आधारशिला रखी और दृढ़ता के साथ यह बताया कि धर्म एवं आध्यात्मिक जीवन के द्वारा ही भारतीय राष्ट्र को उसके लक्ष्य के अनुरूप संगठित किया जा सकता है। उनका मानना था कि यदि धर्म का आधार छोड़ दिया तो राष्ट्र का मेरुदंड टूट जाएगा और इसका परिणाम होगा सर्वतोन्मुखी विनाश। महंतजी का निष्कर्ष था कि हिंदू राष्ट्रवाद के द्वारा ही भारत की सामाजिक, आर्थिक एवं राजनीतिक समस्याओं का समाधान किया जा सकता है। हिंदुत्व वह अखंड श्रृंखला है, जिसमें भारत की कई जातियाँ और संप्रदाय आबद्ध हैं। इसके टूट जाने पर वे उसी प्रकार से बिखर जाएँगे, जैसे माला के मोती। श्री दिग्विजय नाथजी ने इस स्थिति में निर्णय लिया कि 'यतेमहि स्वराज्ये' (स्वतंत्रता हमारा जन्मसिद्ध अधिकार है) के पवित्र ध्येय के साथ स्वतंत्रता आंदोलन में शामिल हुआ जाए। ऐसा ही हुआ और वे तत्कालीन संयुक्त प्रांत के इस पूर्वी अंचल में आंदोलन के अगुआ बने। वे सन् 1935 में ब्रह्मनाथजी के ब्रह्मलीन होने के बाद गोरक्षनाथ सिद्धपीठ, गोरखपुर के पीठाधीश्वर बने और इसके बाद उन्होंने धर्म एवं राजनीति के दायित्वों को समन्वित किया तथा उन्हें निभाया। उन्होंने महंत परंपरा को एक नई दिशा दी। इस नई दिशा में आत्मोद्धार पर देश एवं जाति व समाज के उद्धार को, एकांत साधना पर लोक-साधना को वरीयता दी, जिससे एक अपूर्व एवं युगांतरकारी परंपरा का उदय हुआ।

दिग्विजय नाथजी मानते थे कि धर्म के प्रति जो मनुष्य का दायित्व है, वही देश के प्रति भी है। यही कारण रहा कि वे धर्माचार्य होते हुए भी राजनीति से दूर नहीं रहे। उनकी दृष्टि में देश एवं धर्म का अटूट संबंध है। इसलिए देश की नीति कभी भी धर्म से पृथक् नहीं हो सकती। उनका कहना था कि धर्म राजनीति को पथभ्रष्ट होने से बचाता है और राजनीति धर्म को संरक्षण प्रदान करके उसके महत्त्व एवं उसके मूल्यों की रक्षा करती है। इस प्रकार, धर्म और राजनीति परस्पर विरोधी नहीं, अपितु एक-दूसरे के पूरक व पोषक हैं। दरअसल, दिग्विजय नाथजी हिंदू राष्ट्रवाद के पैरोकार थे; लेकिन इसके साथ ही वे मानते थे कि देश की सीमाओं को अतिक्रमण से बचाने के लिए अखंड भारत की स्थापना के लक्ष्य-निर्धारण के साथ ही राष्ट्र की जीवंतता को बनाए रखने के लिए दो सिद्धांतों का अनुगमन करने पर ही हमारा राष्ट्र महान् राष्ट्र की श्रेणी में खड़ा हो सकता है—

प्रथम—राजनीति का हिंदूकरण

द्वितीय—हिंदुओं का सैनिकीकरण।

दिग्विजय नाथजी ने सनातन हिंदू धर्म को मिथ्याडंबरों और निरर्थक कर्मकांडों से मुक्त कराकर एक साधना-युक्त आदर्श जीवन-पद्धति को अपनाने पर जोर दिया। उन्होंने समाज में व्याप्त ऊँच-नीच की भेदभावपूर्ण विघटनकारी प्रवृत्ति को विसर्जित कर सामाजिक एकीकरण का मार्ग प्रशस्त किया। उन्होंने विराट् हिंदू समाज को समरस सामंजस्यपूर्ण जीवन प्रदान करने की आवश्यकता पर बल दिया, जिससे वैश्विक शांति एवं कल्याण का मार्ग प्रशस्त हो सके। वे सांस्कृतिक एकीकरण के भी पक्षधर थे। उनका मानना था—हमें पहले सांस्कृतिक एकता स्थापित करनी होगी, तत्पश्चात् आर्थिक सुधार करना होगा, तभी हम वर्तमान समाज में फैले धन के अनुचित वितरण के दोष को समाप्त कर सकते हैं, अन्यथा समाज में वर्ग-संघर्ष, अशांति एवं नैतिक पतन की स्थिति उत्पन्न हो जाएगी।

दिग्विजय नाथजी का निष्कर्ष था कि भारत केवल आर्यों या हिंदुओं की ही नहीं, संपूर्ण मानवता की मातृभूमि, पितृभूमि और पुण्यभूमि है। यह दुष्टों के विग्रह एवं शिष्टों के संग्रह के लिए धरती पर अवतार लेनेवाले परमात्मा की चिरंतन लीला भूमि है। यह धर्म और दर्शन की आदि भूमि है। यह वह पवित्र भूमि है, जिसके

क्षितिज पर विश्वास की संस्कृति का सूर्य सर्वप्रथम उगा था। उनका विश्वास था कि भारत में शक्ति एवं शास्त्र के समन्वय की आवश्यकता है। सही अर्थों में वे श्रीमद्भगवद्गीता के 'मामनुस्मर युद्धं च' के अनन्य पुजारी थे। वे मानते थे कि धर्म, अध्यात्म एवं हिंदुत्व भारत का मेरुदंड हैं; लेकिन हमारे धर्मनिरपेक्ष राज्य में धर्म एवं संस्कृति अपनी पुरातन गरिमा खो चुके हैं। इतना ही नहीं, नई पीढ़ी विदेशी संस्कृति की अनुगामी बनकर भोग और भौतिकता के पीछे दौड़ रही है, जो धर्म एवं संस्कृति को प्रतिक्रियावादी मानती है। संसार के समस्त देशों में राष्ट्रीयता की नींव संस्कृति, भाषा, सभ्यता, धर्म एवं इतिहास पर आधारित होती है; लेकिन हमारे देश की राष्ट्रीयता नकारात्मकता पर आधारित है, जो हमारे देश को बाह्य एवं आंतरिक कारणों से उत्पन्न संकट काल में बचा पाने में असमर्थ है।

दिग्विजय नाथजी की दृष्टि में हिंदू किसी धार्मिक पंथ का नाम नहीं है, बल्कि देश की राष्ट्रीयता का प्रतीक और प्रतिनिधि है। हिंदुत्व राष्ट्रीयता है, राष्ट्रीय एकता की सर्वाधिक सुगठित शक्ति है, सांप्रदायिकता नहीं है। यह भाषा, जाति, प्रदेश और अन्य विघटनकारी प्रवृत्तियों की बढ़ती दुश्चिंताओं का निदान है। जो लोग हिंदुत्व का विरोध करते हैं, वे राष्ट्र के प्रति विश्वासघात करते हैं। कितने संप्रदाय नष्ट हो चुके हैं, नष्ट होंगे एवं हो रहे हैं; लेकिन हिंदू इन सबके ऊपर है और अमर है। यह न कभी नष्ट हुआ है, न होने वाला है और न हो रहा है। यदि किसी दिन भारत की उस राष्ट्रीयता (हिंदुत्व) के समाप्त होने की बात सोची जा सकती है तो उसी के साथ यह भी सोच लेना चाहिए कि उस दिन भारत समाप्त हो जाएगा।

इस तरह से देखा जाए तो महंत दिग्विजय नाथजी ने भारत में सांस्कृतिक पुनर्जागरण की आधारभूत रूपरेखा पेश की थी, बल्कि हम इससे भी आगे बढ़कर यह कह सकते हैं कि उन्होंने लगभग 100 वर्ष बाद भारत में पुनः सांस्कृतिक-आध्यात्मिक पुनर्जागरण संपन्न करने का कर्तव्य निभाया था; क्योंकि उन्होंने जिस आंदोलन को ऊँचाई तक पहुँचाया था, उसमें वसुधैव कुटुंबकम् की चेतना का प्रसार; हिंदू जाति का संगठन करना; सांस्कृतिक पुनर्जागरण; हिंदी, हिंदू, हिंदुस्तान की रक्षा हेतु संकल्प, राष्ट्रीय एकीकरण की भावना को बढ़ाना; देश की एकता एवं अखंडता को बनाए रखने हेतु युवा पीढ़ी को मार्गदर्शन देना; 'गाय हमारी संस्कृति का आधार है' जैसे मत की प्रतिष्ठा, भारतीय संतों में सामाजिक एवं राष्ट्रीय चेतना

का प्रसार आदि दो दर्जन से अधिक विषय शामिल थे। इस जागरण की मौलिक विशेषताओं को महंत अवैद्यनाथजी ने न केवल आगे बढ़ाया, बल्कि सामाजिक यांत्रिकी के उन तत्त्वों को जाँचा-परखा, जो एकता की शक्ति का निर्माण कर सकते थे। अवैद्यनाथजी ने आध्यात्मिक हिंदुत्व के साथ-साथ सामाजिक हिंदुत्व पर भी जोर दिया। वे पहले ऐसे आध्यात्मिक संत या धार्मिक राष्ट्रवादी नेता थे, जिन्होंने सामाजिक जागरूकता के जरिए सोशल इंजीनियरिंग पर बल दिया। अवैद्यनाथजी ने श्रीराम जन्मभूमि आंदोलन में एक निर्णायक भूमिका निभाई और उसे शक्ति प्रदान की। लेकिन ध्यान देनेवाली बात यह है कि श्री अवैद्यनाथजी का राजनीति में आने का असल कारण था दक्षिण भारत, विशेषकर रामनाथपुरम और मीनाक्षीपुरम में अनुसूचित जाति के लोगों के सामूहिक धर्मांतरण की घटना से आहत होना। ऐसी घटनाएँ उत्तर भारत में भी घट सकती थीं, अत: उत्तर में इसकी पुनरावृत्ति न हो, इसके लिए जरूरी था कि राजनीति में शामिल होकर इन षड्यंत्रकारी प्रयासों को रोका जाए। उन्होंने 1960 के दशक से ही सक्रिय राजनीति का वरण किया और पूरी तरह सफल रहे। लगभग साढ़े तीन दशक तक राजनीति में सफलतापूर्वक सक्रिय रहने के बाद भी उन्होंने हिंदुत्व को भारतीय राजनीति से जोड़ने तथा सामाजिक हितों की रक्षा करने का कार्य ही संपन्न किया, कोई पद धारण नहीं किया। आप कह सकते हैं कि राजयोग में भी हठयोग का प्रयोग उन्होंने बेहद सफलता, सरलता, प्रतिबद्धता और नैतिकता के साथ किया।

इस दृष्टि से देखें तो महंत अवैद्यनाथजी के समय तक सांस्कृतिक और सामाजिक नवजागरण संपन्न हो गया था। अब इस सोशल और कल्चरल मेकैनिज्म में शक्ति भरने की जरूरत थी, क्योंकि वैचारिक आधार का युग खिसक रहा था और राजनीति संभ्रांतता की परिधि से बाहर हो रही थी। ऐसे में स्वस्थ और नैतिक, राजनीतिक एवं जन-गण के कल्याण की स्थापना के लिए नई शक्ति और नई चेतना की आवश्यकता थी। इस दायित्व को निभाने के लिए आगे आए योगी आदित्यनाथजी, जिन्होंने इन दोनों पक्षों का गंभीरता से अध्ययन किया और उस स्पेस को देखा, जहाँ अवैद्यनाथजी की सोशल इंजीनियरिंग से एक सशक्त हिंदू शक्ति का निर्माण हो सकता था। संभवत: इसी स्पेस को भरने के लिए एक संगठन-आधारित शक्ति के रूप में 'हिंदू युवा वाहिनी' की स्थापना

हुई। योगी आदित्यनाथजी ने बेहद ईमानदारी और नैतिकता के साथ उन कर्तव्यों का अनुपालन किया, जो उनके गुरु महाराज द्वारा उन्हें सौंपे गए थे और उन कार्यों को वे संपन्न कर रहे हैं, जिनकी हिंदू समाज ही नहीं, बल्कि एक मायने में संपूर्ण भारतीय समाज अपेक्षा रखता है। सच तो यह है कि योगी आदित्यनाथ का हिंदुत्व कोई कार्य या एजेंडा नहीं है, बल्कि उनके लिए वह एक संस्कृति है और भारत देश का प्राण है, जिसके बिना शरीर की कल्पना ही नहीं की जा सकती।

योगी आदित्यनाथजी यह मानते हैं कि हिंदुत्व के विरोध का मतलब है—विकास और भारतीयता का विरोध; क्योंकि उनकी दृष्टि में हिंदुत्व और विकास एक-दूसरे के विरोधी नहीं, बल्कि एक-दूसरे के पूरक हैं। हिंदू युवा वाहिनी एक सांस्कृतिक संगठन है, जो बिना किसी सरकारी सहायता से हिंदू हितों की रक्षा करने के लिए कृत संकल्पित है। अब तक का आकलन तो यही है कि हिंदू युवा वाहिनी ने निरंतर आम नागरिकों के विश्वास को जीतने का काम किया है। उसकी स्वीकृति पूरे प्रदेश में हो रही है। योगी आदित्यनाथजी मानते हैं कि हिंदू चरमपंथी या अतिवादी कभी नहीं रहा और न ही वह मौलिक रूप से होता है। प्रगतिशील कहलानेवाले लोग इस सत्य पर प्रश्नचिह्न लगा सकते हैं; लेकिन राम ने एक सेना गठित की, जिसमें वानर और भालू थे (तुलसीदासजी ने 'रामचरितमानस' में लिखा है—'पदुम अठारह जूथप बंदर') और रावण की लंका पर चढ़ाई की। यह राम की वाहिनी, जिसे आप शास्त्रीय दृष्टि से 'हिंदू वाहिनी' या 'सनातन धर्म रक्षिणी सेना' कह सकते हैं, क्या वास्तव चरमपंथ का पर्याय थी? क्या रावण को मारना किसी आतंकवाद का पर्याय था? श्रीकृष्ण द्वारा कंस का वध क्या किसी आतंक का पर्याय था? स्पष्टतः नहीं। वह सर्वोच्च स्तर का न्याय था। यह अलग बात है कि आज त्रेता और द्वापर युग का समय नहीं है। इसलिए उस प्रकार के निर्णय और कार्रवाइयाँ नहीं की जा सकतीं (हालाँकि वैश्विक स्तर पर होती हैं, फिर चाहे वह अफगानिस्तान में अमेरिका की वॉर इंड्यूरिंग फ्रीडम हो या इराक वॉर फॉर पीस एंड डेमोक्रेसी हो…)। लेकिन जब देश के अंदर ऐसी स्थितियाँ बन जाएँ, जो मानवता और देश की व्यवस्था, एकता और अखंडता के लिए खतरा हों, तब कार्रवाई के इसी स्वरूप का इस्तेमाल आपको स्वयं इजाजत दे देता है। बैकफ्लैश में जाकर जरा उत्तर प्रदेश की पूर्वी पट्टी को देखें। पूर्वी उत्तर प्रदेश

की वह पट्टी, जिसको मैंने कई बार लोगों के मुँह से 'मिनी पाकिस्तान' जैसे उच्चारण विशेष के साथ सुना; पर क्या यह विचार करने की जरूरत नहीं कि वहाँ इस तरह का विकास क्यों हुआ? आखिर यह स्थिति कैसे निर्मित हुई? सरकार ने इसके विरुद्ध क्या कार्रवाई की? वहीं से सिमी के प्रणेता कैसे निकले? वहाँ मुजाहिदीनों के एक समूह ने अपना घर कैसे बना लिया? ऐसे बहुत सारे सवाल थे, जिन पर सरकारें काररवाई और समर्थन, दोनों को लेकर ही मौन थीं। इसके प्रभाव बेहद नकारात्मक थे। इस बीच जो राजनीतिक, धार्मिक और बाहुबल का त्रिकोण बना, उसमें निजी हितों का प्रभाव था। लेकिन घायल कौन हुआ? उत्तर प्रदेश। आहत कौन हुआ? प्रदेश के लोग, विशेषकर हिंदू। तो जब तथाकथित विवेच्यवादियों ने इन उद्‍विकासों पर उँगली नहीं उठाई, जो देश और संविधान को ताक पर रखकर गतिविधियाँ चला रहे थे, जो देश की एकता और अखंडता को क्षति पहुँचा रहे थे और जो देश की संप्रभुता को चुनौती दे रहे थे, वे हिंदू युवा वाहिनी पर उँगली क्यों उठा रहे हैं, जिसका वे नैतिक अधिकार ही नहीं रखते? यह तो पिछले कुछ दशकों में पूर्वांचल में उपजी कुव्यवस्था और विखंडनवादी आतंकी गतिविधियों का प्रत्युत्तर और प्रतिक्रियात्मक उप-उत्पाद है। भारत की राष्ट्रीय और आंतरिक सुरक्षा के लिए आज अलगाववादी, माओवादी, अवैध आव्रजक और इसलामी कट्टरपंथी सबसे अधिक जिम्मेदार हैं। हिंदू युवा वाहिनी ने इनके समक्ष एक दीवार खड़ी कर दी। यही नहीं, इसकी सक्रियता के कारण ही नेपाल के माओवादी उत्तर प्रदेश में नहीं घुस सके, जबकि बिहार उन्हें रोक पाने में असमर्थ साबित हुआ।

मैं थोड़ा इतिहास के पन्नों को पलटना चाहूँगा। अगर आप छत्रपति शिवाजी के इतिहास को देखें तो उनके राजनीतिक मंचन के लिए सांस्कृतिक-आध्यात्मिक मंच का निर्माण मराठा भक्ति संतों ने किया था। उन्होंने महाराष्ट्र की वतन व्यवस्था के सामंती ढाँचे पर प्रहार किया और दक्किनी शासकों के औपनिवेशिक (यद्यपि यह शब्दावली बाद में चलन में आई, लेकिन जिस तरह से दक्किन के इसलामिक शासक मराठा सामंतों के जरिए मराठी जनता का शोषण कर रहे थे, उसका चरित्र कुछ ऐसा ही था) तंत्र के नीचे दबे कुनबी, मावले, महार, सुतार आदि में आत्म-शक्ति भरने का काम किया। शिवाजी ने इसी दबे-कुचले वर्ग

के युवाओं की एक फौज तैयार की, जिसने न केवल दक्किनी मुसलिम शासकों से लोहा लिया, बल्कि मुगल बादशाह औरंगजेब के भी छक्के छुड़ा दिए। योगी आदित्यनाथ और उनकी हिंदू युवा वाहिनी को देखें तो आपको इतिहास की यह तसवीर साफ तौर पर दिखेगी, यदि वास्तव में आपके पास इतिहास को देखने की क्षमता है तो। हालाँकि अधिकांश की आँखों की पुतलियाँ या तो फैली हुई हैं या फिर संकुचित, इसलिए उनमें दृष्टि-दोष की संभावनाएँ अधिक हैं; लेकिन इससे सत्य तो परिवर्तित नहीं हो जाता।

योगी आदित्यनाथ ने अब तक छत्रपति शिवाजी की तरह संघर्ष के सम-विषम कुरुक्षेत्रों में लड़ते हुए सफलता की सीढ़िया चढ़ी हैं। योगी आदित्यनाथ ने अब तक महाराणा प्रताप की तरह अपने विरोधियों के समक्ष घुटने नहीं टेके। इसी का परिणाम है कि वे आज हिंदुत्ववादी राष्ट्रवाद के उन्नायक बनकर उभर रहे हैं। जो इस निष्कर्ष पर विश्वास नहीं कर सकते, उन्हें इस बात पर गंभीरता से विचार करने की जरूरत है कि प्रधानमंत्री नरेंद्र मोदी को देश की सत्ता सँभालने के लगभग साढ़े तीन साल बीत जाने पर और उनकी लोकप्रियता का ग्राफ मीडियाई मैदान में ऊपर की ओर सीधा होने पर भी आखिर गुजरात में योगी आदित्यनाथजी को क्यों बुलाना पड़ा? इसका कारण तो यह था कि सत्ता में आने से पहले बेरोजगारी, काला धन, भ्रष्टाचार, विकास सहित तमाम मुद्दों पर प्रधानमंत्री नरेंद्र मोदी ने जनता के साथ एक तरह से प्रत्यक्ष संवाद कर उसे जो वचन दिया था, उस पर उनकी सरकार सवालों में घिरती नजर आ रही थी, जो इस पुस्तक के लिखे जाने तक वहीं पर ठिठकी हुई है।

जिस तरह से रोजगार में कमी आई, जी.डी.पी. का आधार वर्ष बदलने और आकलन के पैमाने बदलने के बाद भी उस स्तर को नहीं छू पा रही है, जो सरकार के लिए अपनी पीठ थपथपाने के लिए पर्याप्त हो, विमुद्रीकरण ने अनौपचारिक क्षेत्र का विकास और रोजगार कुछ समय के लिए ही सही, पर रोका और प्राइवेट सेक्टर के निवेश में आई कमी ने इसे और बदतर बना दिया। बैंकों में वित्तीय संकट, एन.पी.ए. का बढ़ता बोझ और पी.एन.बी. घोटाले जैसी कई छोटी-बड़ी घटनाएँ केंद्र सरकार के लिए दिक्कत बनी थीं, यानी हम यह कह सकते हैं कि वे ऐसी स्वर्ण रेखाएँ नहीं खींच पाए, जो भारत का भाग्य बदल

सकें, तो स्वाभाविक है कि जनमत का समर्पण और उसका विश्वास उस दर्जे का नहीं रह जाएगा, जो पहले था। ऐसे में सिर्फ योगी ही तुरुप का इक्का साबित हो सकते हैं, जो हवा का रुख बदलकर वातावरण में परिवर्तन लाने का सामर्थ्य रखते हैं। यही वजह है कि योगी आदित्यनाथ वहाँ बेहद महत्त्वपूर्ण साबित हुए, अन्यथा कम-से-कम गुजरात में सरकार या पार्टी पर ही नहीं, बल्कि प्रधानमंत्री नरेंद्र मोदी की व्यक्तिगत साख पर बट्टा लग सकता था। ऐसे विकट राजनीतिक हालात में प्रधानमंत्री मोदी और पार्टी के शीर्ष नेतृत्व को एक ऐसे नेता की जरूरत महसूस हुई, जो न सिर्फ पार्टी को उनके गढ़ में साख बचाने में उनकी मदद करे, बल्कि उनकी व्यक्तिगत प्रतिष्ठा को राष्ट्रीय स्तर पर गिरने से बचाए। ऐसे चेहरे के रूप में योगी आदित्यनाथजी सामने आए, हालाँकि उस समय तक उत्तर प्रदेश में एकाध ऐसी घटना हो चुकी थी (विशेषकर गोरखपुर में बी.आर.डी. मेडिकल कॉलेज में 70 से अधिक बच्चों की ऑक्सीजन की कमी से मृत्यु, जो प्रकारांतर में योगी आदित्यनाथ के लिए चुनौती बन सकती थी), लेकिन बावजूद इसके भारतीय जनता पार्टी ने उन्हें उत्तर प्रदेश के बाहर पार्टी को मजबूत करने के लिए फायर ब्रांड नेता के तौर पर प्रयुक्त किया। इससे पहले पार्टी योगीजी को केरल में वामपंथ के खिलाफ राष्ट्रीय स्वयंसेवक संघ के कार्यकर्ताओं की हत्या के विरोध में सड़क पर उतार कर एक प्रयोग कर चुकी थी। विकास और हिंदुत्व, एक-दूसरे के पूरक, योगी आदित्यनाथजी की राजनीति का महत्त्वपूर्ण सूत्र नजर आता है; लेकिन इस सामान्य विवेचना में एक महत्त्वपूर्ण आयाम जुड़ना और बाकी है, जिसकी शुरुआत योगीजी अयोध्या में दीवाली मनाकर कर चुके हैं और वह है सांस्कृतिकतावाद। अध्यात्म और संस्कृति न केवल भारत का नाभिकीय विषय है, बल्कि भारत की जीवन रेखा भी है। यदि भारत सांस्कृतिक-आध्यात्मिक अर्थव्यवस्था को समानांतर अर्थव्यवस्था के रूप में स्थापित करने में सफल हो जाए तो दुनिया उससे कम-से-कम हैपिनेश इंडेक्स पर मुकाबला नहीं कर पाएगी।

योगी आदित्यनाथ ने त्रिपुरा से कर्नाटक तक पुनः यह सिद्ध किया कि हिंदुत्व के उन्नायक वही हैं और उनकी रिकॉल वैल्यू इसी रूप में है। त्रिपुरा चुनाव परिणाम आने के बाद कई टी.वी. चैनलों पर चलनेवाली त्रिपुरा राजनीतिक स्टोरी में एक मोटी सी हेडिंग लगी थी—'मोदी के ट्रंप कार्ड योगी' या 'भाजपा

के ट्रंप कार्ड योगी'। यह योगी आदित्यनाथ की उपयोगिता की कहानी स्वयं बयाँ करता है। त्रिपुरा में पिछले 25 वर्षों से वाम राज था और पिछले 20 वर्षों से तो माणिक सरकार वहाँ के मुख्यमंत्री थे; लेकिन वे अपनी सरकार नहीं बचा पाए। इस जीत के असली नायक बनकर उभरे (समाचार-पत्रों और टी.वी. मीडिया द्वारा लगी हेडिंगों के अनुसार) योगी आदित्यनाथ। हालाँकि योगीजी का कहना था कि पूर्वोत्तर के राज्यों में भाजपा की जीत पी.एम. मोदी में विश्वास का प्रतीक है। त्रिपुरा में योगी आदित्यनाथ भाजपा के स्टार प्रचारक रहे। उन्होंने 20 सीटों पर चुनाव प्रचार किया, जिसमें से 17 सीटों पर भाजपा उम्मीदवार विजयी रहे थे। अपने चुनाव प्रचार की शुरुआत उन्होंने धरमनगर के मंदिर से की, जो नाथ संप्रदाय का ही मंदिर है। त्रिपुरा के संबंध में सर्वाधिक महत्त्वपूर्ण बात यह है कि उसकी 36 लाख की आबादी में से लगभग 12 से 13 लाख बंगाली लोग नाथ संप्रदाय से संबंध रखते हैं। इनमें से अधिकतर वे हैं, जो बँगलादेश से आकर यहाँ बस गए। नाथ संप्रदाय के लोग योगी को गुरु मानते हैं। ये लोग केंद्र में ओ.बी.सी. की श्रेणी में आते हैं, लेकिन त्रिपुरा में सामान्य जाति में आते हैं। इस कारण से उन्हें आरक्षण का लाभ नहीं मिल पाता है। यद्यपि भारतीय जनता पार्टी ने इन्हें आरक्षण देने का वादा तो नहीं किया, लेकिन योगी आदित्यनाथ ने प्रचार कर इस समाज में भारतीय जनता पार्टी की पैठ मजबूत बना दी। ध्यान रहे कि वर्ष 2013 के विधानसभा चुनाव में भाजपा 50 सीटों पर लड़ी थी और उनमें से 49 सीटों पर पार्टी के उम्मीदवार अपनी जमानत भी नहीं बचा पाए थे। त्रिपुरा से पहले मुख्यमंत्री योगी आदित्यनाथ गुजरात और हिमाचल प्रदेश के चुनाव में भी स्टार प्रचारक बनकर उभरे थे। उन्होंने गुजरात में 35 सभाएँ और हिमाचल में 15 सभाएँ तथा कई रोड शो किए थे। गुजरात में बाहरी राज्यों से जिन भाजपा नेताओं या मुख्यमंत्रियों की डिमांड रही थी, उनमें योगी सबसे आगे रहे थे।

कर्नाटक में भी भारतीय जनता पार्टी ने योगी आदित्यनाथ को स्टार प्रचारक बनाया। कर्नाटक का योगेश्वर मठ है, जिसका संबंध गोरक्ष पीठ से है। योगीजी ने योगेश्वर मठ, योगेश्वर भैरव, श्री रामचंद्रपुरा के मठ के मठाधीश्वर श्रीमद्जगद्गुरु शंकराचार्य राघवेश्वर भारतीय महाराज महास्वामी, गोतीर्थ परियोजना तथा अन्य मठों की बिखरी कड़ियों को जोड़ने का कार्य किया।

फिलहाल ॐ विष्णुर्विष्णु श्रीपरमात्मने श्रीश्वेतवाराह कल्पे वैवस्वत मन्वंतरे अष्टाविंशतिमे कलियुगे कलिप्रथम चरणे जंबूद्वीपे भरतखंडे आर्यावर्तैक देशांतरगते...के केंद्रीय विषय को समझने और उस पर अमल करने का कार्य हम तभी कर सकते हैं, जब हमें यह विश्वास हो जाए कि इसे एक राजनीतिक रक्षात्मक भित्ति और एक नायक मिल चुका है। आज कम-से-कम इस विषय में संदेह नहीं किया जा सकता है कि योगी आदित्यनाथ में ये दोनों विशेषताएँ मौजूद हैं। इसलिए अब समय आ गया है कि इमेजिंड आइडेंटिटी को एक्चुअल आइडेंटिटी में रूपांतरित किया जाए। एक बड़े पत्रकार अपने एक उद्बोधन में कह रहे थे कि भारतीय जनता पार्टी ने विशाल बहुमत हासिल करने के बाद भी उत्तर प्रदेश का मुख्यमंत्री योगी आदित्यनाथ को बनाया है तो इससे यही जाहिर होता है कि पार्टी की राजनीति में अगर लॉग इन 'विकास' है तो पासवर्ड 'हिंदुत्व' है। इसमें यह संदेश तो छुपा ही है कि पासवर्ड के बिना विकास 'लॉग इन' नहीं हो सकता और पासवर्ड योगी आदित्यनाथजी हैं या फिर पासवर्ड योगी आदित्यनाथजी के पास है।

□

6

गाय बनाम भारतीय संस्कृति

मार्च 2017 में जब भारतीय जनता पार्टी ने योगी आदित्यनाथजी को उत्तर प्रदेश के मुख्यमंत्री के रूप में सर्वश्रेष्ठ पाया और वे मुख्यमंत्री बने तो बहुत सी फुसफुसाहट भरी अस्पष्ट-सी आवाजें कानों में ध्वनि करती नजर आईं कि एक संन्यासी को मुख्यमंत्री क्यों बनाया गया? जो फुसफुसाहटें थीं, उनमें कुछ स्पष्ट थीं और कहनेवालों के चेहरे व वर्ग भी स्पष्ट थे, इसलिए उनकी मानसिकता और मनोविज्ञान से भी मैं वाकिफ था। मेरा उन या उन जैसे लोगों तथा वर्गों से एक ही प्रश्न है कि एक संन्यासी राज्य या देश का प्रमुख क्यों नहीं? यह मानसिक ग्रंथि बेचैन करनेवाली भी लगी और समझ से परे भी है, क्योंकि उन्हें किसी ऋषि परंपरा का वाहक और पोषक सत्यनिष्ठ, संस्कृतिनिष्ठ राजनीतिक नेतृत्व के रूप में अस्वीकार्य है; लेकिन एक भ्रष्ट, वंशवादी, जातिवादी, छद्मवादी, अहंकारी, बाहुबली स्वीकार्य। ऐसे लोगों को कुछ नहीं कहा जा सकता; लेकिन इतना कहना शायद समीचीन ही होगा कि भारत और भारतीय यदि पहचान के संकट से लंबे समय तक गुजरते रहे तो इसलिए कि इस श्रेणी के विचारक और तथाकथित बुद्धिजीवी जन-गण इस देश में प्रभावशाली और प्रभुत्वशाली बने रहे। इन्हें संभवतः इस बात का भी ज्ञान नहीं होगा कि ऋषि व कृषि भारतवर्ष की पहचान हैं और ऋषियों ने भारत के अस्तित्व तथा संस्कृति की रक्षा के लिए आत्मोत्सर्ग किया है।

इसमें किसी को कोई भ्रम तो नहीं ही होना चाहिए कि भारत में महान् ऋषि परंपरा रही है। इस ऋषि परंपरा के कारण ही भारत दुनिया का कभी सिरमौर बना

और भारत ने दुनिया को ज्ञान दिया। यह अलग बात है कि आज हम पुनः विश्वगुरु बनने की कवायद कर रहे हैं; लेकिन हम उस महान् ऋषि परंपरा और उसके सार को स्वीकारने तथा उसमें विश्वास करने की स्थिति से अभी बहुत दूर खड़े हैं। वेद यानी ज्ञान (ध्यान रहे कि श्री राधाकृष्णन ने लिखा है कि वेद की वेदता यही है कि अबोध को बोध कराए, यानी वेद हमें उस विषय और स्थिति से परिचित कराने वाला ज्ञान है, जिसके न होने के कारण हम पहले उस विषय से परिचित नहीं थे) का परिचय हमें ऋषियों ने ही कराया। ऋग्वेद के आरंभिक मंडल, यानी ज्ञान की पहली संहिता के मूल अध्यायों को सात ऋषियों ने ही लिखा। वे थे—गृत्समद, विश्वामित्र, वामदेव, अत्रि, भरद्वाज और वसिष्ठ। विश्वामित्र क्षत्रिय होते हुए भी ब्रह्मर्षि बने और विदेहराज जनक राजर्षि बने। विशेष बात यह है कि इस ऋषि परंपरा की जीवंतता और सातत्यता के प्रभाव के कारण ही आरंभिक सामाजिक संरचना में दीवारें नहीं खड़ी की जा सकीं अथवा स्त्री और पुरुष, उच्च और नीच, धनी और निर्धन एवं राजा और प्रजा के बीच में विभाजक रेखाएँ नहीं खींची जा सकीं। जैसे-जैसे यह ऋषि-प्रभाव कमजोर पड़ता गया, सामाजिक विभाजनों की रेखाएँ स्पष्ट होती गईं और राजा व प्रजा के बीच दूरियाँ बढ़ती गईं। समरसता के तंतु जैसे-जैसे कमजोर पड़ते गए, संघर्ष और सत्ता एक-दूसरे के पूरक बनते गए। ध्यान रहे कि ये ऋषि और ऋषि परंपरा के वाहक ही थे, जिन्हें हमारी शास्त्रीय विवेच्यता ने तारामंडल में स्थान देकर अमरत्व प्रदान किया है और हम उसे स्वीकार एक सुखद अनुभूति के भागीदार होते हैं। वे ऋषि ही थे, जिन्होंने हमें एक जीवन जीने की शैली और नैतिक मूल्य प्रदान किए। वे ऋषि ही थे, जिन्होंने एक वृहत् संघर्ष के पश्चात् हमें उसे भौतिक अभारतीय जीवन की प्राणवायु दी है। बाद में ऋषियों ने ही इसमें कृषि को जोड़ा, जिसका प्रमाण यह है कि अन्न को ब्रह्म कहना, कई अनाजों जैसे गोधूम (गेहूँ), यव, चावल, तिल को दैवीय महत्ता प्रदान की, ताकि हम उसका अनादर न कर सकें। इस लिहाज से गाय और कृषि हमारी जीवन रेखा बने और ऋषि हमारे नैतिक-सांस्कृतिक-आध्यात्मिक जीवन का मूलाधार। इसलिए न ही ऋषि और कृषि अलग हो सकते हैं और न कृषि और गाय अलग हो सकते हैं। योगी आदित्यनाथ इसी ऋषि परंपरा की एक कड़ी हैं। इसलिए उनकी उपयोगिता अन्यों के मुकाबले कहीं अधिक इसलिए है,

क्योंकि वे राजनीति की बजाय राष्ट्रनीति के पक्षधर रहे हैं।

हम यहाँ इस ऋषि और गाय के संयोग पर एक विमर्श करना चाहेंगे, क्योंकि योगी आदित्यनाथ ने मुख्यमंत्री की शपथ लेते ही सबसे पहला हमला बूचड़खानों पर किया था, ताकि गाय को संरक्षण हासिल हो सके। इस विषय पर बहुत सी डिबेट्स हुईं और धर्मनिरपेक्षतावादी स्वाँग ने इसे बेहद बेढंगे नजरिए से पेश किया। ये दलीलें भी दी गईं कि इससे कृषकों की आय घटेगी और कृषि अर्थव्यवस्था को नुकसान पहुँचेगा; लेकिन प्रगतिशील बाजारवादी अर्थव्यवस्था के नाम पर यह बेहद घटिया तर्क दिया जा रहा था, सच यही है। जो पशु ग्रामीण जीवन की लाइफ लाइन रहा हो, वह कृषि के लिए नुकसानदेह कैसे हो सकता है? यही वजह है कि मैं योगी आदित्यनाथजी के इस कदम को साहसिक, नैतिक और सराहनीय मानता रहा और मानता हूँ। कभी विचार कीजिए कि क्या वजह रही होगी कि ऋग्वेद में 176 बार गाय (गौ) या गौवंश को स्थान दिया गया; लेकिन यह तो हम तभी जान पाएँगे, जब ऋग्वेद को पढ़ा जाए, जब उसमें निहित ज्ञान के सार से परिचित हुआ जाए और उसके मर्म को पहचाना जाए। महंत दिग्विजय नाथजी ने इस मर्म को अन्य ऋषियों और संत नेताओं के साथ इसकी पहचान कर इस सत्य की प्रतिष्ठा कर दी थी कि 'गाय भारतीय संस्कृति का प्राण' है। फिर गौ-हत्या को कोई उचित कैसे ठहरा सकता?

दरअसल यह भारत में अल्पसंख्यक तुष्टीकरण का एक हथियार था, जिसे महंत दिग्विजय नाथजी बहुत बड़ा अभिशाप मानते थे। उनका कहना था कि स्वतंत्रता के पश्चात् देश की उन्नति न हो पाने का कारण है—इस गलत नीति का अनुसरण। आज हम अपने राष्ट्रीय मूल्यों एवं प्रतीकों के मूल पर ही आघात कर रहे हैं। यदि हम अपने अतीत के इतिहास को झाँककर देखें तो हमें ज्ञात होता है कि हमारे समस्त ऐतिहासिक प्रतीकों में गाय सर्वाधिक श्रद्धास्पद रही है। स्वतंत्रता-प्राप्ति के बाद जिनके हाथों में शासन-सूत्र आया है, वे इतिहास के सत्य का अनुसंधान करने में विफल हुए हैं। गाय हमारे लिए राष्ट्रीय पशु है। यदि हम अपनी स्वतंत्रता को एक नया आयाम तथा अपने ऐतिहासिक अस्तित्व को एक नवीन आधार देना चाहते हैं तो हमें यह घोषित करना ही होगा कि भारतीय गणतंत्र में गाय राष्ट्रीय पशु है और इसकी हत्या एक जघन्य अपराध है। अपने इतिहास, संस्कृति, परंपरा एवं

भावना की रक्षा हेतु आज सरकार तथा हम सभी देशवासियों का नैतिक दायित्व एवं कर्तव्य होना चाहिए कि हम अथक उत्साह एवं आंतरिक भावावेश से प्रेरित होकर गाय की रक्षा करें। गाय हमारी राष्ट्रीय एकता की प्रतीक है तथा आंतरिक विध्वंसात्मक प्रवृत्तियों एवं बाह्य धमकियों के विरुद्ध एक अभेद्य कवच भी।

योगी आदित्यनाथजी का मानना है कि भारतीय संस्कृति को बचाना है तो गाय, गंगा, तुलसी को बचाना होगा। वास्तव में, योगी सरकार ऐसी पहली सरकार है, जिसने बूचड़खानों को प्रतिबंधित किया। उनका कहना है—जो गौ मांस बेचेगा, उसका स्थान जेल में होगा। सरकार ने इससे भी आगे बढ़कर एंटी भू-माफिया टास्क फोर्स बनाई है, जो गोचर भूमि से अवैध कब्जे हटवाएगी। कुछ समय पहले तक की रिपोर्टों के अनुसार, 35 हजार हेक्टेयर भूमि खाली कराई जा चुकी है। वैसे यह समस्या गाँवों में भी है। पंचायती राज का उद्देश्य सही अर्थों में ग्रामीण कल्याण एवं विकास को सुनिश्चित करना था; लेकिन पंचायती राज व्यवस्था के मौलिक विषय के ज्ञान का जनता में न होना और ग्राम प्रधान नाम की संस्था का ताकतवर बनना भूमि पर नियंत्रण का उपाय बन गया। उसके परिवार और अपनों को ग्राम समाज की जमीनें पट्टे पर दे दी गईं, जिसका परिणाम यह हुआ कि गोचर भूमि लगभग समाप्त हो गई। इसलिए यह प्रश्न बेहद महत्त्वपूर्ण बन गया कि आखिर गोधन का संवर्धन और संरक्षण हो कैसे?

पूँजीवाद और भौतिकवाद दुनिया भर में एक साथ चलते हों या न चलते हों (क्योंकि यूटिलिटेरियनिज्म के अनुसार, धन का उपयोगी पक्ष भौतिकवाद को अपेक्षाकृत कमजोर करता है), लेकिन भारत में चलते हैं। ऐसे में जल, जंगल, जमीन और गाय (अथवा समग्र पशु धन) को सिर्फ और सिर्फ लाभ की दृष्टि से देखा जा रहा है। गांधी के विचार व अनुरोध (गौ-हत्या रोकने के) से लेकर अब तक गौ-हत्या नहीं रुकी, क्योंकि यह एक विशेष धर्म के लिए गौरव का विषय बनी और दूसरे धर्म के लिए धन का साधन। ऐसे में योगी आदित्यनाथजी के समने पहली चुनौती यही थी कि इसे कैसे रोका जाए? चूँकि वे इस मर्म को सबसे बेहतर समझ रहे थे, इसलिए उन्होंने सत्ता सँभालते ही बूचड़खानों पर प्रतिबंध लगा दिया।

इस विचार और कार्य को उन्होंने यहीं पर विराम नहीं दिया, बल्कि यह घोषणा भी की है कि उनकी सरकार प्रत्येक जिले में गौशाला खोलेगी; लेकिन यह

भी बताया कि इसका संचालन सरकार नहीं, बल्कि जनता को ही करना होगा। उनका कहना सही और प्रासंगिक था। कारण यह है कि अधिकांश गोस्वामियों को देखा गया है कि वे दूध दुहने के बाद गाय को खुला छोड़ देते हैं, फलतः वे सड़कों पर खुला भटकती रहती हैं। यह किसी भी कोण से नैतिकता तो नहीं मानी जा सकती। इसलिए समाज के लोगों को नैतिकता और साहस दिखाना होगा और इस संत की आवाज के साथ चलने की शपथ लेनी होगी। वैसे भी, कोई भी कार्य तब तक फलीभूत नहीं हो पाता, जब तक कि लोगों की सहभागिता नहीं होती। योगीजी इससे आपकी आधुनिक जीवन-शैली में अवरोध नहीं उत्पन्न करना चाहते, बल्कि वे तो चाहते हैं कि आप आधुनिकता के साथ विकास की प्रक्रिया को जोड़ें; क्योंकि यदि आप ऐसा करने में विफल होते हैं तो आप पिछड़ जाएँगे। इसके लिए जरूरी है कि आप गौ उत्पादों का प्रचार-प्रसार करें और उसे बाजार से जोड़ें।

मैं यहाँ पर यह कहना उचित समझता हूँ कि हम सबकी समस्या को हरनेवाली गाय को आज हम समस्या समझने लगे हैं। हम गाय के संरक्षण और संवर्धन से जुड़े संकल्पों से दूर भाग रहे हैं। यह वही गाय है, जिसे वेदों में सर्वत्र स्वीकार किया गया है; बल्कि शूरवीर, विजेता, धनी, समय, विद्वान्, यशस्वी आदि के प्रतीक रूप में सबसे पहली भूमिका इसी ने निभाई। वह गोधन था, जो महाभारत जैसे विनाशी युद्ध का एक कारण बना था; लेकिन हमारे शास्त्रों का ज्ञान आज उन पन्नों के नीचे दबकर निश्चेत हो चुका मालूम पड़ता है, क्योंकि हमारा मानवीय समुदाय उसे पढ़ने के पश्चात् खिसकन का शिकार होने जैसा महसूस करने लगता है। इसलिए अब यह आवश्यक हो गया है कि अब इस विरासत की रक्षा के लिए एक सार्थक प्रयास हो। योगी आदित्यनाथजी ने हर जिले में 1,000 गौ सेवकों को तैयार करने का लक्ष्य निर्धारित किया है और गौ संरक्षण का संकल्प लिया है। यदि हर जिले में 1,000 गौ रक्षक तैयार होते हैं तो पूरे प्रदेश में 75,000 गौ रक्षक होंगे। अगर ये गौ रक्षक कार्य करेंगे तो जनता इनसे जुड़ेगी। लेकिन यहाँ एक बात ध्यान रखने योग्य है। गौ धन को सुरक्षा ही नहीं, पोषण की भी जरूरत है। मैं ऐसा इसलिए कह रहा हूँ, क्योंकि अब से करीब 200 वर्ष पहले प्रति व्यक्ति सात गौ-वंश का औसत था। जब अंग्रेज भारत से गए, तब यह औसत एक गौ-वंश प्रति व्यक्ति का था और अब यह औसत

मात्र 1/7 प्रति व्यक्ति का रह गया है। भारत की गरीबी का मौलिक कारण इसी 'काउ मेकैनिज्म' या 'काउ-पर्शन मैथमेटिक्स' में निहित है। हालाँकि इतिहास की तथ्यात्मकता के आधार पर यह नहीं मानते कि सन् 1857 के स्वतंत्रता संग्राम के पीछे एकमात्र कारण इन चरबीवाले कारतूसों का एनफील्ड राइफलों में प्रयोग था, लेकिन यह एक कारण अवश्य था। यदि वास्तव में ऐसा था तो इसका अर्थ यह हुआ कि गौ-हत्या बड़े पैमाने पर हो रही थी, क्योंकि कारतूस में गाय की चरबी का प्रयोग किया गया था और उसके खिलाफ पनपा प्रतिरोध उस संग्राम का एक कारण अवश्य बना होगा। उसके बाद यह विषय भारत की आत्मा से जुड़ा विषय बन गया, जो चिंतकों एवं ऋषियों द्वारा समय-समय पर उठाया जा रहा है। हालाँकि सरकारें अपने कान बंद किए रहीं। योगी आदित्यनाथ की सरकार ऐसी पहली सरकार है, जिसने भारतीयता और भारत की जीवन-शैली के इस तथ्य को न केवल महसूस किया, बल्कि इस दिशा में सार्थक और कड़ा कदम उठाया।

दरअसल भारत में एक नई प्रवृत्ति पैदा हो गई है, जिसमें गाय को महज उसके दूध के साथ जोड़कर देखा जा रहा है या दूसरे शब्दों में कहें तो यह भी अर्थव्यवस्था की कमोडिटी के रूप में देखी जा रही है। इस आर्थिक चश्मे से यह तथ्य दिखा ही नहीं कि गाय भारत की संस्कृति, जीवन-पद्धति और आस्था का भी विषय है। महात्मा गांधी ने भी कहा था कि देश की आजादी के बाद सबसे पहला विषय गौ-हत्या बंदी का ही होगा। उन्होंने यह भी कहा था कि गौ-हत्या बंदी के बिना स्वराज्य का कोई अर्थ नहीं है। लेकिन स्वतंत्र भारत की सरकारों ने देश की अस्मिता की पहचान के पहलुओं को दरकिनार कर विचार और कार्य करना शुरू कर दिया। परिणाम यह हुआ कि उनके विकास की रूपरेखा में गौ-वंश कभी आया ही नहीं और वह धीरे-धीरे समाप्त होता चला गया। उन्हें इसका भी भान नहीं रह गया कि ऋषि और कृषि भारतवर्ष की पहचान हैं। परिणाम यह हुआ कि वे जिस विकास की राह चले, उसमें ऋषि एवं कृषि (गाय कृषि में शामिल है) का कोई स्थान नहीं था। परिणाम यह हुआ कि भारत अर्थशास्त्रीय आँकड़ों में आगे भले ही बढ़ा, लेकिन वास्तव में बेहद गरीब हो गया।

आधुनिक भारत के महान् चिंतकों में से एक के.एन. गोविंदाचार्यजी कहते हैं कि वर्ष 1953 में ही गौ-हत्या बंदी को लेकर देश भर में व्यापक हस्ताक्षर

संग्रह अभियान चला था, जिसके केंद्र में लाला हरदेव सहाय थे। इसी शृंखला की अगली कड़ी थी 'सर्वदलीय गौरक्षा अभियान समिति' का गठन। फिर 7 नवंबर, 1966 को दिल्ली में गौ-हत्या बंदी को लेकर विशाल प्रदर्शन हुआ था, जिसमें साधु-संत बड़ी संख्या में शामिल हुए थे। यह दुर्भाग्य ही था कि उन साधु-संतों के खिलाफ प्रशासन ने बर्बरतापूर्ण व्यवहार किया, जिसमें गैर-सरकारी आँकड़ों के अनुसार शायद 250 और सरकारी आँकड़े के अनुसार 9 संत मारे गए थे। इन या इन जैसे तमाम घटनाक्रमों से यह तो स्पष्ट है कि गौ-हत्या बंदी का विषय भारतीयों के मन में हमेशा से रहा है। भारत में जिस तरह गंगा किसी एक संप्रदाय का मुद्दा नहीं है, ठीक उसी तरह गाय भी किसी एक संप्रदाय से जुड़ा मुद्दा नहीं है; लेकिन गौ-वंश का लगातार कमजोर होता जाना और इसकी संख्या में निरंतर कमी आना एक गंभीर समस्या का विषय है। वे कहते हैं कि दरअसल गाय को केवल एक पशु मानने से सिर्फ उसकी उपयोगिता को ही प्रमुखता दी गई। '60 के दशक में तो यह तर्क दिया गया था कि लोगों के रहने के लिए जगह नहीं है, तो गायों को रखने की कैसे व्यवस्था की जाए? मैं समझता हूँ, सभी देशों का विकास-पथ अलग-अलग होता है। इसमें किसी की कोई नकल नहीं हो सकती है। नकल अंततः नुकसानदेह ही होती है; लेकिन हम पाते हैं कि यहाँ पहले रूस की नकल शुरू हुई, फिर चीन की तरफ ध्यान गया, फिर अमेरिका और अब ब्राजील की नकल हो रही है।

इस तरह चिंतन के स्तर पर आगे बढ़ने की जो विफल कोशिश हो रही थी, वह भारत की तासीर, तेवर और जरूरत से बिलकुल अनजान और अगंभीर लोगों की पहल थी और अभी भी है। कारण यह कि भारत के नीति-नियामक यहाँ के मूल तत्त्व को समझे बगैर अंधानुकरण की दिशा में आगे बढ़ते रहे। ऐसी तकनीक अपनाई गई, जिससे पशु बल का महत्त्व तेजी से कम होता चला गया और इसकी जगह तेल (ऑयल पावर) का महत्त्व बढ़ गया। इससे भारतीय परंपरा को क्षति पहुँची, जिसका असर यहाँ के रीति-रिवाजों पर भी पड़ा, साथ ही भारतीय समाज संभ्रम की अवस्था में आ गया। उसके लिए यह निर्णय करना कठिन हो गया कि वह क्या छोड़े और क्या रखे? वे आगे कहते हैं कि मैं समझता हूँ कि गंगा और गाय के विषय इस स्थिति से उबरने में सहायक सिद्ध हो सकते हैं। वजह यह

है कि इसमें आस्था पक्ष तो है ही, साथ में आर्थिक और पर्यावरण का पक्ष भी जुड़ा है। इससे प्रकृति-केंद्रित विकास की अवधारणा के आगे बढ़ने की प्रबल संभावनाएँ हैं। वे मानते हैं कि वैसे भी पिछले कुछ वर्षों से जिस मानव-केंद्रित विकास की तरफ बढ़ने की होड़ मची थी, उससे पैदा हुई विषम परिस्थिति को दुनिया भुगत रही है। इसलिए मानव-केंद्रित विकास को खारिज किया जा रहा है।

योगी आदित्यनाथ प्रकृति-केंद्रित विकास के मौलिक चिंतन को शायद आज राजनीतिक चिंतनों में सबसे बेहतर समझते हैं, क्योंकि वे एक राजनीतिज्ञ से कहीं अधिक एक ऋषि हैं। वे पूरी शिद्दत के साथ यह बात कहते हैं कि गौरक्षा को गौ संवर्धन और गौ संरक्षण से जोड़ें और फिर गौरक्षा को जैविक खेती से। मैं यहाँ पर एक बात कहना उचित समझता हूँ। पिछले कुछ समय में भारत में गौ-रक्षकों के संदर्भ में जो कहा गया, जो दिखाया गया या जो लिखा गया, वह एक पहलू हो सकता है; क्योंकि अनुरोध से रक्षा का अभिप्राय पूरा नहीं होता, शक्ति का प्रयोग जरूरी है। लेकिन इसकी निरंतरता के साथ तीव्रता यथावत् नहीं रहनी चाहिए, अन्यथा यह नकारात्मक पक्ष साबित होता है। इसलिए इसकी तीव्रता का वियोजन या विभाजन होना चाहिए। इसका एक घटक संवर्धन बनना चाहिए, ताकि कृषि के साथ इसे जोड़ने में कामयाबी मिल सके। इस उद्देश्य हेतु आवश्यक है कि गौ-रक्षकों को कृषि एवं पशु विशेषज्ञों से प्रशिक्षित कराया जाए, तत्पश्चात् वे इन विशेषज्ञतापूर्ण विषयों के साथ गाँवों में जाकर किसानों को प्रेरित करें, उन्हें सहयोग करें तथा सरकार की योजनाओं के साथ इन्हें संबद्ध करने में मदद करें, जमीन पर तभी अच्छे परिणाम आ पाएँगे, अन्यथा यह विषय भी आंशिकता का शिकार हो जाएगा और परिश्रम व्यर्थ।

बहरहाल, योगी आदित्यनाथ अब तक राजनीतिज्ञों के मुकाबले बेहतर तरीके से जानते हैं कि ऋषि, कृषि, गाय और गंगा भारतीय जनमानस और भारतवर्ष की जीवन-रेखा हैं। इसलिए इन्हें जितना अधिक संरक्षित और संवर्धित किया जाएगा, भारतवर्ष संगत अनुपात में मजबूत होगा; लेकिन इसके लिए उन्हें बाजार, बाजारवादियों और धर्मनिरपेक्षतावादियों की तरफ से उठनेवाली चुनौतियों का तब तक कड़ा मुकाबला करना होगा, जब तक वे सामाजिक-आर्थिक गतिकी को बदलने में कामयाब नहीं हो जाते। हालाँकि चुनौतियाँ बहुत हैं—अंदर और बाहर

दोनों ही तरफ से और बहुत आएँगी भी, क्योंकि जब एक ऋषि राष्ट्रधर्म के लिए कृत संकल्पित होता है तो बाजार, बाजारवादी, धर्मनिरपेक्षतावादी, धन–लोलुप अपने उद्देश्यों को पूरा करने से वंचित होने लगते हैं। चूँकि ये ताकतें संयुक्त रूप से बहुत बड़ी हैं, इसलिए इस राष्ट्रयज्ञ को संपन्न करने में अड़चनें आनी स्वाभाविक हैं। फिलहाल ऋषि हमेशा सफल हुआ है, यह भारतीय शास्त्रीय इतिहास से स्पष्ट हो चुका है; लेकिन आज का समय कलियुग का है, इसलिए हम कुछ डर के साथ ही आगे बढ़ेंगे, ठीक उसी तरह से जिस तरह से अर्जुन बढ़े थे।

□

7

राष्ट्र, धर्म और योगी

आचार लक्षणो धर्मः सन्तश्चारित लक्षणः।
साधुनां च यथावत्तमेतदचार लक्षणम्॥

इसका तात्पर्य यह है कि धर्म अपनी विशिष्ट अवधारणा के विकास के साथ-साथ भारत भूमि अपनी सभ्यता के उषःकाल से ही विभिन्न पंथों एवं अनेक संप्रदायों की उद्गम-स्थली रही है। इसमें किसी को कोई संशय भी नहीं होना चाहिए, क्योंकि भारत ने सदैव विचारों और ईश्वर-पूजा की स्वतंत्रता को मान्यता दी है। यहाँ पर दो बातें और महत्त्वपूर्ण हैं। पहली यह कि भारतीय संस्कृति में जीवन का मूलाधार धर्म है; लेकिन भारत में आचार या सदाचार को धर्म का लक्षण स्वीकार किया गया है। सुमेरियन, बेबीलोनियन, यूनानी और रोमन या कतिपय अन्य पाश्चात्य सभ्यताओं के धर्मों की भाँति भारतीय धर्म एवं दर्शन ने इस बात की अनुमति नहीं दी कि मात्र आराध्य देवों के प्रति स्तुति-वाचन या हवि (बलि) प्रदान कर देने से ही वह धर्मनिष्ठ कहा जा सकता है और उसके प्रतिपादन में वह सुख-ऐश्वर्य, धन-धान्य एवं संतति आदि भौतिक समृद्धि प्राप्त कर सकता है। भारत में लगभग सभी पंथों एवं संप्रदायों में पारलौकिक या भौतिक सुखों की समुपलब्धि के निमित्त धार्मिक कर्तव्यों के परिपालन पर विशेष बल दिया गया है। ऐसे सदाचरण के क्रमबद्ध निर्माण और सांस्कृतिक-आध्यात्मिक जीवन को नियंत्रित, नियमित एवं सुव्यवस्थित करने के साथ-साथ सामाजिक समरसता और सांस्कृतिक राष्ट्रवाद के क्षेत्र में नाथपंथ का अभूतपूर्व योगदान रहा है। इसी नाथपंथ के ऋषिश्रेष्ठ कर्मयोगी आदित्यनाथ हैं।

हम नाथपंथ की प्राचीनता या उसके आदि रूप एवं आदि नाथ की खोज नहीं करेंगे, बल्कि हमारा फोकस इस पंथ की उपयोगिता और उपादेयता पर रहेगा। लगभग पूर्व-मध्यकाल की उन सदियों में नाथपंथ तब महत्त्वपूर्ण भूमिका में आता दिखा, जब भारतीय समाज और राष्ट्र में 'जंबूद्वीपे आर्यावर्तैक देशांतरगते भारतवर्षे···' की एकत्ववादी कड़ियाँ बिखरने लगी थीं और उनका स्थान सामंती विशेषताएँ और क्षेत्रीय संघर्ष ले रहे थे। भारतीय समाज आंतरिक विभाजनों एवं उप-विभाजनों का शिकार हो रहा था और इसमें शूद्रता, दासता या अस्पृश्यता जैसी कुरीतियाँ कभी वर्चस्व न खत्म करनेवाला आकार ग्रहण कर रही थीं। ब्राह्मणवादी वर्चस्व बढ़ रहा था, इसलिए कर्मकांडों की आवृत्तियाँ निरंतर बढ़ती जा रही थीं और विज्ञान बेअसर होकर विलुप्त हो रहा था। सच कहें तो शास्त्र-पुराण युगीन स्वर्णकाल अब अंधकार का ग्रास बन रहा था और भारत एक अंध युग में प्रवेश करने के लिए विवश हो रहा था। इसी अंध युग में ही इसलामी आव्रजकों ने भारत में प्रवेश किया और भारतीय संस्कृति को नष्ट करने का षड्यंत्र किया। महत्त्वपूर्ण तथ्य यह है कि बुद्ध का धर्म भी इस सदी तक पहुँचते-पहुँचते इतना कर्मकांडी हो चुका था कि बुद्ध स्वयं उसकी शायद ही कल्पना कर पाए होंगे। बौद्ध संघों का नैतिक और चारित्रिक पतन हो रहा था और बुद्ध की कारणता शून्यवाद में डुबकियाँ लगाती हुई, यत्र-तत्र नैषधकर्म्यपरक नवपौरोहित्यवाद के विरोध की बजाय स्वयं उससे सराबोर हो रही थी। ऐसे में आवश्यक था कि ऋषियों की कोई परंपरा, कोई नाथ या कोई आचार्य फिर दस्तक दे और समाज को आडंबरों से मुक्त कराकर कुछ नवप्रस्थापनाएँ करे, जिससे पुनः विज्ञानवाद हो, तर्क हो, संस्कृति व अध्यात्म हो और मानव-मूल्यों की स्वीकृति हो।

सबसे पहले इस दिशा में जिस आचार्य का नाम आता है, वे शंकर थे। शंकराचार्य ने वेदांतवाद (अद्वैतवादी वेदांतवाद) के जरिए बौद्ध धर्म के शून्यवाद का, कर्मकांडवाद का तथा कारणतावाद का विरोध किया और शिवत्व को ब्रह्म एवं ब्रह्म को सत्य मानकर पूरे संसार को माया करार दिया। उनके 'एकम् सत्' या 'ब्रह्मं सत्यं जगन्मिथ्या' ने असमानता की कड़ियों को तोड़ने की बजाय शून्य की श्रेणी में ला देने का कार्य किया, जो शायद स्वीकार्य नहीं होता। उनका एकं सत् और मायावाद सामाजिक प्रयोगवाद, सामाजिक न्याय एवं लोक-कल्याण

तरुणावस्था में योगी आदित्यनाथ।

योगी आदित्यनाथ के माता-पिता।

योगी आदित्यनाथ के साथ उनके कार्यालय में बैठे हुए लेखक।

योगी आदित्यनाथ को पुस्तक भेंट करते हुए लेखक।

अयोध्या का शौर्यपूर्ण वैभव फिर वापस आया।

गोरखनाथ मंदिर।

दिग्विजयनाथ स्मृति भवन, गोरखनाथ मंदिर में योगी आदित्यनाथ।

गोरखनाथ मंदिर में प्रधानमंत्री श्री नरेंद्र मोदी के साथ योगी आदित्यनाथ।

योगी आदित्यनाथ संसद् जाते हुए।

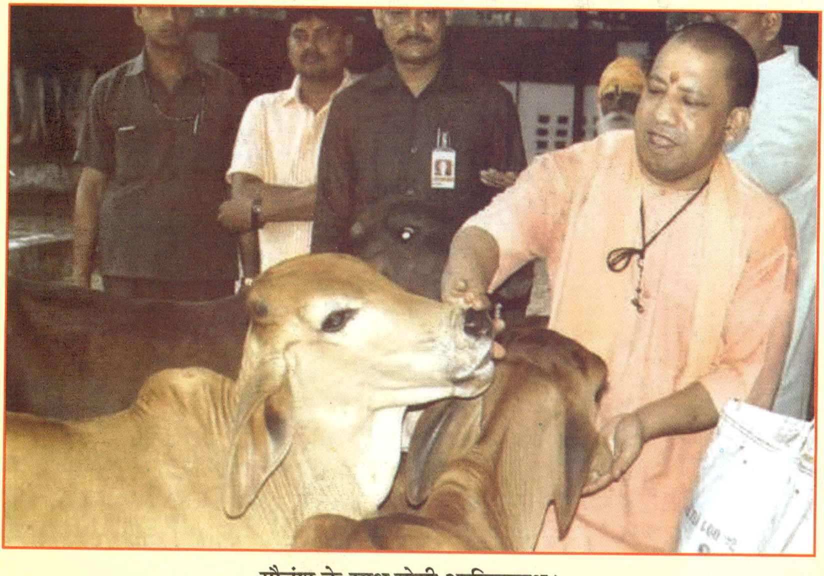

गौवंश के साथ योगी आदित्यनाथ।

राष्ट्रपति श्री रामनाथ कोविंद के साथ योगी आदित्यनाथ।

उत्तर प्रदेश में आयोजित 'यू.पी. इन्वेस्टर समिट 2018' के उद्घाटन समारोह में प्रधानमंत्री श्री नरेंद्र मोदी के साथ चलते हुए उत्तर प्रदेश के मुख्यमंत्री योगी आदित्यनाथ।

उपराष्ट्रपति श्री एम. वेंकैया नायडू और उत्तर प्रदेश के राज्यपाल श्री राम नाईक के साथ योगी आदित्यनाथ।

एक कार्यक्रम में राष्ट्रपति व उत्तर प्रदेश के राज्यपाल के साथ योगी आदित्यनाथ।

नोएडा में सबसे बड़ी मोबाइल फैक्टरी के उद्‌घाटन के अवसर पर प्रधानमंत्री श्री नरेंद्र मोदी के साथ योगी आदित्यनाथ।

की अभिवृद्धि की दृष्टि से तर्कसंगत एवं प्रासंगिक नहीं हो सकता था। यही वजह रही कि अद्वैत वेदांत या 'ब्रह्मं सत्यं जगन्मिथ्या जीवो ब्रह्मैव नापर:' संभ्रांत वर्ग की बौद्धिक क्षुधा भले ही शांत कर गया हो, लेकिन शूद्रों को न्याय नहीं दिला पाया। फलत: राजदरबारों के संरक्षण से लेकर मठों तक ही उसका सीमांकन रहा। वह कभी भी सार्वजनीन आंदोलन का रूप धारण नहीं कर सका। न केवल शंकराचार्य, बल्कि रामानुजाचार्य, निंबार्काचार्य, माधवाचार्य इस बौद्धिक विमर्श में ही उलझे रहे कि ब्रह्म और जगत् में से अस्तित्व किसका है, किस प्रकार है और उनमें आपस में कोई संबंध है या नहीं। यदि है तो किस प्रकार का है और यदि नहीं तो जीव और जगत् की प्रतीति कैसे है। परिणाम यह हुआ कि यह एक शुष्क बौद्धिक-आध्यात्मिक आंदोलन (न कि भक्ति संतों का आंदोलन) साबित हुआ, जिससे सामाजिक नवचेतना का उदय संभव नहीं हो सका।

उस युग में उत्तर भारत की स्थिति बेहद जटिल एवं संघर्षमय थी। संघर्षों की निरंतरता न केवल मानवीय और आर्थिक शोषण को बढ़ा रही थी, बल्कि बाहरी खतरों को भाँपने में कमजोर साबित हो रही थी। इस युग की विशेषता सामंत और ब्राह्मण रहे। इन दोनों की युति ने शूद्रों को अधिकार की परिधि से बाहर कर दिया, किसान को पराधीन बना दिया और स्त्री को सदैव के लिए उसके अधिकारों से वंचित कर दिया। कृषक की पराधीनता का सीधा अर्थ था—अर्थव्यवस्था में वर्ग-संघर्ष जैसी स्थिति का पनपना, जिसकी आरंभिक झलकियाँ 'ब्रह्मवैवर्तपुराण', 'सुभाषितरत्न कोश' में देखने को मिलती हैं और चरम परिणिति संध्याकर नंदी की 'राम चरित' में। संक्षेप में कहें तो इस काल में सामंत लड़ रहा था, ब्राह्मण भोग कर रहा था और कृषक (या दास व शूद्र) इसकी कीमत चुका रहा था। यही कारण है कि कृषकों को दास या शूद्र की श्रेणी में रखा गया था, जिसकी पुष्टि विदेशी घुमक्कड़ विद्वानों या दूतों ने की है, विशेषकर ह्वेन त्सांग ने 'सी-यू-की' और अल-बरूनी ने 'किताबुल हिंद' में। खास बात यह रही कि सामंत और ब्राह्मण संघर्ष एवं भोगवाद की गहराई में डूबकर यह देखने में असमर्थ साबित हुए कि अरब सिंध तक पहुँच चुके हैं और उन्होंने राजनीतिक विजय ही नहीं की है, बल्कि पश्चिमी व्यापार पर कब्जा करने में भी सफलता अर्जित की है तथा सिंध क्षेत्र में किलेबंदी कर तथा नगरों को बसाकर एक सुरक्षात्मक दीवार ही तैयार कर ली है,

जो उनके पक्ष में रणनीतिक संतुलन स्थापित करेगी। वे यह भी आकलन करने में असमर्थ रहे कि इसलामी ताकतें अब आनेवाले समय में भारत के हृदय पर चोट करेंगी। ऐसे में जरूरी था कि ऐसी ऋषि परंपरा/ऋषि संप्रदाय संस्थागत शक्ति के रूप में स्थापित हो, जो आंतरिक व्यवस्था में सुधार लाए और बाहरी खतरों को न्यून करे या उन्हें रोके, साथ ही दासता की बेड़ियों में जकड़े दास, पिछड़े, शोषित, शूद्र आदि को मूल धारा में लाकर एक नई राजनीतिक शक्ति का निर्माण करे, जो भावी राजनीतिक पराजय (अगर ऐसा हो) के बावजूद भारतीय हिंदू धर्म तथा भारतीय संस्कृति के आधार को डगमगाने न दे; क्योंकि अगर यह आधार डगमगा गया तो भारत का विनाश हो जाएगा। अत: इस विचलन, कंपन, बिखराव और पतन को रोकने का काम किया नाथपंथ और उसके योगियों व संन्यासियों (यतियों) ने।

नाथपंथ के आदि गुरु महायोगी गोरखनाथजी थे, जो कि एक अवतारी पुरुष थे। उनके विषय में कहा जाता है कि मनुष्य स्वरूप (काया) में अवतरित होने के बावजूद उन्होंने चारों युगों में अपनी उपस्थिति एवं प्रतिष्ठा स्थापित की। ऐसा आख्यान मिलता है कि जिसमें शिव पार्वती से कहते हैं कि मानव समाज को योग शिक्षा देने के लिए मैंने ही गोरखनाथ के रूप में अवतार लिया है। इस स्थापन को न केवल भारतीय दार्शनिकों ने माना है, बल्कि विदेशी चिंतकों ने भी स्वीकार किया है। हम पौराणिकता को नकारने का साहस नहीं कर सकते; जो सत्य है, वह है और यह सत्य महायोग गोरखनाथजी को त्रेता से द्वापर होते हुए कलियुग तक लाता है; लेकिन ऐतिहासिक काल की बात करें तो बप्पा रावल से संबंधों के आधार पर कहा जा सकता है कि यह ऐतिहासिक काल 8वीं सदी से 12वीं सदी के बीच रहा होगा। नेपाली वंशावली पर्वतिया के अनुसार, मत्स्येंद्रनाथ और गुरु गोरखनाथ का मिलन नेपाल में नरदेव के समय हुआ था, जो 8वीं सदी का मध्य भाग है। कुल मिलाकर नाथों की परंपरा सनातनी जीवनधारा के आदिकाल से प्रवाहमान है। नाथपंथी सिद्धों ने अपनी साधना और तत्त्वज्ञान की महिमा से भारतवर्ष की पावन भूमि को देदीप्यमान किया है। इस परंपरा में नवनाथ एवं 84 सिद्ध हुए हैं, ऐसा माना जाता है। हालाँकि 'ब्रह्मवैवर्तपुराण' के योगनाथ, आदिनाथ, मीननाथ और गोरखनाथ का ही नाम मिलता है। 'स्कंदपुराण' में भी नवनाथों का उल्लेख मिलता है, यथा—

नवनाथाः समाख्यातास्तत्र श्री आदिनाथकः।
आदिनाथः कूर्माख्यो भवाख्यो गजनाथकः॥
सत्य संतोष नाथे तु मत्स्येंद्रो गोपिनाथकः।
गोरक्षो नवनाथास्ते नवब्रह्मरताः सदा॥

इसी प्रकार से 'अग्निपुराण' में भी नवनाथों का उल्लेख हुआ है, जिससे नाथ गुरुओं की पौराणिकता सिद्ध होती है। महायोगी श्री गोरखनाथजी ने जहाँ एक ओर भारतीय दार्शनिकों द्वारा स्वीकृत 'पतंजलि' के राजयोग को अपनाया, वहीं दूसरी ओर कुंडलिनी योग को अपने हठयोग के मेरुदंड के रूप में माना है। इन दोनों प्रकार की प्रणालियों का सम्मिलित रूप ही गोरखनाथ का हठयोग है। मैं केवल हठयोग की चर्चा इसलिए करना चाहता हूँ कि यही वह यौगिक क्रिया थी, जिसके चलते इसलामी रहस्यवादियों (सूफियों) को भारतीय योगियों के आगे झुकना पड़ा। ध्यान रहे कि इसलामी रहस्यवादियों ने हठयोग की शिक्षा योगियों से ही ग्रहण की थी। इस पक्ष को मैं इसलिए रख रहा हूँ, क्योंकि यह प्रश्न बार-बार जेहन में आता है कि आखिर सूफी और उलेमा भारत में इसलामी आक्रांताओं के साथ क्यों आए? सूफियों को भारत आने की जरूरत क्या थी? जिन सूफियों को उनके इसलामी संरक्षकों ने ही संरक्षण नहीं दिया, उन्हें भारत आए इसलामी आक्रांताओं ने संरक्षण क्यों प्रदान किया? जो कूफा, बसरा, तेहरान, बगदाद में सरवाइव नहीं कर सके, वे भारत में कैसे सरवाइव कर गए? ऐसे में, प्रश्न यह उठता है कि क्या सूफी भी किसी मिशनरी उद्देश्य से जुड़े थे, इसलिए उन्हें इसलामी आव्रजकों एवं शासकों द्वारा संरक्षण प्रदान किया गया? इनकी खानकाहें ऐसी जगहों पर बनवाई गईं, जहाँ भारत का संभ्रांत वर्ग आसानी से अपनी पहुँच रख सकता था, मसलन राजमार्गों या मुख्य शहरों में, ताकि भारतीय हिंदू व्यापारी उन तक अवश्य पहुँचें। ध्यान रहे कि अब तक यही वर्ग भारतीय मंदिरों आदि को दान देता आया था, जिससे उनका रख-रखाव, जीर्णोद्धार और पुनरुद्धार होता था। यह वर्ग इसलामी रहस्यवादियों के संन्यासवाद और उदारता को देखकर आसानी से उनके पक्ष में जा सकता था। इनकी कथित उदारता उसे कायल बनाने और इसलाम के प्रति प्रेरित व परिवर्तित करने में निर्णायक साबित हो सकती थी। यदि ऐसा होता तो ये आनेवाले समय में इसलामी आक्रांताओं के

लिए आर्थिक ताकत भी बनते और मानवीय व सैनिक ताकत भी।

नाथपंथी योगियों और सिद्धों ने इनके मिशन को नाकाम न सही तो कमजोर अवश्य कर दिया, यानी हम कह सकते हैं कि नाथपंथी योगियों और सिद्धों ने भारत में निर्मित हो रही इसलाम की भित्तियों को इतना मजबूत नहीं होने दिया कि वे तोड़ी न जा सकें। शायद इसी कारण से नाथपंथी योगियों ने पेशावर, सियालकोट, लाहौर, कराची, तिब्बत, बंगाल, पूर्वोत्तर भारत और पूर्वी एशिया तक अपनी गतिविधियों का विस्तार किया। इतिहास के पन्नों में यह प्राय: दर्ज दिखता है कि महात्मा बुद्ध ने वर्नाक्यूलर का प्रयोग कर दार्शनिक चेतना में क्रांति उत्पन्न कर दी थी। इसमें किसी को कोई संशय भी नहीं होना चाहिए; लेकिन बौद्ध धर्म पहला ऐसा धर्म/संप्रदाय था, जो संस्थागत एवं संगठित था, इसलिए उनकी शिक्षा का प्रचार संभव हुआ; जबकि गुरु गोरखनाथजी ने अपने उपदेशों को वर्नाक्यूलर भाषाओं में दिया, जिनकी विविधता महात्मा बुद्ध से ज्यादा थी। इसलिए उनका दायरा भारत के आंतरिक भागों में बुद्ध की अपेक्षा कहीं अधिक रहा। उन्होंने हिंदी के अतिरिक्त बंगला, राजस्थानी, पंजाबी, मराठी, गुजराती, नेपाली व तिब्बती भाषा में उपदेश दिए, जिससे भाषायी सामान्यीकरण और संयोजन हुआ, जिसने सांस्कृतिक राष्ट्रवाद की बुनियाद को मजबूत किया।

योगी आदित्यनाथ के नेतृत्व में जब उत्तर प्रदेश की सरकार बनी, कुछ विशेष मीडिया घरानों, कुछ विशेष जातीय मनोग्रंथियों और विशेष समुदाय ने उन पर सामाजिक समरसता को खत्म करने के आरोप लगाए। दरअसल ये वे लोग थे, जो न ही एक ईमानदार संन्यासी को सत्ता में रहने देने के पक्ष में थे (ऐसा इसलिए कहा जा सकता है कि संभवत: इनके अपने हितों को प्रभावित होने का खतरा इन्हें सता रहा था अथवा ये वे लोग थे, जिन्हें नाथपंथ के चरित्र, उसके स्वरूप और उसकी उपलब्धियों का ज्ञान ही नहीं था) और न ही वे यह जानते थे/हैं कि उसका सामाजिक उद्देश्य क्या था और नाथपंथी योगियों एवं सिद्धों ने सामाजिक समरसता के लिए कितना त्याग किया है या फिर ये दोनों ही वजहें एक साथ सदियों से निरंतर काम कर रही हैं। हम यह पहले ही स्पष्ट कर चुके हैं कि 7वीं से 12वीं सदी के बीच भारत में किस–किस प्रकार की विभाजक रेखाएँ खिंची हुई थीं। ब्राह्मणवाद किस तरह से सामंतोपसामंतीकरण को मान्यता दे रहा

था और संघर्ष को वीरता की पोटली में बाँधकर प्रसाद की तरह बाँट रहा था; जबकि उस समय की मूल समस्या थी—सामाजिक न्याय की अनुपलब्धता की, तर्क एवं विवेकवाद के तिरोहित हो जाने की, भोगवाद और बनावटी ऐश्वर्य की बढ़ रही प्रवृत्तियों की। इन सभी नकारात्मक स्थैरिकियों के उन्मूलन के उद्‌देश्य से ही नाथपंथ का उदय हुआ था।

एक बात और, इसलामी आव्रजन से पूर्व ब्राह्मण लेखकों ने भारतीय सामंती शक्ति को इस कदर गौरवान्वित किया कि भारत के लोग उसी में स्वर्णकाल की झलक पाने लगे। लेकिन इसलामी आक्रमण के पश्चात् जब राजपूत राजाओं की सैनिक-राजनीतिक पराजय हुई तो भारतीय जनमानस आत्मकुंठा से ग्रस्त हो गया, जिससे उसका आत्मविश्वास डिगने लगा। इसलामी विजय और इसलामी आव्रजन के पश्चात् हिंदू धर्म ने संभवतः स्वरक्षा हेतु अपने आपको भीतर की तरफ समेटना शुरू कर दिया। इसके दो परिणाम सामने आए। प्रथम यह कि इसलाम के लिए स्पेस तैयार होने लगा और उसे रोकने के लिए उपलब्ध बल कमजोर पड़ गए। द्वितीय, हिंदू समाज में सामाजिक संकीर्णता प्रखर होने लगी। इस संकीर्णता ने हिंदुत्व की अवधारणा को कमजोर किया और समाज को जड़ता प्रदान की। इसी समय एक विशेष तत्त्व भारतीय समाज में और प्रवेश कर गया। यह था जातीय शुद्धता की रक्षा संबंधी तत्त्व, जिसने बड़े पैमाने पर अस्पृश्यता की भावना को व्युत्पन्न किया। इस अस्पृश्यता ने अपना दायरा इतना विस्तृत कर लिया कि इसके अंदर तमाम नास्तिक मतानुयायी भी आ गए। ऐसा करते हुए इस तथ्य को भुला दिया गया कि अस्पृश्यता समाज और राज्य की बुनियाद पड़ने से पहले तक नुकसानदेह हो भी सकती थी और नहीं भी; लेकिन कम-से-कम इस काल में यह उस वर्ग के लिए तो नुकसानदेह होनी ही थी, जो सत्ताधारी था या सत्ता के लिए प्रार्थनाओं के नाम पर एक निश्चित भाग पा रहा था। इन स्थितियों को देखते हुए तो ऐसा लगता है कि इतिहास की ये शताब्दियाँ सामाजिक क्रांति या एक नए जागरण (रेनेसाँ) की माँग कर रही थीं। हालाँकि दक्षिण भारत में शंकराचार्य ने इसकी शुरुआत की थी; लेकिन हम उसे बौद्धिक जागरण तो कह सकते हैं, सामाजिक जागरण नहीं। इन शताब्दियों की माँग के लिए गुरु गोरखनाथ पुनः प्रकट हुए और उन्होंने समाज में प्रचलित वर्गों के स्तरीकरण तथा जातियों के

उपजातियों में विभाजन द्वारा खंडित हो रही सामाजिक एकता को पुनः प्रतिष्ठित करने के लिए एक महान् आंदोलन चलाया। उन्होंने समाज में प्रभावी आचार्यों, बौद्धों, सिद्धों, शाक्तों द्वारा वर्ग-जाति की श्रेष्ठता से आतंकित समाज को मुक्त कराने के दृढ़ संकल्प के साथ इस आंदोलन को शुरू किया।

गुरु गोरखनाथजी ने अपने अहिंसक सामाजिक उत्क्रांति के अभियान द्वारा समाज में प्रचलित रूढ़ियों का खंडन करते हुए सामाजिक सदाचार पर जोर दिया और एकात्मवादी समाज के मार्ग को सुस्थापित करने का संदेश बड़ी स्पष्टता के साथ दिया। उन्होंने समाज में व्याप्त स्वर्ग-नरक के काल्पनिक भय से समाज को मुक्त कराने तथा संयमित जीवन जीने के मार्ग को प्रशस्त किया। वे संयमित जीवन जीने को ही स्वर्ग मानते थे। उन्होंने तत्समय प्रचलित उन तमाम 'मकारों' और घृणास्पद विशेषताओं को समाप्त करने पर बल दिया, जो तत्कालीन भारतीय समाज को दूषित कर रहे थे। सामाजिक इतिहास के पन्नों को पलटें तो पता चलेगा कि उस कालखंड में अहिंसा और सदाचरण का क्षरण हुआ था। आज भी ठीक उसी तरह की झलक समाज में देखी जा सकती है। गुरु गोरखनाथजी ने सामाजिक सुधारों को प्रोत्साहित करते हुए अहिंसा पर आधारित सदाचारित समाज के निर्माण का महान् कार्य संपन्न किया। उन्होंने अपने धर्म को अधिक मानवीय बनाया, जाति-व्यवस्था का विरोध किया तथा यवनों को भी अपना शिष्य बनाया। उन्होंने पूर्व में प्रचलित विभिन्न संप्रदायों व मतों को समन्वित करते हुए एक सुव्यवस्थित सामाजिक संगठन के निर्माण में महत्त्वपूर्ण योगदान दिया। उस दौर में समाज केवल जातियों की कभी न छू सकनेवाली विभाजक रेखाओं द्वारा ही अलग-थलग नहीं हो रहा था, बल्कि सनातन धर्म की शाखाओं के रूप में विकसित हुए बौद्ध, जैन, अद्वैत, द्वैत, स्मार्त, शैव, वैष्णव, सगुण-निर्गुण आदि में भी पृश्यता और एकता के भाव गायब हो चुके थे। अब उनमें केवल वैमनस्यता ही शेष बची थी, जिन्हें पाखंडों एवं प्रपंचों द्वारा और बढ़ावा दिया जा रहा था। उन्होंने अपने सामाजिक दर्शन में सबसे अधिक समरसता की लड़ियों को पिरोकर एकात्मवाद की भावना का प्रकटीकरण किया। उन्होंने नेपाल से लेकर राजस्थान और गुजरात के राजवंशों को ही स्पर्श नहीं किया, बल्कि अछूतों एवं अंत्यजों की झोंपड़ियों में मान और गरिमा का प्रकाश प्रस्फुटित करने की क्षमता प्रदान

की। उन्होंने सभी प्रपंचों का निषेध कर इंद्रिय संयम, मांस-मदिरा से रिक्ति, संयम और सहज-सरल जीवन, जो मध्यमार्गी हो, का उपदेश जन सामान्य की भाषा में दिया। इंद्रिय निग्रह पर जोर देते हुए उनका कहना था—जीव एवं शिव में अभेदता का संबंध स्थापित किया, ताकि उसकी हत्या को रोका जा सके। उनका कहना था कि जब सभी जीवों में एक ही शिव तत्त्व है तो वे सगोत्री हैं, इसलिए कभी स्वयं अपने गोत्र का ही घात नहीं करना चाहिए।

इस दृष्टि से देखें तो नाथपंथ एक महान् समन्वयकारी उद्देश्य को लेकर उन सदियों में सामने आया, जो अंधकार युग का शिकार बन रही थीं। इसके प्रणेता तथा पथ-प्रदर्शक बने गुरु गोरखनाथजी, जिन्होंने सर्वसमाज के बीच स्वयं को न्यूक्लियस के रूप में रखा और नाथपंथ को इतना वृहद् आकार देने की कोशिश की, ताकि इसकी महत्ता कभी नगण्य न हो सके।

उन सदियों का दूसरा सर्वाधिक महत्त्वपूर्ण विषय था—सांस्कृतिक राष्ट्रवाद का। उन सदियों में राजनीतिक एकता की कड़ियाँ टूट चुकी थीं। सैकड़ों वर्षों तक चलनेवाले संघर्ष ने एक ऐसा विश्रृंखलन उत्पन्न किया था, जिसमें मौलिक भारत बिखरता जा रहा था। इसे बचाने की दृष्टि उस समय के राजवंशों में या तो दिख ही नहीं रही थी या बेहद कम थी। यह कार्य भारत के ऋषि ही संपन्न कर सकते थे। हालाँकि दक्षिण भारत में शंकराचार्य ने वेदांतवाद के माध्यम से जो एक आंदोलन शुरू किया था, उसमें मठों की स्थापना का तत्त्व इस दृष्टि से बेहद प्रभावशाली था; लेकिन चूँकि उनका स्पर्श भारतीय समाज के सामान्य वर्ग से नहीं हुआ था, इसलिए उनका सैद्धांतिक धरातल तो विराट् था, पर व्यावहारिक स्थिति बेहद संकीर्ण। ऐसे में किसी सामाजिक आंदोलन की अपेक्षा तो थी, लेकिन शक्ति क्षीण रही। नाथपंथ ने इस शक्ति का न केवल निर्माण किया, बल्कि उसे स्वतःस्फूर्त करने का काम भी किया। इसकी सामान्य झलक भारत के कोने-कोने में स्थापित नाथ संप्रदाय के मठ एवं तीर्थों के माध्यम से देखी जा सकती है। यही नहीं, भारत से बाहर जाकर नेपाल, तिब्बत, पाकिस्तान, अफगानिस्तान, बँगलादेश, म्याँमार सहित एशिया के अन्य देशों तक इसके विस्तार को देखने से पुराणों में वर्णित भारत की व्यावहारिक परिणति देखने को मिलती है।

दरअसल, उस दौर में ऐसे भविष्यद्रष्टा कम-से-कम भारतीय समाज के

गृहस्थ भोक्ता कम ही थे या फिर नहीं थे, जो यह देख सकते कि भारत की भावी चुनौतियाँ कौन-कौन सी हैं। वे यह देख पाने में भी असमर्थ थे कि अंदर से विभाजनों और उपविभाजनों का शिकार हो रहा भारतीय समाज क्या बाहरी सांस्कृतिक-धार्मिक हमलों से अपनी रक्षा करने में समर्थ साबित हो पाएगा या नहीं? उन्हें इस बात का अनुमान ही नहीं था कि इसलाम जिस तरह की शक्ति प्राप्त कर रहा है और जिस प्रकार की उसकी प्रकृति है, उससे भारत के साथ उसका मुकाबला कैसा होगा? कब और कितना, जानने का तो सवाल ही नहीं उठता था। फिर वे ऐसी सांस्कृतिक रक्षात्मक दीवार निर्मित करने की सोच ही नहीं सकते थे, जो आव्रजक धर्म से अपने धर्म को सुरक्षित रखने में कामयाब हो पाती। वे भारतीय संस्कृति के धरातल को इतना विस्तार दे ही नहीं सकते थे कि उसमें आव्रजक धर्म समा जाए। लेकिन उस पर अपना प्रभाव न छोड़ पाए। नाथपंथ के योगियों और सिद्धों ने इस विषय का गहन मंथन ही नहीं किया, बल्कि फलक और दीवार का निर्माण भी किया। हम उत्तर भारत की सुदूर पर्वत-श्रेणियों के मध्य होते हुए यदि पूर्वोत्तर तक चलें तो सिक्किम (चांगचिलिंग नामक स्थान पर गुरु गोरखनाथजी का एक मंदिर), भूटान और सिक्किम के सीमावर्ती क्षेत्र, उत्तराखंड (बदरीनाथ, हरिद्वार, ऋषिकेश, श्रीनगर, नैनीताल, अल्मोड़ा आदि प्रमुख स्थानों पर गुरु गोरखनाथ तथा अन्य सिद्धों के मंदिर या गुफाएँ प्राप्त हुई हैं), जम्मू कश्मीर (अमरनाथ, पीरखेह, ऊधमपुर आदि), हिमाचल प्रदेश, पंजाब और हरियाणा, राजस्थान, उत्तर प्रदेश, बिहार, दिल्ली, महाराष्ट्र, कर्नाटक, त्रिपुरा, तमिलनाडु आदि।

भारत के बाहर नाथपंथ का खासा प्रभाव रहा, जो अभी भी मूल्यवर्धन के साथ ही मौजूद है। उस समय इसका उद्देश्य भारतीय संस्कृति के प्रसार का था, लेकिन आज भारत सरकार यदि पर्याप्त ऐतिहासिक-सांस्कृतिक अथवा आध्यात्मिक विशेषताओं का गंभीरता से अध्ययन कराए और अपनी नीतियों में उनका प्रयोग करे तो वैदेशिक नीति में सांस्कृतिक पक्ष लाभदायक हो सकता है। उल्लेखनीय है कि स्यालकोट (वर्तमान में पाकिस्तान) एवं अटक (सिंध) में नाथपंथियों के महत्त्वपूर्ण मठ या मंदिर हैं। पेशावर तो नाथपंथी योगियों का महान् केंद्र रहा है, जहाँ योगियों के करीब आकर इसलामी रहस्यवादियों (सूफियों ने)

हठयोग (प्राणायाम) की शिक्षा ग्रहण की थी। इसके अतिरिक्त, निकाना साहिब के पास एक 'जोगियाँवाला' नाम की पहाड़ी है, जो नाथपंथी योगियों का महत्त्वपूर्ण स्थान है। नेपाल से नाथपंथियों की कड़ियाँ बेहद मजबूती से जुड़ी रहीं। ऐसा माना जाता है कि नेपाल में काठमांडू में पशुपतिनाथजी का मंदिर गुरु गोरखनाथजी का ही मंदिर है। लोक कथा के अनुसार, लगभग 1,600 वर्ष पूर्व लक्ष्मीजी ने गुरु गोरखनाथजी की प्रतिष्ठा में इस मंदिर का निर्माण कराया था, वहीं बागमती गंगा के किनारे मत्स्येंद्रनाथजी का मंदिर है। नेपाल के सबसे प्रसिद्ध तीर्थ मृगस्थली में गुरु श्री गोरखनाथजी का भव्य मंदिर स्थापित है। नेपाल में धार्मिक दृष्टि से जो स्थान या चिह्न महान् माने जा सकते हैं। प्रथम, पशुपतिनाथजी का मंदिर; द्वितीय, मंदिर की दूसरी तरफ पहाड़ी के बाद गुंजेश्वरी या गुंज देवी का स्थान, जहाँ गोरखनाथजी ने कुछ समय के लिए तप करके मेघ को रोक दिया था। फिर गुरु मत्स्येंद्रनाथजी जब वहाँ गए तो गोरखनाथजी उनके आदर में खड़े हो गए ओर मेघ-मुक्त हो गए। तभी से वहाँ मत्स्येंद्रनाथ की पूजा वरुण के रूप में होती है। मठ के योगियों ने सुदूर अफगानिस्तान, तिब्बत तथा चीन इत्यादि देशों में नाथ संप्रदाय का विस्तार किया। तिब्बत में तंजूर मठ तथा चीन के बौद्ध विहारों में नाथ योगियों की कीर्ति गाथाएँ अभी भी सुरक्षित हैं।

सम्यक् दृष्टि से देखा जाए तो गुरु गोरखनाथजी एवं उनके शिष्यों-प्रशिष्यों ने नाथ संप्रदाय का वृहत्तर भारत के संपूर्ण क्षेत्र में विस्तार किया और वर्तमान समय में भी भारत, नेपाल एवं अन्य समीपवर्ती देशों में स्थापित नाथपंथ के मंदिर व मठ सामाजिक समरसता के क्षेत्र में अपना आलोक बिखेर रहे हैं। ध्यान रहे कि हमारी 'नेबर्स फर्स्ट' या 'पड़ोसी प्रथम' की नीति सफल होने में जो अड़चनें आ रही हैं, यदि हम नाथपंथ के सहारे पीपल-टू-पीपल कांट्रेक्ट और सांस्कृतिक ट्रैक का अनुसरण करें तो पड़ोसियों के साथ भारत की विदेश नीति सफल हो सकती है। चूँकि नाथपंथ ने लोगों की आत्मा को छुआ था; उन्हें सामाजिक, आत्मिक साहस प्रदान किया था; इसलिए वे आज भी इसमें स्वयं के अस्तित्व और शक्ति को देखते हैं, बशर्ते उन्हें यह भरोसा हो कि जो उनके बीच उपस्थित हो रहा है, वह उनका है। ध्यान रहे कि यह महसूस वैसा ही होना चाहिए, जैसा कि त्रिपुरा की 12 लाख की आबादी ने महसूस किया और भारतीय जनता पार्टी

को सिर-आँखों पर बिठा लिया। वे 12 लाख नाथपंथ के अनुयायी हैं और उन्होंने योगी आदित्यनाथ में एक उम्मीद, एक स्थायी उम्मीद देखी। यही वजह है कि उनमें पूरा विश्वास व्यक्त किया।

सम्यक् दृष्टि और चेतना से जितना मैं देख पा रहा हूँ कि हिंदुत्व के जिन मोतियों को आपस में गूँथकर मोतियों की एक माला गुरु गोरखनाथ और उनके शिष्यों-प्रशिष्यों ने बनाई थी, उसे तोड़ने का काम पिछली एक सदी या उससे अधिक समय से हो रहा है। उन लोगों को इस दिशा में कामयाबी भी मिली, जिन्होंने इसे तोड़ने की कोशिशें कीं, जिसका परिणाम है भारत वर्गभेद, लिंगभेद, क्षेत्र, भाषा और जातिभेद के गहरे दलदल में धँसता गया। पिछले कुछ दशकों से हम पश्चिमी दलदल में धँसने की प्रक्रिया से गुजर रहे हैं; लेकिन उनके लाभांश अब तक कहीं नजर नहीं आ रहे। कारण यह है कि राजनीति और पश्चिमी विकास के फलित तब तक बेहतर ढंग से सामने नहीं आ सकते, जब तक उन कड़ियों को पुनः जोड़ा न जाए, महान् योगियों के सत्कार्यों को पुनर्स्थापित न किया जाए और उनके आदर्शों के अनुरूप समरसता की ठंडी धाराओं के साथ-साथ सांस्कृतिक-आध्यात्मिक राष्ट्रवाद (हिंदू राष्ट्रवाद) की गरम धाराओं के प्रवाहों को सुनिश्चित न किया जाए। लेकिन ऐसा करेगा कौन? इन उद्देश्यों और कृत्यों की संपन्नता से जुड़े निष्कर्षों के साथ जैसे-जैसे हम आगे बढ़ने का प्रयास करते हैं, हमें सिर्फ एक ही उत्तर मिलता है—योगी आदित्यनाथ। कम-से-कम वर्तमान समय का सच यही है। हालाँकि इस दिशा में आगे बढ़ने और व्यवस्था की स्थापना करने में बहुत सी चुनौतियाँ हैं। ये चुनौतियाँ अंदर और बाहर दोनों ही तरफ से हैं। लेकिन वे कर्मयोगी हैं। वे ऐसे संत हैं, जो देश के सांस्कृतिक और आध्यात्मिक मर्म के साथ-साथ राजनीति का मर्म भी जानते हैं। नाथों की परंपरा में निहित महान् उद्देश्यों को पूरा करने का दायित्व भी उन्हीं का है; लेकिन राजनीतिक दायित्वों का निर्वहण करते हुए, क्योंकि यह किसी भी लोकतांत्रिक व्यवस्था की माँग है। गुरु गोरखनाथजी की महान् परंपरा के योगी आदित्यनाथ में राजनीतिक व्यवस्था में मूल्यों और नैतिकता की स्थापना कर संस्कृति, अध्यात्म और धर्म के साथ अन्योन्याश्रित संबंध स्थापित करने का हुनर, दृष्टि व क्षमता तीनों हैं। सच तो यह है कि वे इस युग के नए विजेता बनने के लिए अपेक्षित योग्यताएँ एवं

समझ रखते हैं। जिन लोगों ने भी योगी आदित्यनाथ को करीब से देखा है, उनके सत्कार्यों (शिक्षा, चिकित्सा, विकास, कल्याण, संरक्षा) का उचित तरीके से मूल्यांकन किया है, वे यह देख सकने में भी समर्थ हैं कि जब हिंदुत्व को जगाने की कोशिशें हो रही थीं, उदासीन राहों और संकीर्ण गलियों में कहीं कोई तरुण शक्ति नहीं दिख रही थी, उस समय एक युवा योगी की ललकार हमने सुनी थी। आज केवल उत्तर प्रदेश ही नहीं, बल्कि पूरा देश उनकी उस ललकार से परिचित हो चुका है। देश के लोग अब उन पर भरोसा कर रहे हैं, उनमें अपना भविष्य देख रहे हैं। हाँ, हमारे देश की जमीनी हकीकत इसके साथ-साथ कुछ और भी है। एक योगी और राजनेता या राजर्षि होने के कारण उन्हें उसे भी देखना और समझना होगा तथा उसके अनुरूप नीतियों एवं रणनीतियों को विकसित करने की कोशिश करनी होगी, ताकि बेहतर स्थायी परिणामों की संभावना सदैव बनी रहे।

□

8

नवोन्मेषी संत

जब दुनिया एक प्रतिस्पर्धी दौर से गुजर रही हो और प्रतिस्पर्धाएँ भी ऐसी हों कि उनके दायरे असीमित हों, जबकि चरित्र गैर-सांभ्रांतिक तो उसमें कोई भी भू-राजनीतिक या भू-आर्थिक इकाई अथवा राजनीतिक अर्थव्यवस्था केवल अपने आकार के बल पर नहीं, बल्कि अपने विजन, अपनी योग्यता व कुशलता और अपनी रणनीति के बल पर ही अपना स्थान सुनिश्चित कर सकती है और विश्व व्यवस्था में अपना स्थान एवं अपनी पहचान सुस्थापित कर सकती है। यदि ऐसा न होता तो समुद्री टापुओं पर बसे छोटे-छोटे देश राजनीतिक-आर्थिक मानचित्र पर कभी नहीं आ पाते। इसकी बानगी भारत के कुछ शहरों में भी देखी जा सकती है, विशेषकर बंगलुरु (बंगलौर), हैदराबाद, गुरुग्राम, नोएडा आदि में। कहने का तात्पर्य यह है कि किसी भी राजनीतिक-आर्थिक इकाई का आकार उतना मायने नहीं रखता, जितना कि उसकी प्रतियोगिता करने की क्षमता, उसकी विजनरी एप्रोच, उसका इनोवेटिव पोटैंशियल, उसकी जोखिम लेने की इच्छा-शक्ति और उसकी कौशल विकास की क्षमता एवं मानव संसाधन की समृद्धि रखती है। अगर बाहरी पूँजी के इनफ्लो के लिए हमें अपनी खिड़कियों तथा दरवाजों को खोलने में झिझक है, अगर हमने अपने संसाधनों के साथ टेक्नोलॉजी को संबद्ध नहीं किया है, अगर हमने अपने इन्फ्रास्ट्रक्चर को पहले पायदान तक पहुँचाकर इकाई-दर-इकाई कनेक्टिविटी सुनिश्चित नहीं की है और अगर हमने अपने मानव संसाधन को बाजार की छुपी शक्तियों तथा उनसे लाभ लेने की विशेषज्ञता से परिचित नहीं कराया है तो हमें यह मान लेना चाहिए कि हम आगे

बढ़ने की बजाय पीछे जाने की तैयारी कहीं अधिक कर रहे हैं।

अब, अगर हम योगी आदित्यनाथजी के दृष्टिकोण, उत्सुकता और नव-प्रवर्तन की बात करें तो इन सभी के प्रति उनका नजरिया पूरी तरह से स्पष्ट है, जिसे न केवल अर्थविदों ने परखा है, बल्कि उद्यमियों और कारोबारियों ने जिस पर विश्वास भी जताया है। कारण यह रहा कि उन्होंने सरकार का नेतृत्व ग्रहण करने के पहले दिन से ही चीजों को धरातल पर उतारने का न केवल संकल्प लिया, बल्कि संदेश देना भी शुरू कर दिया। इसकी पहली झलक दिखी उत्तर प्रदेश के 'औद्योगिक नीति-2017' के डॉक्यूमेंट में और पहला निर्णायक कदम दिखा उत्तर प्रदेश इन्वेस्टर्स समिट 2018 के रूप में। 21 और 22 फरवरी को योगी आदित्यनाथ ने पहली बार उत्तर प्रदेश की राजधानी की एक दूसरे तरह की तसवीर पेश की, 'इन्वेस्टर्स एमिट' के द्वारा, जिसमें देश के दिग्गज कॉरपोरेट से लेकर लघु उद्यमी तक न केवल शिरकत कर रहे थे, बल्कि विकास की उम्मीदों की झलकियाँ देख रहे थे और उत्साह का अनुभव कर रहे थे। यह योगी का ही प्रयास था कि स्वयं प्रधानमंत्री ने कार्यक्रम का उद्घाटन किया और राष्ट्रपति ने उसका विधिवत् समापन किया। यह योगी के ही विजन का नतीजा था कि प्रधानमंत्री को यह स्वीकारते हुए प्रसन्नता हो रही थी कि उत्तर प्रदेश में बदलाव दिखने लगा है और महिंद्रा समूह के चेयरमैन को बेहद भावुकता के साथ यह कहने में कोई संकोच नहीं लग रहा था कि उत्तर प्रदेश के विकास के बिना भारत का विकास संभव नहीं हो सकता। इस समिट में आए उद्यमी अतिथियों को उत्तर प्रदेश के मुख्यमंत्री के रूप में योगी आदित्यनाथजी यह संदेश भी देना चाह रहे थे, बल्कि दिया भी कि उत्तर प्रदेश राष्ट्रीय अर्थव्यवस्था का हब है, अत: इसकी समृद्धि में ही देश की समृद्धि निहित है।

21 और 22 फरवरी को प्रदेश की राजधानी लगभग 1,100 देशी व विदेशी उद्यमियों, कारोबारियों एवं निवेशकों की सक्रियता की साक्षी बनी थी, जिन्होंने कुल मिलाकर 5 ट्रिलियन रुपए के मेमोरेंडम ऑफ अंडरस्टैंडिंग (एम.ओ.यू.) साइन किए थे। इन्वेस्टर समिट के माध्यम से सरकार ने सही अर्थों में अब तक आर्थिक मॉडलों से थोड़ा भिन्न उत्तर प्रदेश के इकोनॉमिक मॉडल की रूपरेखा पेश की थी। इस नए इकोनॉमिक मॉडल का आकार इन्वेस्टर्स समिट से लेकर

'वन डिस्ट्रिक वन प्रोडक्ट' पर हुए समिट (अगस्त 2017) तक स्पष्ट हो गया था। इस नए इकोनॉमिक मॉडल को आप 'रू-अर्बन इकोनॉमिक मॉडल' नाम दे सकते हैं, जिसमें बड़े एवं शहरी उद्यम प्रदेश की अर्थव्यवस्था का इंजन बनने की दिशा में आगे बढ़ते दिख रहे हैं या उन्हें आगे लाने की कोशिश हो रही है। वहीं दूसरी तरफ ग्रामीण अर्थव्यवस्था को शहरी अर्थव्यवस्था के साथ जोड़ने के लिए ग्रामीण अर्थव्यवस्था को जिला स्तर पर आत्मनिर्भर बनाने की कोशिश हो रही है। जैसे ही दोनों स्तर की आर्थिक इकाइयाँ प्रतियोगी व आत्मनिर्भर बनने में सफल होंगी, उनका जुड़ाव पक्का होगा। प्रदेश की अर्थव्यवस्था 'टेक ऑफ' कर जाएगी।

जिस इकोनॉमिक मॉडल पर आज वैश्विक व राष्ट्रीय अर्थव्यवस्थाएँ काम कर रही हैं, वह निवेश और कंज्यूमर मॉडल के बीच झूलती रहती है। चूँकि उत्तर प्रदेश एक विशाल प्रदेश है, यह देश के भौगोलिक क्षेत्र के 7.3 प्रतिशत को आवरित करता है और 19.98 मानव पूँजी से संपन्न है (वर्ष 2011 की जन-गणना के अनुसार), जो भारत की समस्त मानव पूँजी का लगभग 16.5 प्रतिशत है। इसलिए दो बड़ी समस्याएँ भी हैं और अवसर भी। समस्याएँ हैं—पूँजी की कमी एवं बेरोजगारी और अवसर हैं विशाल बाजार तथा निवेश के लिए स्पेस की। योगी आदित्यनाथजी को इनमें से उन विकल्पों को पहले चुनना था, जो आर्थिक रफ्तार को तेज कर सकें और लोगों को रोजगार मुहैया करा सकें। एक बात और, उत्तर प्रदेश उत्पादन बहुत अधिक कर रहा था; लेकिन उसके रख-रखाव की सुविधाएँ लगभग नदारद थीं, यानी लॉजिस्टिक्स का प्रबंधन भी योगीजी के लिए एक बड़ी चुनौती थी और इन सभी क्षेत्रों के लिए निवेशों की आवश्यकता थी, फिर वे देशी हों या विदेशी। योगीजी ने निवेश के विकल्प को पहले चुना। हालाँकि उन्होंने निवेश के लिए पूँजी के आमंत्रण का पहला प्रयास घर से किया जाना चाहिए, इस मंत्र को अपनाने का निर्णय लिया और अपने मंत्रियों व अधिकारियों को विभिन्न राज्यों के प्रमुख नगरों में रोड शो करने का निर्देश दिया, ताकि वहाँ के कारोबारियों को यह बताया जा सके कि उत्तर प्रदेश सरकार उन्हें कितना स्पेस और किस तरह की सुविधाएँ प्रदान करने जा रही है। इसके जरिए योगी आदित्यनाथ देश के विभिन्न प्रांतों के उद्यमियों एवं कारोबारियों को यह भी बताना चाहते थे कि उत्तर प्रदेश में कितना पोटेंशियल है। इस उद्देश्य से उत्तर प्रदेश सरकार के मंत्रियों

और अफसरों ने दिल्ली, मुंबई, कोलकाता, बँगलुरु, हैदराबाद और अहमदाबाद जैसे आर्थिक रूप से समृद्ध कारोबारी नगरों में रोड शो किया और कारोबारियों को मेमोरेंडम ऑफ अंडरस्टैंडिंग पर हस्ताक्षर के लिए मनोवैज्ञानिक रूप से तैयार किया। यह उनके प्रयासों का ही नतीजा था कि रोड शो के दौरान ही 2 लाख रुपए से अधिक के समझौता ज्ञापनों (एम.ओ.यू.) पर हस्ताक्षर हुए।

इन्वेस्टर्स समिट सफल हो और बड़े पैमाने पर एम.ओ.यू. हस्ताक्षरित हो सकें, इसके लिए मुख्यमंत्री ने लैंड बैंक की व्यवस्था, उद्यमों के डिसेंट्रलाइजेशन की रणनीति बनाने के लिए अधिकारियों को निर्देश दिया तथा एक टीम यह पता लगा रही है कि कौन सा जिला किन-किन सेक्टर्स के लिए उपयुक्त है, तत्पश्चात् उसे जिलेवार प्रोजेक्ट प्रोफाइल तैयार करने की जिम्मेदारी दी। जो प्रोजेक्ट प्रोफाइल तैयार की गई, उसमें संबंधित प्रोजेक्ट पर नई निवेश नीति के तहत किस-किस तरह की सहूलियतें मिल सकती हैं, इसकी भी जानकारी प्रदान की गई थी। वार रूम में फैसलिटेशन डेस्क का निर्माण और उद्योग बंधु का अर्नेस्ट व यंग के साथ मिलकर इसे कार्यरूप दिया गया। दूसरे शब्दों में कहें तो इस तरह का ऑपरेशनल मोड पहली बार उत्तर प्रदेश में देखा गया। इसे देखकर ही प्रधानमंत्री नरेंद्र मोदी ने इंडिया इंक की आकाश गंगा में ब्रांड यू.पी. को बढ़ावा देने के लिए निवेशकों का ध्यान खींचा और सेल्समैन्स को प्रोत्साहित किया। इसी का परिणाम था कि योगी आदित्यनाथ की सरकार ने 5 ट्रिलियन रुपए के निवेश कमिटमेंट्स प्राप्त किए। इसे ही देखकर प्रधानमंत्री ने यह भी कहा कि राज्य भारत के विकास की कुंजी हैं और योगी सरकार ने उत्तर प्रदेश के बारे में एक पॉजिटिव नैरेटिव निर्मित किया है और बहुत छोटे से समय में ही उत्तर प्रदेश की समृद्ध राज्य के रूप में बुनियाद रख दी है। प्रधानमंत्री ने महाराष्ट्र द्वारा जल्द ही 1 ट्रिलियन डॉलर अर्थव्यवस्था का लक्ष्य हासिल करने का संदेश देकर उत्तर प्रदेश को प्रेरित किया; लेकिन ऐसा लगता है कि उन्होंने इस समिट में मुख्यमंत्री के विजन और परिश्रम को देखकर विश्वास किया कि आनेवाले समय में उत्तर प्रदेश भी 1 ट्रिलियन डॉलर की अर्थव्यवस्था वाले क्लब में होगा। इस तरह से यदि योगी आदित्यनाथ वित्तीय पूँजी और मानव पूँजी को एक प्लेटफॉर्म पर लाने में सफल हो गए तो संभव है कि उत्तर प्रदेश का ट्रांसफॉर्मेशन हो जाए। हालाँकि आंतरिक चुनौतियाँ

योगी आदित्यनाथ के सामने हैं, क्योंकि उनका नैतिकता से संपन्न चरित्र, कर्तव्य के प्रति निष्ठा और ईमानदारी उस मॉडल के लोगों को हजम नहीं हो पा रही है, जिसमें रिसाव (लीकेज) की बहुत सी संभावनाएँ बनी रहती थीं। अभी हमारी सोसाइटी भी करप्टबिलिटी के ट्रैप से नहीं निकल पा रही है, इसलिए वातावरण बदलने में समय लगेगा, यदि सोसाइटी ने चाहा तो। वैसे हमारी सोसाइटी इतनी जल्दी अपना चरित्र और कृतित्व बदलती नहीं है; लेकिन अब कुछ सीमा के अंदर ही सही, लोगों को माइंडसेट बदलता हुआ दिख रहा है। इसलिए ऐसा लगता है कि योगी आदित्यनाथ बदलाव लाने में सफल हो जाएँगे।

दरअसल, उत्तर प्रदेश मानव पूँजी के लिहाज से तो बड़ा है, लेकिन भारत की जी.डी.पी. में लगभग 8.5 प्रतिशत ही हिस्सा है। मानव पूँजी और जी.डी. पी. के हिस्से के बीच जो रेसीप्रोकल संबंध होता है, उसे समझे बिना प्रदेश में विकास की संभावनाओं और चुनौतियों पर किसी तरह का निष्कर्ष निकालना शायद गलत होगा। योगीजी ने शायद इसे पहचानने में कोई गलती नहीं की। अब तक की प्रदेश की जो स्थिति है, उसमें उसकी अर्थव्यवस्था में मुख्य रूप से तृतीयक क्षेत्र का वर्चस्व है, जबकि दूसरे स्थान पर प्राथमिक क्षेत्र है। इसलिए योगी आदित्यनाथजी को प्राथमिक और द्वितीयक क्षेत्रों को एक-एक ध्रुव के रूप में स्थापित करना है, जिनके बीच सेतु के रूप में तृतीयक क्षेत्र काम कर सके। यहाँ पर नौकरशाही की भूमिका अहम हो जाती है; लेकिन नौकरशाही जिस तरह से काम करने की आदी रही है और उसका चीजों को समझने का जो स्तर रहा है, उससे यह नहीं लगता कि नौकरशाही ऐसा करने में सफल हो पाएगी। अगर नौकरशाही कुछ फिरकों में विभक्त हो गई, जैसा कि देखने को भी मिल रहा है, विशेषकर पी.एम.ओ., संगठन, मंत्री और मुख्यमंत्री के बीच नौकरशाही अपने उद्देश्यों को कहीं अधिक पूरा कर रही है, मुख्यमंत्री के विजन को नहीं। इसके दो कारण हैं। एक यह कि पी.एम.ओ. अपना वर्चस्व उत्तर प्रदेश सरकार पर कायम रखना चाहता है, इसलिए उच्चस्थ नौकरशाही की नियुक्ति का प्रारूप वहाँ बैठा एक अधिकारी तैयार करता है। संगठन मंत्री के अपने ध्येय और विशेषताएँ हैं (वे ऐसी हैं, जिनकी सराहना तो उत्तर प्रदेश में अब तक कोई करता नहीं दिखा, लेकिन नकारात्मक चर्चाएँ बहुत सुनीं। सत्य क्या है, यह बिना पड़ताल के कहना

अनुचित होगा) और वे एक छतरी के नीचे काम कर रहे हैं (यही वजह है कि उन्हें कुछ आलोचकों ने 'सुपर सी.एम.' का खिताब भी दे रखा है), इसलिए उन पर अन्य किसी का नियंत्रण नहीं हो सकता। लेकिन योगी आदित्यनाथ की न ही ऐसी छवि हैं और न व्यक्तित्व कि वे इस तरह के दबाव में लंबे समय तक काम करते रहें। शायद यही वजह रही कि कुछ समय तक मुख्यमंत्री ठिठक-से गए थे; लेकिन उन्होंने न ही स्थितियों के सामने घुटने टेके और न पीछे हटे। अब उनमें पुनः वही सक्रियता और शैलीगत विशेषता दिखने लगी है, जो मूलतः उनकी थी। इसलिए अब लोगों में नई स्फूर्ति और नया विश्वास जगने लगा है। फिर भी, उन्हें अनविजिबल हैंड्स लगातार रोकने की कोशिश कर रहे हैं, इसलिए उन्हें रणनीतिक तौर पर अर्जुन की तरह बने रहने की जरूरत होगी, ताकि चुनौतियों का मुकाबला सफलतापूर्वक किया जा सके।

प्रदेश के आर्थिक विकास के लिए विजन और रणनीति को लेकर मैं स्वयं योगी आदित्यनाथजी से कई बार मिला और तमाम बिंदुओं व आयामों पर बातचीत हुई। उसके आधार पर मुझे इस निष्कर्ष पर पहुँचने में देर नहीं लगी कि भारतीय जनता पार्टी को उत्तर प्रदेश की जनता ने मार्च 2017 में जो जनादेश दिया था और उसमें उसकी जो इच्छाएँ, आकांक्षाएँ एवं अपेक्षाएँ निहित थीं, योगी आदित्यनाथजी उनके प्रति कृत-संकल्पित हैं। दरअसल, इस प्रदेश की सबसे बड़ी समस्या यह थी कि इसकी छवि एक बीमारू राज्य की थी और तब के नेतृत्व के ऊपर वंशवाद, जातिवाद, अकर्मण्य तथा भ्रष्ट होने का टैग लगा था। कानून और व्यवस्था की स्थिति बेहद नकारात्मक थी। परिणाम यह हुआ कि वह इस चुनौती को न ही ठीक से समझ सका और न उसे दूर करने की कोशिश कर सका। जब सत्ता-परिवर्तन हुआ और जनता द्वारा दिया गया जनादेश देखा गया, तब यह सुनिश्चित हो गया कि जनता अब प्रदेश की छवि बदलना चाहती है। इसलिए नई सरकार और नेतृत्व के लिए जरूरी हो गया कि पहले प्रदेश की छवि बदली जाए। लेकिन यह बहुत चुनौतीपूर्ण कार्य था, क्योंकि भारतीय जनता पार्टी में बहुत सारे आयातित नेता थे, जिनमें से बहुत को मंत्रिपद भी हासिल हो गया था; जबकि उनकी छवि किसी नैतिक, कर्मठ और ईमानदार नेता की नहीं थी। हाँ, जातिवादी नेता की हो सकती है, जो लोकतंत्र की मत-व्यवस्था में एक बेहद

निर्णायक चर है। दूसरी चुनौती यह थी कि उत्तर प्रदेश की नौकरशाही सपा और बसपा की नौकरशाही में बँट चुकी थी, इसलिए उसको भारतीय जनता पार्टी तथा योगी के लिए काम करने का मनोविज्ञान निर्मित करना पड़ेगा, यानी नौकरशाही को अपना परंपरागत माइंडसेट बदलने की जरूरत थी। तीसरा एक और पक्ष था उप-विभाजन व जातीय/वर्गीय संबंधी। यह आंतरिक संघर्षों व अंतर्विभाजनों को हवा दे रहा था। इन सबकी छाप नौकरशाही पर भी थी, इसलिए प्रदेश के नौकरशाह काम के बदले पुरस्कार की बजाय जाति या पार्टी लाइन के प्रतिबद्ध नौकरशाह बनकर या इनसे बनी तंग गलियों से गुजरकर पद-वृद्धि व पुरस्कार पाने की महत्त्वाकांक्षा से ग्रस्त थे। तात्पर्य यह हुआ कि पिछले कुछ दशकों में राजनीति और नौकरशाही के बीच बने बाँड ने नौकरशाही की अस्थियों में जकड़न पैदा कर दी थी। बात यहीं नहीं रुकती। इस नौकरशाही नाम के तंत्र में और भी तमाम विसंगतियाँ हैं, जिनका सरोकार कुछ अंदर के लोगों से है, जो यह नहीं चाहते कि मुख्यमंत्री योगी आदित्यनाथ की इन पर पकड़ मजबूत हो। अब इन दानवाकार नकारात्मकताओं से एक ईमानदार, कर्मठ, नैतिक साधक को निपटना इतना आसान तो नहीं था, प्रदेश की छवि बदलना या उसकी नई छवि गढ़ना अथवा उसे नए रूप में प्रस्थापित करना अधिक समय व्यय करनेवाला था। लेकिन संदेश तो इसके बाद ही दिया जा सकता था कि प्रदेश बीमारू नहीं, बल्कि भारत के विकास का एपीसेंटर (अधिकेंद्र) है। वास्तविकता तो यह है कि जब तक प्रदेश से ये दोनों संदेश एक साथ प्रसारित नहीं होंगे, वित्तीय निवेशों में अपेक्षित सफलता नहीं मिल पाएगी। चूँकि प्रदेश के पास अपनी पूँजी की कमी है, अत: बिना निवेश के विकास व रोजगार का सृजन संभव नहीं है। इसके बिना न ही स्वरोजगार का वातावरण बन पाएगा और न ईज ऑफ डूइंग बिजनेस के लिए अपेक्षित वर्क कल्चर (कार्य संस्कृति) निर्मित हो पाएगी। मुख्यमंत्री ने स्वयं आगे बढ़कर यह बात दावे के साथ कही कि हमारे पास सबकुछ है और अब उ.प्र. बीमारू राज्य नहीं है तथा उसमें निवेश की अपार संभावनाएँ हैं। उत्तर प्रदेश के पास कनेक्टिविटी है, क्योंकि यू.पी. गोल्डन क्वाड्रीलैटरल पर अवस्थित है, पश्चिमी और पूर्वी डेडीकेटेड फ्रेट कॉरीडोर का जंक्शन दादरी (यू.पी.) में है और इन दोनों परियोजनाओं का एक बड़ा भाग उत्तर प्रदेश से होकर गुजरता है।

लखनऊ-आगरा एक्सप्रेस वे, पूर्वांचल एक्सप्रेस वे और बुंदेलखंड एक्सप्रेस वे इसे नई गति प्रदान करेंगे तथा नेशनल हाईवेज और स्टेट हाईवेज के साथ-साथ कनेक्टिंग रोड्स इन्फ्रास्ट्रक्चर का एक बृहत् नेटवर्क निर्मित होगा, जो प्रदेश की अर्थव्यवस्था को विकास की नई ऊर्जा एवं नई गति प्रदान करेगा।

बातचीत के दौरान यह बात भी निकलकर आई थी कि उत्तर प्रदेश की अर्थव्यवस्था पर मुख्य रूप से तृतीय (टर्शरी) क्षेत्र का वर्चस्व है, इसके बाद प्राथमिक (प्राइमरी) एवं माध्यमिक (सेकंडरी) क्षेत्र आते हैं। राज्य को भारत की खाद्य टोकरी के रूप में जाना जाता है, जहाँ खाद्यान्न के साथ-साथ खाद्य सहायक वस्तुओं का प्रमुखता से उत्पादन होता है; लेकिन कृषक की स्थिति सर्वाधिक खराब है। जब तक कृषक समृद्ध नहीं होगा, प्रदेश समृद्ध कैसे बनेगा? इसका उत्तर यह था कि 19 मार्च को प्रदेश में सरकार बनी और 01 अप्रैल से गेहूँ खरीद शुरू होनी थी। हमने उन राज्यों में मंत्री और अफसर भेजे, जहाँ किसानों से सीधे गेहूँ खरीद होती है। 01 अप्रैल को टीम वापस आई। तब तक 5,300 केंद्र स्थापित करा दिए गए थे। पहली बार हमने सीधे किसानों से 37 लाख टन गेहूँ खरीदा। आर.टी.जी.एस. से उनके खातों से भुगतान भेजा गया। चीनी मिलें गन्ना मूल्य भुगतान नहीं कर रही थीं। हमने पिछले तीन साल का बकाया 25 हजार करोड़ रुपए किसानों को दिलाया। किसानों का 36,000 करोड़ रुपए का कर्ज माफ किया। अब हमारा फोकस किसानों की आय दोगुना करने का है। मई 2018 में जब उत्तर प्रदेश में कैराना संसदीय एवं नूरपुर विधानसभा के लिए उपचुनाव हुआ और वे दोनों सीटें भारतीय जनता पार्टी के हाथ से चली गईं तो आलोचक वर्ग को मानो श्वेत पेट्रोल मिल गया, ताकि वे 36,000 फीट की ऊँचाई पर उड़ान भरकर योगी आदित्यनाथ की आलोचना कर सकें और यह बता सकें कि वे एक अक्षम मुख्यमंत्री हैं; जबकि गुजरात, हिमाचल प्रदेश, त्रिपुरा और कर्नाटक में उनकी भूमिका पार्टी और शीर्ष नेतृत्व देख चुका था, जिसकी अनदेखी कोई कर ही नहीं सकता। उत्तर प्रदेश में दोनों जगहों पर पार्टी की हार की वजहें योगी आदित्यनाथ की क्षमता और कार्यों के मूल्यांकन में नहीं, कहीं और थीं, जिन्हें शीर्ष नेतृत्व भलीभाँति जानता है। यह शीर्ष नेतृत्व व केंद्र सरकार की नीतियों का लिटमस टेस्ट कहीं अधिक था, योगी आदित्यनाथ की सरकार के एक वर्ष के कार्यों का, शेष

कारण सभी दलों के छतरी के नीचे आने का भी रहा, जिससे विखंडित मतदाता के मुकाबले संयुक्त मतदाता का आयतन बढ़ गया।

कृषि और कृषक का दर्द एक ऋषि भलीभाँति समझ सकता है, क्योंकि वास्तव में कृषि और ऋषि ही भारत की पहचान हैं। योगी ने पहले ही दिन से किसानों की आय को दोगुना करने के लिए कार्ययोजना शुरू भी कर दी है। प्रदेश के वर्ष 2018-19 के बजट में 'वन डिस्ट्रिक्ट वन प्रोडक्ट' (ओ.डी.-ओ.पी.) इस दिशा में विजनरी कदम है। यदि इस कार्यक्रम के साथ कृषि और संबंधित उत्पादन को जोड़ दिया जाता है तो ग्रामीण अर्थव्यवस्था में स्थायी उछाल आ सकता है। अब यदि इसके साथ एम.एस.एम.ई. (माइक्रो, स्मॉल, मिडिल, इंटरप्राइज) को जोड़ने में सफलता मिल जाए तो भारत की ग्रामीण अर्थव्यवस्था शहरी अर्थव्यवस्था में परिवर्तित हो सकती है। राज्य में स्थानीय स्तर पर विशेष व्यवसायों की भी प्रतिष्ठा हुई है, जैसे—मेरठ में खेलकूद उद्योग, मुरादाबाद में पीतल, कन्नौज में इत्र, कानपुर में चमड़ा, आगरा में जूता, वाराणसी में साड़ी, भदोही में कालीन और लखनऊ में चिकन; लेकिन अधिकांश परंपरागत और एम.एस.एम.ई. पिछली सरकारों की नीतियों के कारण दम तोड़ रहे थे। योगी सरकार ने औद्योगिक निवेश को बढ़ावा देने के लिए 16 नीतियाँ बनाई हैं। इनमें औद्योगिक निवेश एवं रोजगार प्रमोशन नीति, हैंडलूम, पावरलूम, सिल्क टैक्सटाइल गारमेंटिंग पॉलिसी, आई.टी. एवं स्टार्टअप पॉलिसी, इलेक्ट्रॉनिक मैन्युफैक्चरिंग पॉलिसी, फूड प्रोसिसिंग पॉलिसी, सिविल एविएशन पॉलिसी, टूरिज्म पॉलिसी, सोलर एनर्जी पॉलिसी, एम.एस.एम.ई. एवं एक्सपोर्ट प्रमोशन पॉलिसी आदि प्रमुख हैं। ये नीतियाँ निवेशकों को सभी सुविधाएँ प्रदान करेंगी। उत्तर प्रदेश में 2.5 लाख हेक्टेयर गन्ना क्षेत्रफल बढ़ा है। इसे ध्यान में रखते हुए चीनी उद्योग में निजी सहकारी और निगम की बंद व वर्तमान चीनी मिलों की क्षमता का विस्तार होगा। नई यूनिट के साथ ही को-जेनरेशन, डिस्टलरी और इथेनॉल प्लांट लगा रहे हैं। बीमार इकाइयों को फिर से चालू करने की योजना है। इसके साथ ही 'वन डिस्ट्रिक्ट-वन प्रोडक्ट' (ओ.डी.-ओ.पी.) के तहत प्रदेश सरकार हर जिले में परंपरागत उद्योग को बढ़ावा देने की नीति पर चल रही है। इसके साथ ही प्रधानमंत्री मुद्रा योजना, स्टैंड अप योजना और कौशल विकास से जोड़कर परंपरागत उद्योगों

का विकास करने की रणनीति पर सरकार आगे बढ़ रही है।

उत्तर प्रदेश भारत में शीर्ष विनिर्माण स्थलों में से एक है, जो राष्ट्रीय विनिर्माण उत्पादन में 8 प्रतिशत से अधिक का योगदान करता है। इसके अतिरिक्त, यह प्रदेश प्रमुख इलेक्ट्रॉनिक हार्डवेयर का निर्यातक है तथा सॉफ्टवेयर, कैप्टिव बिजनेस प्रोसेस आउटसोर्सिंग (बी.पी.ओ.) तथा अनुसंधान एवं विकास सेवाओं सहित आई.टी./आई.टी.ई.एस. सेवा क्षेत्र के लिए एक महत्त्वपूर्ण केंद्र के रूप में उभर रहा है। इन्वेस्टर्स समिट में बड़े औद्योगिक घरानों का आना और संवेदना के साथ उत्तर प्रदेश के विकास के साथ जुड़ने का वचन देना इस दिशा में परिवर्तन का संकेत है।

सरकार ने नीति बनाते समय यह सुनिश्चित किया था कि उसका लक्ष्य वर्तमान उद्योगों को स्थिरता प्रदान करने और अधिक प्रतिस्पर्धी बनाने के साथ-साथ औद्योगिक क्षेत्र में नए अंतरराष्ट्रीय एवं राष्ट्रीय निवेश को आकर्षित करने तथा समझने के लिए एक ढाँचा तैयार करने का है, ताकि उत्तर प्रदेश को राष्ट्रीय और अंतरराष्ट्रीय स्तर पर प्रतिस्पर्धी निवेश गंतव्य के रूप में स्थापित किया जा सके। औद्योगिक नीति 2017 को देखें तो प्रदेश में पूँजी निवेश को बढ़ाना; उद्योगों को गुणवत्ता-युक्त अवस्थापना उपलब्ध कराना; व्यापार-अनुकूल वातावरण बनाने के लिए व्यवसाय करने की सहजता को बढ़ावा देना; कुशल व अकुशल श्रमिकों के लिए अधिकतम प्रत्यक्ष एवं अप्रत्यक्ष रोजगार तथा स्व-रोजगार के अवसर सृजित करना; रोजगार की योग्यता एवं सशक्तीकरण सुनिश्चित करने के लिए प्रदेश के कार्यबल को कुशल बनाना; सूक्ष्म, लघु एवं मध्यम उद्यमों को अग्र-सक्रिय सहायता प्रदान करना और युवाओं में नवाचार की भावना को बढ़ाना एवं उद्यमशीलता को प्रोत्साहित करने संबंधी विषयों को प्रमुखता दी गई है। उत्तर प्रदेश सरकार का जोर यह होगा कि 'मेक इन इंडिया' की तर्ज पर 'मेक इन यू.पी.' को प्रोत्साहन दिया जाए और मेक इन इंडिया का लाभ उठाया जाए। जहाँ तक अधिसंरचनात्मक विकास की बात है तो सरकार इस दिशा में विशेष आर्थिक क्षेत्र (एस.ई.जेड.) की स्थापना को उद्देश्य दे रही है। केंद्र सरकार द्वारा स्थापित नोएडा विशेष आर्थिक क्षेत्र (एस.ई.जेड.) तथा राज्य सरकार द्वारा स्थापित मुरादाबाद एस.ई.जेड. के अतिरिक्त राज्य में कुल 19 एस.ई.जेड.

अधिसूचित किए गए हैं। प्रदेश सरकार का उद्देश्य एस.ई.जेड. योजना के अंतर्गत सरलीकृत रूप में स्वीकृतियाँ प्रदान करना, विश्व-स्तरीय अवस्थापना प्रदान करना और निवेश को आकर्षित करने के लिए एक स्थिर वित्तीय व्यवस्था उपलब्ध करना है। मेक इन यू.पी. विभाग विनिर्माण को बढ़ावा देने, रोजगार उत्पन्न करने, जीवन मानकों को बढ़ाने एवं राष्ट्रीय व अंतरराष्ट्रीय रुझानों के अनुरूप निरंतर विकास करने के उद्देश्य से उद्योग एवं सेक्टर विशिष्ट राज्य निवेश एवं विनिर्माण क्षेत्र (एस.आई.एम.जेड.) को चिह्नित व सृजित करेगा। इस दिशा में इन्वेस्टर्स समिट में प्रधानमंत्री द्वारा उद्घोषित डिफेंस इंडस्ट्रियल कॉरीडोर बेहद निर्णायक साबित होगा। यह कॉरीडोर आगरा, अलीगढ़, लखनऊ, कानपुर, झाँसी से चित्रकूट तक विस्तृत होगा। इससे सैन्य परिवहन के मामले में भारत की आत्मनिर्भरता बढ़ेगी और वह लॉजिस्टिक्स के मामले में आयातक देश से निर्यातक देश की ओर बढ़ेगा।

अब हम लोकल से ग्लोबल हो रहे हैं और हमारी बाजारों की परिधियाँ राष्ट्रीय से अंतरराष्ट्रीय हो रही हैं। ऐसे में उत्तर प्रदेश ग्लोबल इन्वेस्टमेंट डेस्टिनेशन बने, यह बहुत जरूरी है। इस दृष्टि से प्रदेश सरकार एक दीर्घकालिक रणनीति के तहत आगे बढ़ रही है, जिससे वायु, जल, सड़क एवं रेल नेटवर्क का एक संपर्क जाल (कनेक्टिविटी वेब) बनने की उम्मीदें हैं। प्रदेश के उद्योगों तथा विनिर्माण इकाइयों को बिना किसी परेशानी के परिवहन के विभिन्न साधनों के उपयोग से भारत एवं विदेशी बाजारों में उनके उत्पाद को पहुँचाने में सहायता प्रदान करें। यह नीति राज्य के बुनकरों एवं अन्य पारंपरिक कारीगरों के औद्योगिक उत्पादों को बाजारों तक आसानी से पहुँचाना सुगम बनाएगी। लखनऊ आगरा एक्सप्रेस-वे आगरा एवं लखनऊ को जोड़ता है तथा प्रस्तावित पूर्वांचल एक्सप्रेस-वे लखनऊ से गाजीपुर को जोड़ेगा। प्रदेश सरकार की भविष्य में एक ऐसे सड़क गलियारे के निर्माण की योजना है, जो मथुरा, काशी, झाँसी एवं गोरखपुर को जोड़ेगा, जिससे संपूर्ण प्रदेश सड़क मार्ग से जुड़ जाएगा। उत्तर प्रदेश में लखनऊ, वाराणसी, इलाहाबाद एवं गोरखपुर में प्रमुख राष्ट्रीय एवं अंतरराष्ट्रीय हवाई अड्डे हैं। कुशीनगर व जेवर में दो नए इंटरनेशनल एयरपोर्ट बनाने का काम शुरू किया जा रहा है। इसके अलावा उ.प्र. के 11 शहरों में हवाई अड्डों का विकास

किया जा रहा है। इन शहरों में भी हवाई उड़ान की सुविधा उपलब्ध होगी। प्रदेश सरकार द्वारा इलाहाबाद, वाराणसी एवं कोलकाता में स्थित हल्दिया बंदरगाह के बीच संपर्क स्थापित करने के लिए गंगा जल मार्ग का विकास किया जाएगा। इससे राज्य को गंगा जल मार्ग से माल की विश्वसनीय एवं सस्ते आवागमन से उत्पन्न होनेवाले लाभ प्राप्त हो सकेंगे। डिजिटल कनेक्टिविटी के मामले में प्रदेश सरकार मोबाइल संपर्कता के बीच सार्वभौमिक पहुँच को सुनिश्चित करने के लिए ब्रॉडबैंड हाईवे एवं अन्य अवसंरचना के विकास से संबंधित एजेंसियों को आवश्यक प्रशासनिक सहायता प्रदान करेगी।

उत्तर प्रदेश में लॉजिस्टिक्स और कनेक्टिविटी की अनुपस्थिति एक बड़ी समस्या रही है, जिससे भंडारण, प्रसंस्करण और संरक्षण की सुविधाएँ नहीं मिलीं और कृषीय उत्पादन सड़ता है तथा लोग पोषणीयता के लिए उसका उपयोग करने एवं उचित मूल्य प्राप्त करने से वंचित रह जाते हैं। योगी आदित्यनाथ के नेतृत्ववाली सरकार ने औद्योगिक विकास की रफ्तार को गति देने के लिए कई अहम निर्णय लिये हैं। प्रदेश से गुजरनेवाली अमृतसर-दिल्ली-कोलकाता इंडस्ट्रियल कॉरीडोर परियोजना (ए.डी.के.आई.सी.) को कनेक्टिविटी एवं लॉजिस्टिक्स की दृष्टि से बेहद महत्त्वपूर्ण माना जा सकता है। प्रस्तावित ए.डी.के.आई.सी. परियोजना उत्तर प्रदेश के कारोबारियों के लिए बेहद महत्त्वपूर्ण साबित होगी। यह कॉरीडोर उत्तर प्रदेश के सात जिलों से होकर गुजरेगा, जहाँ इंडस्ट्रियल एरिया और क्लस्टर विकसित किए जाएँगे। यहाँ लेदर, प्लास्टिक, मेटल, इलेक्ट्रिकल्स और हैंडलूम गारमेंट से जुड़े छोटे कारोबारियों को मौका मिलेगा। इंडस्ट्रियल कॉरीडोर उत्तर प्रदेश के मुरादाबाद, बरेली, अलीगढ़, कानपुर, लखनऊ, इलाहाबाद और वाराणसी से होकर गुजरेगा। ये सभी शहर उत्तर प्रदेश के पुराने औद्योगिक केंद्र रहे हैं। इस कॉरीडोर से उत्तर प्रदेश में नए औद्योगिक क्षेत्र और इंडस्ट्रियल क्लस्टर का फायदा मिलेगा। अमृतसर-दिल्ली-कोलकाता डेडीकेटेड फ्रेट कॉरीडोर परियोजना के तहत कभी उत्तर प्रदेश का मैनचेस्टर कहलानेवाला कानपुर शहर भी एक बार फिर अपनी पुरानी हैसियत प्राप्त कर लेगा। चूँकि प्रस्तावित डिफेंस इंडस्ट्रियल कॉरीडोर आगरा से चित्रकूट वाया लखनऊ-कानपुर जाएगा, इसलिए कानपुर को इस डिफेंस कॉरीडोर का अतिरिक्त

लाभ भी मिलेगा। महत्त्वपूर्ण बात है कि यह कॉरीडोर डेडीकेटेड फ्रेट कॉरीडोर है, यानी इससे सिर्फ माल ढुलाई ही होगी। ऐसे में उद्यमियों को कोलकाता के बंदरगाहों तक माल ले जाने का श्रेष्ठ अवसर हासिल हो जाएगा।

दूसरा कॉरीडोर दिल्ली-मुंबई इंडस्ट्रियल कॉरीडोर है, यानी वेस्टर्न डेडीकेटेड फ्रेट कॉरीडोर है। इस कॉरीडोर के प्रभाव क्षेत्र का 12 प्रतिशत हिस्सा उत्तर प्रदेश में पड़ता है और प्रदेश के 12 जनपदों का 36,068 वर्ग कि.मी. क्षेत्र। दादरी में ईस्टर्न एवं वेस्टर्न डेडिकेटेड फ्रेट कॉरीडोर आपस में मिलते हैं। हम जेवर में अंतरराष्ट्रीय हवाई अड्डा बना रहे हैं। इस तरह से आंतरिक और बाह्य कनेक्टिविटी की सुविधा मिलेगी, जो कारोबारियों को प्रोत्साहन देगी।

योगी आदित्यनाथ का संपूर्ण प्रयास उत्तर प्रदेश को 1 ट्रिलियन डॉलर की अर्थव्यवस्था क्लब में शामिल कराने का है। प्रदेश की पहले की सरकारों के कानून एवं व्यवस्था के पैटर्न विकासमूलक नहीं हैं। इसलिए सरकार और जनता के अन्योन्याश्रित सहयोग से ही समग्र विकास संभव हो पाएगा। प्रदेश के विकास का मूल आधार दो स्तंभों पर टिकाने की जरूरत है। प्रथम अपने संसाधनों पर विकास के कार्यक्रम और द्वितीय 'मेक इन यू.पी.' और 'मेक फॉर इंडिया' पर फोकस।

फिलहाल उत्तर प्रदेश के पास वैल्यूज हैं, प्रदेश के पास वर्च्यूज हैं। बस, इनमें वैल्यू एडीशन करना है। योगी आदित्यनाथ ने एक मुख्यमंत्री के रूप में यही संकल्प लिया है कि उन्हें इनमें वैल्यू एड करनी है। यह संकल्प उत्तर प्रदेश में एक नई संस्कृति, एक नई व्यवस्था, विकास के एक नए राजनीतिक मॉडल को स्थापित करने में समर्थ होगा।

□

9

हियुवा : सेवा एवं संस्कृति की केमिस्ट्री

'तेरा वैभव अमर रहे माँ, हम दिन चार रहें न रहें।' यह अभिव्यंजना हिंदू युवा वाहिनी (हियुवा) की मौलिक भावना का अहम घटक है, जो हिंदुत्व और राष्ट्रवाद के संयोजन तथा भारत राष्ट्र के सांस्कृतिक परिप्रेक्ष्य को निरूपित करता है; लेकिन एक विशेष वैचारिक वर्ग, एक विशेष मीडियाई तबका इसे लेकर जिस तरह की टिप्पणियाँ करता रहता है, वह उसके मौलिक स्वरूप, उसकी प्रतिबद्धता, उसकी कार्यक्षमता और विस्तार से इतर पूर्वग्रह की उन धुँधली रेखाओं को उभारने का काम करता है, मानो वे भारत में निर्मित हो रही नई दीवारों के प्रतिरूप हों। इन धुँधली रेखाओं को खींचनेवालों ने अपने पूर्वग्रहों को प्रक्षेपित करते समय एक संत, जिसने अपने घर और भौतिक जीवन का परित्याग इसलिए कर दिया कि उसे राष्ट्र की पताका को सर्वोच्च स्तर पर स्थापित करना है। वे जिस पंथ में दीक्षित हुए, वे जिन ऋषियों और योगियों के सान्निध्य में शिक्षा एवं संस्कार लेकर इस नई राजनीतिक परिधि को पार करने लिए प्रशिक्षित हुए, उसने उन्हें राष्ट्रधर्म, युगधर्म के लिए संकल्पबद्ध किया और सामाजिक न्याय की स्थापना के लिए प्रतिबद्ध। उन्होंने उन भारतवासियों में आत्मविश्वास भरने के लिए जिस तरह की तत्परता दिखाई, जो एक बहुत लंबे कालक्रम में सफर करते हुए अवसाद की स्थिति तक पहुँच चुके थे। इससे सवाल यह उठता है कि क्या एक व्यक्ति अकेले ही इतना सबकुछ संपन्न कर सकता है ? क्या एक ही व्यक्ति अपने कार्यों और परिणामों को स्थायित्व दे सकता है ? या फिर उसे मठ के साथ-साथ भारत के ऐसे युवाओं की संगठन के रूप में आवश्यकता महसूस होगी, जो उनके नेतृत्व में भारत के

जन-गण के बीच सांस्कृतिक आंदोलन संपन्न कर सके। इसी महान् कार्य को संपन्न करने के उद्देश्य से जिस संगठन की स्थापना की गई, वही है हिंदू युवा वाहिनी। अब इस पर किसी भी निष्कर्ष पर पहुँचने से पहले हमें यह जानने की जरूरत होगी कि आखिर हिंदू युवा वाहिनी है क्या? क्या वास्तव में इसका गठन उन्हीं उद्देश्यों से किया गया, जो ऊपर व्यक्त किए गए हैं? क्या इसकी संरचना, कार्य-शैली तथा संविधान के प्रति इसकी प्रतिबद्धता और सरोकार नैतिकता एवं मर्यादा के अधीन है? एक बात और, क्या इसमें कुछ और ऐसे घटक जोड़े जा सकते हैं, जो भारत की सामाजिक-आर्थिक डायनॉमिकी को बदलने में सहायक हो सकें?

हिंदू युवा वाहिनी अप्रैल 2002 में स्थापित हुई, जिसका आधारभूत स्वरूप एक सांस्कृतिक संगठन का था और इसकी घोषणा स्वयं योगी आदित्यनाथ ने की थी। इसका तात्पर्य यह हुआ कि इसकी आयु अभी मात्र 16 वर्ष की है, यानी किशोरावस्था; लेकिन इस इतनी कम उम्र में हिंदू युवा वाहिनी ने विस्तार की दृष्टि से, शक्ति की दृष्टि से, सक्रियता की दृष्टि से, समर्पण की दृष्टि से व्यापक उपलब्धियाँ हासिल कर ली हैं और उत्तरोत्तर प्रगति भी कर रही है। अब यह अपने न्यूक्लियस, यानी गोरखपुर के इर्द-गिर्द जिन कक्षाओं (ऑर्बिट्स) तक सीमित थी, उनसे बाहर निकलकर अपना आकार और अपने सेवा क्षेत्र में वृद्धि कर रही है। दूसरे शब्दों में कहें तो अब यह केवल पूर्वी उत्तर प्रदेश तक सीमित नहीं है, जैसा कि अब तक कुछ को यह भ्रम बना हुआ है, बल्कि संपूर्ण उत्तर प्रदेश इसका क्रोड एरिया बन चुका है और देश के दूसरे हिस्सों में भी यह सांस्कृतिक राष्ट्रवाद, सामाजिक न्याय एवं सहयोग-आधारित उद्देश्यों व कार्यक्रमों के साथ अपना विस्तार कर रही है। उत्तर प्रदेश के इतर जिन प्रांतों में इसका विस्तार है, उनमें सबसे प्रमुख है—गुजरात। गुजरात को प्रमुख इसलिए भी माना जा सकता है कि यह प्रधानमंत्री का गृह राज्य है। लेकिन फिर भी, हिंदू युवा वाहिनी को हिंदू राष्ट्रवाद/सांस्कृतिक राष्ट्रवाद के दायित्व का निर्वहण करने के लिए आगे आना पड़ा है। इसके अतिरिक्त, इसके रिसाव को पूर्वोत्तर में देखा जा सकता है। त्रिपुरा के चुनाव में योगी आदित्यनाथजी के साथ-साथ हिंदू युवा वाहिनी की भी निर्णायक भूमिका रही। इसके साथ ही यह दक्षिण तथा गोरखालैंड में भी एक बड़ा

स्पेस निर्मित करने में सफल होती दिखाई देती है। दरअसल इन सभी क्षेत्रों में हिंदू राष्ट्रवादियों और नाथपंथ के अनुयायियों की एक बड़ी संख्या है, जिसके कारण योगी आदित्यनाथजी की इस क्षेत्र को बड़ी अपेक्षाओं के साथ स्वीकृति भी है।

योगी आदित्यनाथ से भारतीय जनमानस की ये जो अपेक्षाएँ बढ़ी हैं, उनके कारणों को जानने के लिए हमें कुछ वर्ष पीछे जाना होगा। यह भी जानने की कोशिश करने की जरूरत होगी कि आखिर योगी आदित्यनाथ ने इस संगठन की स्थापना क्यों की ? इसका उद्‌देश्य सिर्फ इतना भर था कि उन्हें अपनी राजनीतिक ताकत को बढ़ाना था, जैसा कि कुछ विवेच्यवादी अपना निष्कर्ष निकालते हैं या फिर इसलिए कि सांस्कृतिक राष्ट्रवाद के कमजोर पड़ रहे तंतुओं को नई ऊर्जा एवं शक्ति प्रदान करने की विशेष आवश्यकता थी, जो बिना किसी संगठन के संभव नहीं थी ? गौर से देखें तो हिंदू युवा वाहिनी की आरंभिक आभा, गतिविधि और वैचारिकी सांस्कृतिक परिधियों के अंदर तक ही सीमित थी; लेकिन इसके बावजूद कुछ टिप्पणीकारों ने इस बात पर अधिक जोर दिया कि इसके पीछे योगीजी की राजनीतिक सोच और महत्त्वाकांक्षा ही प्रमुख थी। इसके जरिए योगी आदित्यनाथ ने राजनीतिक नेटवर्किंग का निर्माण किया, ताकि युवाओं को राजनीतिक-सांस्कृतिक रूप से संगठित किया जा सके और उन्हें एक मंच पर लाकर उनमें खास उत्साह एवं ऊर्जा भरी जा सके। योगी आदित्यनाथ ने इस दिशा में जो निर्णायक पहल की थी, वे उसमें सफल भी रहे। कुछ अखबारी नुमाइंदों एवं राजनीतिक विश्लेषकों ने अपनी बात को सिद्ध करने के लिए यह तर्क भी गढ़ा कि सन् 1998 में जब योगी आदित्यनाथजी ने पहला लोकसभा चुनाव लड़ा था, तब वे 26,000 मतों से जीते थे; लेकिन 1999 में संपन्न हुए दूसरे चुनाव में वे अपनी जीत को 7,000 मतों से आगे नहीं बढ़ा पाए, जो उनके राजनीतिक आधार के संकुचित होने का संकेत था। दरअसल ये विश्लेषक मानते हैं कि योगी की पहली जीत उनकी अपनी राजनीतिक जीत नहीं थी, बल्कि महंत अवैद्यनाथजी के प्रभाव का परिणाम थी। इसमें कोई संशय नहीं होना चाहिए कि महंत अवैद्यनाथजी का प्रभाव था और है; लेकिन योगी की अपनी स्वीकार्यता थी, जिसने उन्हें इस पायदान तक पहुँचाने में बेहद संवेदनशील एवं महत्त्वपूर्ण भूमिका निभाई है।

जमीनी परिस्थितियों का आकलन करने के बाद आप आसानी से इस निष्कर्ष

पर पहुँच सकते हैं कि हिंदू युवा वाहिनी के निर्माण के पीछे का एक बड़ा कारण राजनीतिक नहीं, बल्कि सांस्कृतिक था। जो लोग हिंदू युवा वाहिनी को राजनीतिक कार्य-कारण तक सीमित रखने की कोशिश कर रहे हैं, वे उसे बड़े रणनीतिक ढंग से योगी आदित्यनाथ की महत्त्वाकांक्षा से जोड़ने और हिंदू युवा वाहिनी के मूल चरित्र का हनन करने का षड्यंत्र कर रहे हैं। इस विचार को रखनेवाले लोग पूर्वांचल में उस दौर में पनपे उस वातावरण को भूल जाते हैं, जिसमें आजमगढ़ को चलन के शब्दों में ही सही, पर 'मिनी पाकिस्तान' की संज्ञा दी जाने लगी थी। पूर्वांचल की एक पट्टी को हरे रंग में रूपांतरित करने की कोशिश हो रही थी, जिसे उत्तर प्रदेश के क्षेत्रीय राजनीतिक दल और सत्तावादी ताकतें अपना समर्थन और संरक्षण प्रदान कर रही थीं। हिंदू और हिंदुत्व से सरोकार रखनेवाले लोग या तो नेपथ्य की ओर जा रहे थे या समर्पण की मुद्रा में थे, लेकिन उन्हें नेतृत्व देनेवाला कोई नहीं था। इस परिस्थिति का सही से आकलन करने और लोगों की मनोदशा को पढ़ने का काम 20-22 साल के एक युवा संन्यासी ने किया, जिसकी राजनीति में एंट्री एक एंग्री यंग मैन के रूप में हो चुकी थी। इस युवा संन्यासी का उद्देश्य सिर्फ इतना था कि उसने जिस धर्म, जिस संस्कृति, जिन संस्कारों और जिस राष्ट्र में जन्म लिया है, जिससे पोषण प्राप्त किया है, उनका वह ऋणी है और इस ऋण को चुकाने का इससे बेहतर मार्ग और कोई नहीं हो सकता है कि अपने जन-गण में आत्मविश्वास भरें; उन्हें न्याय उपलब्ध होगा, ऐसा आत्मविश्वास भरें और उन्हें संगठित कर एक सांस्कृतिक राष्ट्र का स्वरूप प्रदान कर उनमें शक्ति संचरित करें। हिंदू युवा वाहिनी सही अर्थों में इसी आवश्यकता की उपज थी।

हालाँकि शुरुआती दौर में हिंदू युवा वाहिनी की स्थिति आज से पूरी तरह से भिन्न थी। कुछ गिने-चुने युवा इसके कार्यकर्ता थे। कुछ गिने-चुने लोगों में ही अभी यह चेतना पनपी थी कि वे पाखंड खंडिनी पताका को भरोसे के साथ नवचेतना की युयुत्सा से संपन्न कर सबसे ऊपर फहराने में कामयाब हो पाएँगे; लेकिन उन्हें महाराजजी (योगी आदित्यनाथ) पर पूरा भरोसा था और वे अपने इसी विश्वास के सहारे आगे बढ़े, फिर बढ़ते गए। महाराजजी ने युवा शक्ति को आकर्षित किया, शिक्षित किया, प्रशिक्षित किया, अभिभावकत्व दिया और उन्हें

एक संगठित ताकत में रूपांतरित करने के लिए नेतृत्व एवं संरक्षकत्व प्रदान किया। इसी प्रकार से हिंदू युवा वाहिनी सहयात्रा गोरखपुर पीठ की पावन भूमि से आरंभ हुई। हिंदू युवा वाहिनी गोरखपुर से निकलकर शिव की नगरी काशी होते हुए निरंतर आगे बढ़ती गई और कारवाँ बनता चला गया। वाहिनी जैसे-जैसे पाखंड खंडिनी पताका लेकर आगे की ओर बढ़ी, उसके उद्देश्यों में सांस्कृतिक पक्ष के साथ-साथ सामाजिक न्याय का पक्ष भी एक निश्चित आकार लेता गया। एक अध्ययन के दौरान देखा गया कि हिंदू युवा वाहिनी सामान्यतया जिस विचार और गतिविधि के लिए जानी जाती है, वह उससे अलग सामाजिक न्याय के मोरचे पर कहीं अधिक सक्रिय है। इसमें कोई संशय नहीं कि उसने हिंदुत्व, हिंदू राष्ट्रवाद और प्रखर राष्ट्रवाद जैसे विषयों में दृढ़ता के साथ अपने मौलिक स्वरूप का प्रदर्शन किया है, गौ-हत्या को रोकने के लिए शक्तिपूर्ण सक्रियता का परिचय दिया है, धर्मांतरण को रोकने के प्रति संकल्प व्यक्त किया है, लव जिहाद को लेकर आक्रामक रुख दिखाया है (और दिखाना भी चाहिए था); लेकिन इससे अलग जिन क्षेत्रों में उसने काम किया है, उसकी अनदेखी करना भी वैचारिक नैतिकता का परिचय नहीं देता। हिंदू युवा वाहिनी अपने मूल उद्देश्यों के साथ-साथ कई प्रकार की सामाजिक गतिविधियों में संलिप्त रहती है। इन सामाजिक गतिविधियों में उसका एक पक्ष समाज से जाति-आधारित भेदभाव को समाप्त करना भी है। हिंदू युवा वाहिनी के कार्यकर्ता समय-समय पर दलितों के साथ सहभोज करते हैं। उनके घर जाते हैं, उनके सुख और दु:ख में भागीदार होते हैं, चंदा एकत्रित कर गरीब परिवार की बेटियों के विवाह संपन्न कराने में सक्रिय भूमिका निभाते हैं और पर्यावरण, वृक्षारोपण एवं स्वच्छता के प्रति जागरूकता कार्यक्रमों का आयोजन कर लोगों में जागरूकता पैदा करते हैं।

हिंदू युवा वाहिनी का प्रत्येक कार्यकर्ता अपने राष्ट्र और समाज के प्रति पूरी तरह से समर्पित है। वह न केवल सामाजिक न्यायकर्ता के रूप में प्रतिबद्धता के साथ अपने कार्यों का निर्वहण करता है, बल्कि आदिवासियों के बीच जाकर उन्हें मूलधारा में लाने का कार्य भी कर रहा है। प्राकृतिक आपदा आने की स्थिति में राहत कार्यों में भी हिस्सा लेना उसके मौलिक उद्देश्यों में से एक है। शायद कम ही लोग जानते हैं कि जब वर्ष 2015 में नेपाल में भूकंप आया था तो सबसे

पहले हिंदू युवा वाहिनी के कार्यकर्ता ही सक्रिय हुए थे और पीड़ितों को सहयोग व सहायता स्वजनों की तरह से उपलब्ध कराई थी। भारत-नेपाल सीमा पर भोजन और आवश्यक सामग्री की आपूर्ति की व्यवस्था हिंदू युवा वाहिनी ने ही की थी, जिसके बारे में उस समय लखनऊ दूरदर्शन की तरफ से गई टीम ने अपनी रिपोर्टिंग में जानकारी भी दी थी; लेकिन इन पक्षों की आलोचक वर्ग या तो पूरी तरह से अनदेखी करता है या फिर खारिज करने का षड्यंत्र करता है।

हाँ, इन सबके साथ हिंदू युवा वाहिनी हिंदू धर्म, समाज एवं हिंदुस्तान की सांस्कृतिक विरासत को आवश्यकतानुसार पुनः स्थापित, सुरक्षित, संवर्धित एवं सुसंगठित करना चाहती है और इसके लिए यह आवश्यक है कि हिंदू युवाओं को अपनी सांस्कृतिक-आध्यात्मिक विरासत से अवगत कराया जाए और उन्हें संगठित कर एक विशाल मंच के रूप में रूपांतरित किया जाए। यह तभी संभव है, जब हिंदू समाज में व्याप्त हो चुकी कुछ नकारात्मकताओं को समाप्त किया जाए और नई आवश्यकताओं के अनुरूप उसे संगठित करने की कोशिश हो। यही वजह है कि हिंदू युवा वाहिनी विराट् हिंदू समाज की एकात्मता तथा पारस्परिक सद्भावना के लिए छुआछूत और ऊँच-नीच के भेदभाव, समाज में व्याप्त कुरीतियों का पूरी तरह से उन्मूलन कर सामाजिक समरसता को विकसित करना चाहती है। इसी का एक हिस्सा है 'घर वापसी', यानी अपने परंपरागत विराट् हिंदू समाज में किसी समय व्याप्त हुए भय, दिए गए प्रलोभनों, नासमझी या फिर अपने ही लोगों के दुर्व्यवहार से आहत होकर जो लोग हिंदू समाज से पलायन कर गए थे या जिन्हें ऐसा करने के लिए अथवा धर्म-परिवर्तन के लिए विवश किया गया था या भय दिखाकर उन्हें हिंदू धर्म से दूसरे धर्म में परिवर्तित किया गया था, उन्हें पुनः अपने मूल धर्म, संस्कृति और समाज से जोड़ा जाए, अपने बिछुड़े हुए बंधु जनों से मिलाया जाए और उसके लिए सम्मानजनक व वैज्ञानिक ढंग से प्रत्यावर्तन का मार्ग प्रशस्त किया जाए।

गाय भारतीय संस्कृति का प्राण तत्त्व है। इसलिए गौ-हत्या का अर्थ है—भारतीय संस्कृति का विनाश, बल्कि इससे भी आगे गौ-हत्या का अर्थ है—भारतीय जीवनशैली का विनाश। गौ-हत्या का अर्थ है—भारतीय ग्राम्य जीवन के समक्ष गंभीर संकट और ग्रामीण अर्थव्यवस्था के समक्ष गंभीर चुनौती। कोई भी

संस्कृतिनिष्ठ व्यक्ति अपनी सहस्त्रों वर्ष से अनुरक्षित इस धरोहर को, यदि वह वास्तव में जाग्रत् अवस्था में है तो, समाप्त होते नहीं देख सकता। संभव है कि वह इसका विनाश करनेवालों के खिलाफ अपनी प्रतिक्रिया भी दर्ज कराए। चूँकि इन धरोहरों में गाय प्रथम है, जिसे 'माता' की उपाधि दी गई है, इसलिए इसकी शुरुआत गौवध निषेध से ही होनी चाहिए। हिंदू युवा वाहिनी इस दृष्टिकोण से यह मानती है कि किसी भी उम्र या लिंग के गौवंश की हत्या पर पूर्ण प्रतिबंध लगे, गौ-पालन एवं गौ-संवर्धन हो और इसके लिए जन-चेतना, जन-जागरण के साथ-साथ विधायी उपाय भी किए जाएँ। हमारे देश का धर्मनिरपेक्ष बुद्धिजीवी पश्चिमी चश्मे से प्राय: हिंदुत्व को देखता है; जबकि सच तो यह है कि 'धर्मनिरपेक्षता' पश्चिम से उधार ली हुई शब्दावली है। वास्तविकता यह है कि यह धर्मनिरपेक्षता तब आयातित की गई, जब सांप्रदायिकता को उभारा गया। सवाल यह उठता है कि भारत में इसकी आवश्यकता इस तथाकथित आधुनिक काल से पहले क्यों नहीं पड़ी? सवाल यह भी है कि जब भारतीय नवोदित हिंदू मध्यम वर्ग भारतीय राष्ट्रवाद की आवाज बुलंद करने लगा, तभी यह शब्दावली या यह अवधारणा क्यों पेश की गई? इसका सीधा सा अर्थ था कि यह जिस तरह से पेश की जा रही थी, उसकी प्रकृति वैसी नहीं थी। वैसे भी, भारतीय हिंदुत्व स्वयं में निरपेक्ष है; क्योंकि यह कोई धर्म नहीं, बल्कि जीवन की पद्धति है, राष्ट्र की आत्मा है और जन-चेतना का मूल तत्त्व है। इसलिए हिंदू युवा वाहिनी मानती है कि दलगत राजनीति से ऊपर उठकर सभी हिंदुओं में हिंदुत्वनिष्ठ, देश-कालोचित राष्ट्र-भावना को जाग्रत् करने का संकल्प लेना चाहिए, जिससे वह स्वयं बँधी हुई है। एक बात और, हिंदुत्व, राष्ट्र-भावना, राष्ट्र-रक्षा, राष्ट्र-चेतना आदि सब तभी संभव हो सकता है, जब गाँव, नगर, वनांचलीय क्षेत्र और दुर्गम पर्वतीय क्षेत्रों में रहनेवाले सम-संस्कृति जनों के बीच की बिखरी हुई कड़ियों को आपस में जोड़ा जा सके और उनमें राष्ट्रीय जीवन-धारा फिर से स्फूर्त होकर प्रवाहमान हो। इससे पहले कि कोई इसका अर्थ कुछ और निकाल ले, मैं यह बताना चाहूँगा कि इसका तात्पर्य यह नहीं कि अन्य पंथों और संप्रदायों के प्रति कटुता, संघर्ष या दुराव के भाव का विकास हो, बल्कि वह उनमें सारतत्त्व के विकास के लिए कार्य करे। सभी पंथों के बीच सार तत्त्व तभी विकसित हो सकता है कि जब शोषण, उत्पीड़न गरीबी

का उन्मूलन हो; स्वास्थ्य सेवाओं की जन-गण तक पहुँच हो; युवाओं को अच्छा जीवन जीने और सामाजिक पूँजी में वृद्धि करने लायक विकास व शिक्षा उपलब्ध कराई जाए; लैंगिक न्याय के प्रति प्रतिबद्धता हो और मातृ-शक्ति की सुरक्षा सुनिश्चित हो; श्रमणों, ब्राह्मणों और संतों का आदर हो तथा माता-पिता, वृद्ध, संन्यासी, सगे-संबंधी के प्रति शुश्रूषा, सेवा, दान आदि की प्रवृत्ति का विकास हो।

यहाँ एक बात कहना और उचित लगता है। चीन में सन् 1970-80 के दशक में डेंग जियाओ पिंग ने कहा था कि 'इट डजंट मैटर दैट कैट इज ब्लैक ऑर व्हाइट, बट शी कैन कैच द माउस…', अर्थात् यह मायने नहीं रखता कि बिल्ली काली है या सफेद, मायने यह रखता है कि वह चूहा पकड़ सकती हो; यानी हमारे विकास, हमारी सभ्यता और संस्कृति का मॉडल कोई भी हो, इसका बहुत अधिक फर्क नहीं पड़ना चाहिए; लेकिन जरूरी यह है कि वह अपने लोगों के जीवन-निर्वाह के लिए साधन पैदा करे, उनमें शुचिता और समरसता का भाव पैदा करे, उनमें आत्मरक्षा की शक्ति एवं स्फूर्ति पैदा करे और अपने लोगों के बीच व्याप्त विभेदमूलक खाइयों को पाट दे। हिंदू युवा वाहिनी के लिए भी यह कहना आवश्यक है कि वह जिस उद्देश्य को लेकर चल रही है, उसके लिए स्थायी, संगठित और उद्देश्यपूर्ण शक्ति, ज्ञान, दक्षता, क्षमता व योग्यता का विकास आवश्यक है। इसके लिए जरूरी है कि युवा को रोजगार या स्वरोजगार मिले, किसान को खेती की नई योजनाएँ, नए प्रशिक्षण और राज्य की योजनाओं से कनेक्टिविटी की अपार संभावनाओं से जोड़ा जाए। मैंने अपनी विश्व इतिहास की पुस्तक लिखते समय जब माओ-त्से-तुंग को पढ़ा तो थोड़ी देर के लिए वैचारिक पूर्वग्रह त्यागकर उसकी सफलता के मूल मंत्र को जानने की कोशिश की। जब उन्होंने सन् 1934 में कोमिंग तांग की सरकार के खिलाफ 'लॉन्ग मार्च' का आयोजन किया था, तब कोमिंग तांग की सरकार ने उसे 'फ्यूनरल मार्च' यानी 'मृत्यु प्रस्थान' का नाम दिया था। लेकिन माओ ने अपनी रेड आर्मी के लोगों को वरदी में किसान बनने का निर्देश दिया, यानी रेड आर्मी के लोग किसानों के बीच गाँवों में रहते थे, उन्हें खेती का प्रशिक्षण देते थे, उनकी फसल की उचित कीमत दिलाते थे और उन्हें सरकार के लोगों से संरक्षण प्रदान करते थे। इसके बदले में उनकी अपेक्षा यह होती थी कि किसान जितना भी राजस्व देने में सक्षम है, वह

कोमिंग तांग की सरकार को न देकर कम्युनिस्ट सरकार को दे।

परिणाम यह हुआ कि क्यांग्सी से शेंशी तक माओ ने एक ऐसी विशाल पट्टी का कुछ ही वर्षों में निर्माण कर लिया, जो समृद्ध थी, सक्षम थी और 'वरदी में किसान तथा सैनिक किसान के रूप में' की पूरकता हासिल कर कम्युनिस्ट पार्टी एक ऐसी शक्ति बन गई थी, जिससे कोमिंगतांग की सरकार को पश्चिमी समर्थन के बावजूद हारना ही था, वह हारी भी। मेरी समझ से, हिंदू युवा वाहिनी को भी विकास के इस पैटर्न को अपनाना चाहिए। कारण यह है कि बेरोजगार युवा हमेशा बेरोजगार नहीं रहना चाहेगा, सभी संत नहीं रहना चाहेंगे, बल्कि गृहस्थ बनना चाहेंगे और उन स्थितियों में उन पर भी कुछ जिम्मेदारियाँ होंगी। रोजगाहर-विहीन युवा इन दायित्त्वों को पूरा करने में असमर्थ होगा। इसलिए यह भी आवश्यक है कि इस सांस्कृतिक आंदोलन के साथ आर्थिक आंदोलन भी आरंभ हो। इससे जन-गण समर्थन का वर्गीय, क्षेत्रीय, सामुदायिक दायरा ही नहीं बढ़ेगा, बल्कि दोनों की समृद्धता अन्योन्याश्रित होगी और दोनों एक नई ताकत एवं नई हैसियत प्राप्त करने में सफल होंगे। जब ऐसा हो पाएगा, तभी हिंदू राष्ट्रवाद के नए विजेता के रूप में योगी आदित्यनाथ एक नए राष्ट्रीय फलक का निर्माण करने में सफल हो पाएँगे, तभी ऋषि और कृषि का प्राणत त्त्व भारत का प्राण तत्त्व बनकर स्थापित हो पाएगा, तभी गंगा और गाय सुरक्षित एवं पवित्र बनी रह पाएँगी, तभी राष्ट्रव्यापी नैतिकता की प्रतिष्ठा हो पाएगी, तभी भारतवर्ष अपने पुराने गौरव/स्वर्णकाल को प्राप्त कर पाएगा, तभी वह दुनिया को नया संदेश देने का सामर्थ्य हासिल कर पाएगा और तभी भारत विश्व की धुरी बनने की हैसियत में पहुँच सकेगा और यह दावा कर सकेगा कि वही नई दुनिया को नेतृत्व देने का सामर्थ्य रखता है।

□

10

कर्मभूमि के कर्मयोगी

आज हम विज्ञान और विकास के उस युग में हैं, जहाँ बहुत सा कुछ ऐसा है या बहुत कुछ ऐसा नहीं है, जो हमें 'स्प्रिचुअल क्वाशिएंट' (एस. क्यू.) पर विचार करने के लिए प्रेरित करता है और कुछ हद तक विवश भी। ऐसा इसलिए, क्योंकि हम दुनिया के लिए कई दशकों से शांति तलाश रहे हैं, पृथ्वी को बचाने की कवायद करते दिख रहे हैं। हम दुनिया को यह बता रहे हैं कि जलवायु, पर्यावरण और पृथ्वी तथा अंतरिक्ष में होनेवाली उथल-पुथल को लेकर हम बहुत चिंतित हैं। कोई देश इस नई दुनिया को सावधान करता है, कोई हिमालय पर कैबिनेट की बैठक बुलाकर और कोई समुद्र की तलहटी में मंत्रिपरिषद् की बैठक कर दुनिया को संदेश देता है। ताकतवर कहे जानेवाले दुनिया के कुछ देश दूसरी और तीसरी श्रेणी के देशों के साथ बैठकर कुछ उपाय, कुछ शर्तें और कुछ सुलह-समझौते करने के लिए राजी होते हैं, जिनके केंद्र में वही विषय, यानी पृथ्वी को बचाना है; लेकिन क्या वास्तव में पिछले तीन दशकों में इस दिशा में कोई प्रगति हुई ? स्पष्ट तौर पर नहीं। तो सवाल यह उठता है कि आखिर क्यों नहीं ? हम भी इस विषय पर दुनिया के तमाम देशों के साथ तालमेल बिठाने की कोशिश कर रहे हैं; लेकिन क्या हमने सफलता प्राप्त की ? स्पष्ट रूप से नहीं। तो फिर हम भारत की उस ऋषि परंपरा को क्यों नहीं आजमाते ? क्यों नहीं हम यजुर्वेद के इस मूल मंत्र को आत्मार्पित करते हैं, जो निम्नलिखित विषय से संपन्न है—

ॐ द्यौः शान्तिरन्तरिक्षं शान्तिः पृथ्वी शान्तिरापः शान्तिरोषधयः शान्तिः।

वनस्पतय: शान्तिर्विश्वे देवा: शान्तिर्ब्रह्म शान्ति: सर्वं शान्ति: शान्तिरेव शान्ति: सा मा शान्तिरेधि॥ ॐ शान्ति: शान्ति: शान्ति: ॥

यह मंत्र हमारी भारतीयता की मौलिक एवं आध्यात्मिक विरासत है, जो ऋषियों की महान् परंपरा के साथ-साथ हिंदुत्व की परंपरा में निरंतर प्रवाहमान रही है। इसमें ईश्वर से शांति बनाए रखने की प्रार्थना की गई है। वैसे तो इस मंत्र के जरिए कुल मिलाकर जगत् के समस्त जीवों, वनस्पतियों और प्रकृति में शांति बनी रहे, इसकी प्रार्थना की गई है। गौर से देखें तो हम 1990 के दशक से पृथ्वी बचाने के साथ-साथ मनुष्यों को उस संकट से मुक्त कराने के लिए प्रयास कर रहे हैं, जो दिनोंदिन विकराल होता जा रहा है; लेकिन अब तक इन प्रयासों का कोई सार्थक परिणाम नहीं आया। इसका एक तो कारण यह है कि मनुष्य ने प्रकृति ही नहीं, बल्कि दुनिया के विनाश की उद्घोषणा इसे बचाने के प्रयास आरंभ होने से लगभग 100 वर्ष पहले ही कर दी थी, जब उसने स्वयं को दुनिया का विजेता घोषित कर दिया था, अर्थात् 'मैन कॉन्कर्ड द वर्ल्ड' की घोषणा की थी। जिस दिन से उसने स्वयं को दुनिया का विजेता मानना शुरू किया, उसने प्रकृति के साथ-साथ विनाशकारी छेड़छाड़ शुरू कर दी और पृथ्वी के साथ मानवीयता के संकट की पटकथा स्वयं लिखने लगा। हालाँकि यह कॉन्सेप्ट ग्लोबल था, लेकिन इसके तहत संपन्न होनेवाली गतिविधियाँ दोनों ही सतहों, यानी ग्लोबल और लोकल, पर भरपूर ऊर्जा के साथ संपन्न हुईं। शायद यही वजह है कि हमने रियो से क्योटो होते हुए बाली और पेरिस (कॉप 21) तक पृथ्वी को बचाने के लिए खूब हंगामा काटा, एक-दूसरे को कोसने की भरपूर कोशिश की और इसके लिए एक-दूसरे को कठघरे में खड़ा करने का चातुर्य प्रकट किया; लेकिन हम इन मंचों के जरिए न ही पृथ्वी एवं प्रकृति के विनाश की ओर बढ़ते कदमों को रोक पाए और न मनुष्यों को भूखों मारनेवाली प्रक्रिया पर अंकुश लगा पाए। फिर भी, हम यदि यह दंभ भरते हैं कि हम नए विश्व के विजेता हैं तो शायद यह सरासर झूठ है। क्या ये परिणाम हमें भारत की उस परंपरा पर पुनर्विचार की आवश्यकता पर बल नहीं दे रहे, जिसकी बुनियाद हमारी महान् ऋषि परंपरा ने रखी थी? हाँ, कहने पर शायद यहाँ पर किसी को भ्रम नहीं होना चाहिए। लेकिन क्या हम उन बुनियादी विशेषताओं को परखने की क्षमता रखते हैं, जो ऋषि परंपरा में आज

तक जीवित हैं ? क्या हम उस महान् ऋषि परंपरा के नायकों को देश और समस्त मनुष्य जाति का प्रतिनिधित्व देनेवाले मनोवैज्ञानिक सिंड्रोम को आत्मसात् करने के लिए तैयार हैं ? क्या हमारा वैचारिक भ्रष्टाचार, जो एक प्रकार से करप्शन ऑफ कॉम्प्लीकेशन का हिस्सा है, महाराजजी (योगी आदित्यनाथ) जैसे शुचिता और सत्यनिष्ठा के धनी व्यक्तित्व को उत्तरजीवी होने में सही मायने में सहयोग करेगा ? हाँ, कहना मुश्किल है, लेकिन वे स्वयं संघर्ष के प्रतीक हैं, इसलिए उत्तरजीविता के लिए संघर्ष में विजयी होने का वे हुनर रखते हैं। हमें किसी भी तरह के विकल्प पर विचार करने से पहले यह जान लेना चाहिए कि महाराजजी ही सही अर्थों में करप्शन ऑफ कॉम्प्लीकेशन को समाप्त कर सकते हैं। क्या हम एक बार भी इस बात पर विचार करने के लिए तैयार नहीं हो सकते कि महान् परंपराओं को सँजोए हुए स्वर्णिम अभिव्यक्तिवाला भारतवर्ष, जिसकी गाथा हम और क्लासिकी साहित्य बताता है, वह कैसा था ? क्या वह आज है ? यदि आज वह वैसा नहीं है तो क्यों नहीं है ? क्या इसके लिए दोषी सिर्फ वे हैं, जो बाहर से आक्रांताओं या चतुर व्यापारियों की तरह आए थे ? क्या हमने अपनी अस्मिता की रक्षा करने पर नैतिकता के साथ विचार और एकीकृत संघर्ष किया ? क्या आजादी के बाद हमने वास्तव में वही भारत बनाने की एक ईमानदार कोशिश की, जो हमारी महान् परंपराओं का भारत था ? क्या हमने फिर से सरस्वती की ओर देखने की कोशिश की या उस योग्यता को विकसित किया ? क्या हम ऐसा कर सकते हैं ? हममें वह हुनर मौजूद है ? क्या हम शास्त्रीय काल के स्वर्णिम भारत की तसवीर आगे रखकर स्वर्णकाल की संस्कृति, भारत के गौरव, भारत की महत्ता, भारत की परिधियों, विस्तार व विरासत के साथ एक समर्थ और समरस भारत पर विचार करते हुए आध्यात्मिक अर्थव्यवस्था और विज्ञान के संबंधों की आपस में जुड़ी कड़ियों को ढूँढ़ सकते हैं ? भारतीयों की क्षमता पर प्रश्नचिह्न नहीं लगाया जा सकता; लेकिन जिस दिशा में वे जा रहे हैं, वह स्वयं ही उन पर एक प्रश्नचिह्न लगा देता है। यही वजह है कि हमें आज ऐसा नेतृत्व चाहिए, जो सत्यनिष्ठ, ईमानदार, सामर्थ्यवान्, संभाव्यतावान्, महान् ऋषि परंपरा का वाहक हो, नायक हो और सर्जक भी।

एक सामान्य परंपरा में यह माना जा रहा है कि आज का युग विज्ञान का

युग है, जो सामान्य विज्ञान से लेकर आर्टिफिशियल इंटेलीजेंस और वर्चुअल आइडेंटिटी के दायरों तक पहुँच चुका है या फिर उन दायरों को धीरे-धीरे पार कर रहा है। ऐसा शायद इसलिए हुआ है, क्योंकि उत्पादन से उपभोग के समस्त साधनों को एक साथ जोड़ना, बाजार की प्रक्रिया को समझना और उसके साथ चलना बिना इसके संभव नहीं है। लेकिन क्या ऐसे विकल्प भारत जैसे देश के लिए उपयुक्त हैं, जहाँ सवा सौ करोड़ से अधिक की मानव शक्ति/मानव पूँजी हो और वह आशा में हो कि देश की व्यवस्था एक दिन हमें उत्पादन की मूल व्यवस्था से जोड़ेगी और वितरण में न्यायसंगत हिस्सा प्रदान करेगी? हमारा यहाँ पर एक सवाल यह है कि क्या भारत में पश्चिम की वैज्ञानिकी के 'ए क्यू' (आर्टिफिशियल इंटेलिजेंस) की जरूरत है अथवा भारतीय परंपराओं में जन्मी और पोषित हुई 'ए.क्यू.' (एक्वायर्ड इंटेलीजेंस) की? पहली मानव पूँजी की श्रेष्ठ दिमागी उपज होने के बाद भी उसी के विरुद्ध खड़ी हो जा रही है; जबकि दूसरी एक ऐसी आध्यात्मिक/ऋषि परंपरा को प्रतिष्ठित करने की पक्षधर है, जो हमारी 'जीन' में है, जो हमारी संस्कृति में है, जो हमारी परंपरा में है, जो हमारी सहस्राब्दियों पूर्व से संचित हुई धरोहर का हिस्सा है और यही संपूर्ण मानव जाति के हक में है। ऐसे में, हमें कुछ पक्षों को देखने की जरूरत होगी। पहली यह कि भारत में नेचर और नर्चर की स्थिति क्या है? दूसरी—किसमें 'वैल्यू एड' अधिक है—तीसरा? गाय और विज्ञान को एक धरातल पर लाकर देखने की क्षमता किसमें है—चौथी? ऋषि और कृषि, कृषि और विज्ञान, विज्ञान और ज्ञान, ज्ञान और जीवन, जीवन और जीवंतता, जीवंतता और प्रत्याशा, प्रत्याशा और खुशहाली के बीच संयोजन की क्षमता और विकास से उसके संयोजन कराने की योग्यता किसमें है? इस निष्कर्ष तक पहुँचने के लिए हमें यह जानने की जरूरत होगी कि भारत में आई.क्यू., ए.क्यू., ई.क्यू. और एस.क्यू. में सर्वाधिक उपयोगी कौन है? ध्यान रहे कि आई.क्यू. (इंटेलिजेंस क्वाशिएंट) निखालिस बौद्धिक या ज्ञानात्मक है, जो सफलता के लिए लाभदायक हो सकता है; लेकिन वह समाज, संस्कृति और राष्ट्र के मूल्य की भी प्रतिष्ठा कर सकता है, इस बात की गारंटी नहीं है। इसके लिए कल्चरल क्वाशिएंट (सी.क्यू.) और स्प्रिचुअल क्वाशिएंट (एस.क्यू.) का होना आवश्यक है। यहाँ पर इस ओर ध्यान आकर्षित करने की

जरूरत है कि चीन आज दुनिया में सबसे तेज रफ्तार से हर मोरचे पर आगे बढ़ रहा है, तो इसलिए नहीं कि उसके पास सर्वश्रेष्ठ आई.क्यू. वाली मानव संपदा है, बल्कि इसलिए, क्योंकि चीनियों के पास सबसे ज्यादा क्यूरियोसिटी क्वाशिएंट (सी.क्यू.) और पैशन क्वाशिएंट (पी.क्यू.) अधिक है।

अपने एक अध्ययन में अमेरिकी अखबार 'न्यूयॉर्क टाइम्स' के पत्रकार थॉमस फ्रीडमैन लिखते हैं कि "मैंने यह पाया है कि सी.क्यू.+पी.क्यू.>आई.क्यू., भारत में इस समय सी.क्यू. यानी क्यूरियोसिटी क्वाशिएंट की कमी दिख रही है, इसलिए अन्वेषण अध्येयता—विशेषकर युवा का—मौलिक विषय नहीं बन रहा है। चूँकि यह उसका मौलिक विषय नहीं बन पाता, इसलिए युवा धैर्यवान् नहीं बन रहा है। वह शॉर्ट टर्म गेन को सबसे बेहतर उपलब्धि मानने की गलती करता जा रहा है। फिर दुनिया में प्रतियोगिता करने के लिए भारत किस क्वाशिएंट को आगे रखे, जिससे कि सी.क्यू. और पी.क्यू. भी मौलिक विषय बन जाएँ! तभी हम समाज, संस्कृति और राष्ट्र को वैश्विक लीडर्स की कतार में सबसे आगे की ओर ले जा सकते हैं।

आओ, हम कुछ समय के लिए मान लें कि भारत के लिए इस समय इन सभी क्वाशिएंट्स पर प्रभावी है स्प्रिचुअल क्वाशिएंट (एस.क्यू.)। यह बात हम नहीं, बल्कि पूरी दुनिया में सर्वश्रेष्ठ ज्ञान रखनेवाले लोग 'एस.क्यू.' (स्प्रिचुअल क्वाशिएंट) अब धीरे-धीरे स्वीकारने लगे हैं। इसलिए हमें भी इस निष्कर्ष पर पहुँचने का मनोविज्ञान तैयार कर लेना चाहिए कि भारत की परंपरा में जिंदा रहा 'एस.क्यू.' (स्प्रिचुअल क्वाशिएंट) ही आज के समय में सर्वश्रेष्ठ क्वाशिएंट होना चाहिए। यदि हम यहाँ तक पहुँचते हैं तो बरास्ता योग कर्मयोग तक और फिर निश्चित तौर पर कर्मयोगी तक पहुँच जाएँगे। फिर हम यह मानने में संशय नहीं करेंगे कि यही हमारी खुशहाली का पैमाना होगा और हमारे राष्ट्रवाद के पुख्तापन का आधार भी। तब आइए, हम लोग भी अपने भारतवर्ष और उसकी आध्यात्मिक विशेषज्ञता की आवश्यकता और योगी की प्रासंगिकता के बीच पूरकता को खोजने का एक सार्थक प्रयास करें।

जब हम जीवन के एक अंश (या वन लाइफ सोर्स) की खोज कर रहे होते हैं तो पाते हैं कि उसका संबंध बहुत से अदृश्य अंशों से होता है। अब यदि आप

इनमें से किसी एक को आकर्षित करते हैं, तब हमारा तात्कालिक संपर्क अदृश्य जगत् में अन्यों से भी हो रहा होता है। इसका तात्पर्य यह हुआ कि जीवन से बहुत तेज चलनेवाली कुछ अन्य चीजें भी हैं, स्पष्टतया अनंत गति से चलनेवाली। अत: किसी क्षण यदि किसी एक चीज पर प्रभाव पड़ रहा होता है तो वह प्रभाव उसी क्षण दूसरी पर भी पड़ रहा होता है। इसी सिद्धांत का प्रयोग करते हुए टेलीपोर्टेशन (*) का सिद्धांत विकसित हुआ, जिसमें इस समय चीन सबसे आगे है और अमेरिका उसका पीछा कर रहा है। ये चीजें हमें उस दिशा में ले जाने की बात कर रही हैं, जहाँ हमें अध्यात्म विज्ञान (स्प्रिचुअल साइंस) के ऊपर फोकस करना चाहिए, क्योंकि विशुद्ध विज्ञान भावी नए संघर्षों को जन्म देने वाला है, इसलिए वह भविष्य में अकेले 'वैल्यू एड' नहीं कर सकता है, बल्कि 'डेफिसिट' आधारित अधिक रहेगा। भविष्य का जो 'वैल्यू एड' आएगा, वह अध्यात्म विज्ञान से आएगा, जो बिजनेस इकोनॉमी से कहीं अधिक या बहुत अधिक होगा।

ध्यान दें कि एलॉन मस्क जैसे विवेच्यवादी अब यह कहने में परहेज नहीं कर रहे हैं कि 'वर्ल्ड इज इल्यूजन', यानी संसार माया है। फिर हमें अपने उपनिषदों में संस्थापित ज्ञान को अपनाने में परहेज क्यों होना चाहिए? हमें उन पन्नों को पलटने में हीनता का बोध क्यों होता है, जो हजारों साल पहले ही आज के विज्ञान के मूल की खोज कर चुके थे? हम स्वयं के शास्त्रों, शास्त्रीय ज्ञान और अध्यात्म विज्ञान को लेकर इतने अविश्वासी क्यों हो गए हैं? आखिर वजह क्या है कि हम अपने प्राच्य ज्ञान और विज्ञान की वास्तविकता का पुनरावलोकन और पुनर्मूल्यांकन करने की एक ईमानदार कोशिश नहीं करते? क्या हमें हमारा अतीत डराता है या हमारा वर्तमान इतना खोखला है कि हम इसका मूल्यांकन अपने अतीत को सापेक्ष रखकर नहीं करना चाहते? बहरहाल, एलॉन मस्क के प्रयोगों के सार को लें तो आज का सच यह है कि अब आभासी वास्तविकता और संवर्धित/अग्रिम वास्तविकता (वर्चुअल रियलिटी एंड ऑगमेंटेड रियलिटी) वाले इंस्ट्रूमेंट्स/चीजें आ गई हैं, जिनका प्रयोग करने से अद्भुत या यूँ कहें कि चमत्कृत करनेवाला अनुभव प्राप्त हो रहा है, जिसमें आनेवाले समय में और वृद्धि होने की संभावना है। इनके प्रयोग हमें कुछ क्षण के लिए ही सही, पर उस जगत् तक यात्रा करा देते हैं, जो आभासी दुनिया का हिस्सा होती है, लेकिन

हम उसे वास्तविक महसूस करते हैं। यही नहीं, हमें उस समय ऐसा महसूस भी होने लगता है कि हम उन्हीं के बीच कहीं मौजूद हैं (उदाहरण के लिए नए हेड सेट, 3डी प्रभाव, ध्वनि आदि)। सच तो यह है कि यह प्रौद्योगिकी, जो हमें इस तरह के अनुभवों से साक्षात्कार कराती है, जो हमें उनके बीच ले जाती है, अभी आरंभिक (प्रिमिटिव) अवस्था में है। जब यह आगे बढ़ेगी तो एक स्थिति ऐसी आ जाएगी, जहाँ पर वास्तव में यदि हम लोग जिस अवस्था में होंगे, ठीक उसी अवस्था में हम अन्यत्र वर्चुअली भी मौजूद होंगे और हमें यह पहचानना मुश्किल होगा कि इनमें से आभासी (वर्चुअल) इमेज कौन है और वास्तविक कौन? एलॉन मस्क इसी इल्यूजन की बात कर रहे हैं। मस्क दुनिया के उन ब्राइट या इनोवेटिव माइंड्स में सें हैं, जिनका हम बहुत सी बातों में अनुसरण करते हैं या उन्हें लैंप पोस्ट की तरह से देखते हैं। यदि वे बता रहे हैं कि हम इल्यूजन में हैं तो हमारे पूर्वज तो पता नहीं कब बता गए थे कि हम इल्यूजन में हैं (ब्रह्मं सत्यं जगन्मिथ्या जीवो ब्रह्मैव नापरः)।

ऊपर हम जिन बातों पर फोकस कर चुके हैं, उनके साथ दो पक्षों को जोड़ना अनिवार्य मालूम पड़ता है। इनमें से एक है—सांस्कृतिक अर्थव्यवस्था या सी.क्यू. (कल्चरल क्वाशिएंट) आधारित जीवन-शास्त्र। सी.क्यू. को हम कई रूपों में देख सकते हैं और इसकी परिधि को हम सहस्राब्दियों तक ले जा सकते हैं, जिसे आज देखने और सुनने की आवश्यकता है। हम वैदिक युग में सरस्वती नदी पर ही अपनी स्थायी बुनियाद रख सके थे। इसलिए हम यह कह सकते हैं कि सरस्वती हमारी संस्कृति का आधार ही नहीं, बल्कि जीवन-शैली एवं जीवंत भारतवर्षीय सभ्यता का आधार थी। किन्हीं कारणों से आज फिर से यह आवाज उस वैचारिक कुरुक्षेत्र में सुनाई दे रही है—सरस्वती की खोज पुनः हो या सरस्वती की ओर लौटो। ध्यान रहे कि वह सरस्वती ही थी, जहाँ ऋषि और कृषि का समेकन हुआ था और भारत की नई संस्कृति ने अपने हाथ फैलाए थे, कदम आगे बढ़ाए थे और सदानीरा तक या उससे आगे तक विस्तार लेकर एक नई सभ्यता एवं एक नए इतिहास का निर्माण किया था। इस संस्कृति एवं सभ्यता की प्रतिष्ठा में गाय और कृषि ने महत्त्वपूर्ण भूमिका निभाई। आज जब विज्ञान और आधुनिकता के इस युग में हम पंजाब से लेकर पश्चिमी उत्तर प्रदेश को करीब से देखते हैं तो

कभी स्वर्णिम भूमि (गोल्डन लैंड) कहलानेवाला क्षेत्र धीरे-धीरे बैरन लैंड (बंजर जमीन) में तब्दील होता दिखाई देता है। कभी विचार किया गया कि क्यों? इसका कारण विज्ञान है, जिसके घटकों में शामिल केमिकल और मेकैनिकल तत्त्वों ने लाभ की लालसा में मनुष्य को कभी न समाप्त होनेवाली हानि की ओर धकेल दिया। जब इसके परिणाम सामने आने लगे तो मनुष्य को पुन: विज्ञान की बजाय प्रकृति नजर आने लगी और नाम दिया जाने लगा जैविक (ऑर्गेनिक) खेती, यानी आज फिर से लोगों को प्रकृति-आधारित कृषि या जैविक खेती में 'वैल्यू ऐड' नजर आने लगा। अब यदि इसमें स्प्रिचुअल इकोनॉमी को संबद्ध कर दिया जाए तो ऋषि, कृषि और गाय के बीच एक त्रिकोण बनेगा, जिसमें आध्यात्मिक, प्राकृतिक, आर्थिक और सांस्कृतिक शक्ति सन्निहित होगी। यही आगे चलकर भारतीय समाज व राज्य की खुशहाली का जरिया बन सकता है, यदि वास्तव में इसके प्रति गंभीरता बरती जाए। अब यदि इसमें वैज्ञानिकता का संयोजन हो तो फिर ऋषि, कृषि, गाय और विज्ञान के बीच एक चतुर्भुज बनेगा, जिसका वैल्यू एडीशन पिछले त्रिकोण से भी अधिक होगा। अब नेतृत्व, विवेकशील जन-गण और इस दिशा में काम करनेवाली संस्थाओं को यह विचार करना है कि भारत के लिए कौन सा विकल्प चुना जाए और किसे रास्ते पर चलकर भारतीय सामाजिक अर्थव्यवस्था को स्थायी एवं समृद्ध वैल्यू ऐड प्रदान किया जाए।

एक बात और, यदि हमारे शास्त्रों में भारत को खोजें तो वहाँ मौजूद भारत आज के भारत जैसा नहीं दिखेगा, बल्कि वह इससे आधारभूत भिन्नता लिये हुए होगा। हमारी शास्त्रीय परंपरा के भारतवर्ष में सांस्कृतिक राष्ट्रवाद का आधार बहुत व्यापक था। उसमें धरोहरों के सांस्कृतिक व आध्यात्मिक आयामों के साथ दैवी संयोजन भी था, ताकि उसमें नैतिकता प्रमुख्य तत्त्व के रूप में प्रतिष्ठा पाती रहे। उसमें संरक्षण देने की युक्ति का प्रभावशाली पुट था, उसमें समय की आवृत्तियों के साथ भारत की परिधियों का निरूपण था और उसमें नायकत्व के स्थान पर दायित्व को महत्त्व दिया गया था (ध्यान रहे कि आचार्य चाणक्य ने स्पष्ट रूप से 'अर्थशास्त्र' में लिखा है कि जो राजा को अच्छा लगे, वह नहीं; बल्कि जो प्रजा को अच्छा लगे, वही करना राजा का कर्तव्य है। जिसमें प्रजा का सुख हो, उसी में राजा सुख प्राप्त करे और प्रजा की इच्छा को अपनी इच्छा माने)। भारत की पर्वत

चोटियों से लेकर पुरियों (सात), अरण्य क्षेत्रों (12), सरोवरों (झीलों या तीर्थों) और वन्य क्षेत्रों आदि को दैवीयता के साथ संयोजित कर उनका दैवीकरण इसलिए किया गया, ताकि भारत के महान् वन क्षेत्र और बायोडायवर्सिटी के क्षेत्र संरक्षित रहें। इस तरह से भारत के लोगों ने सी.क्यू. (कल्चरल क्वाशिएंट) और एस.क्यू. (स्प्रिचुअल क्वाशिएंट) को अपनाकर 'ई.क्यू.' (इकोलॉजिकल क्वाशिएंट) को प्रोत्साहन और भारतीय प्राकृतिक धरोहर को संरक्षण प्रदान किया। इसका परिणाम यह हुआ कि उन कालखंडों में भारत की खुशहाली में वृद्धि हुई, भारत सोने की चिड़िया बना। फिर आज वैसा क्यों नहीं हो पा रहा है ? इसलिए कि हमने अपनी जड़ों को न ही खोजा, न ही विश्वास किया और न ही उन्हें अभिसिंचित किया।

इतिहास के तमाम पन्नों पर कैंब्रिज लेखकों और उनके अनुयायियों ने लिख डाला कि भारत एक राष्ट्र कभी था ही नहीं। लेकिन हम कालिदास के शास्त्र, विशेषकर 'रघुवंशम्' में भारत को देखते हैं और पाते हैं कि तब का भारत आज के मुकाबले कहीं विराट् था। उसकी कीर्ति चतुर्दिक् थी। फिर हम उस सांस्कृतिक सूत्र पर पहुँचते हैं, जहाँ प्रत्येक सांस्कारिक/मांगलिक कार्य करने से पूर्व संकल्प लिया/पढ़ा जाता था, जिसमें सामान्य तौर पर (यदि तकनीकी शब्दों या व्यंजनाओं को छोड़ दें तो भी) भारतवर्ष को कुछ इस प्रकार व्यक्त किया जाता था—ॐ विष्णुर्विष्णु श्रीपरमात्मने श्री श्वेत वाराहकल्पे जंबूद्वीपे भारतखंडे आर्यावर्तैक देशांतरगते कलियुगे कलि:प्रथम चरण···संवत्सरे,···मासे,···पक्षे,···तिथौ···वासरे···। गौर से देखें तो यहाँ पर काल-गणना के साथ भारत की प्रस्थिति के भौगोलिक-सांस्कृतिक आकार को सुस्पष्ट किया गया है, या यों कहें कि एक सांस्कृतिक राष्ट्र के रूप भारत की प्रतिष्ठा की गई है। इस दृष्टि से तो आज का जो हमारा भारत है, वह कटा-फटा है, आधा-अधूरा है, उत्तरजीविता के लिए संघर्षरत भारत है, जिसे पूरा करने की जरूरत है। इस महान् कार्य को संपन्न कौन करेगा ? ऐसा नहीं कि भारत में योग्यताओं, पुरुषार्थों और महारथियों की कमी है; लेकिन हमें अपना बेहद छिछला और लोभ-युक्त धरातल छोड़ना पड़ेगा।

अंतिम सवाल यह कि क्या भौतिक और आध्यात्मिक विकास एक साथ चल सकते हैं ? वैसे, भारत की सैद्धांतिकी में इसमें बहुत अधिक टकराव नहीं हुआ। चूँकि निवृत्तिवादी संन्यास की परंपरा और संस्कृति ने भौतिक द्वंद्वात्मकता

को आच्छादित किए रखा, इसलिए बहुत अधिक टकराव के तत्त्व उस दौर तक नहीं दिखे, जब तक भारत की ऋषि परंपरा मजबूत रही; लेकिन जैसे-जैसे ऋषि परंपरा कमजोर हुई या उसे कमजोर किया गया, इन दोनों के बीच टकराव दिखने लगा। लेकिन भारत के लिए सच तो यह है कि जब आप आध्यात्मिक विकास नहीं कर रहे होते हैं, तब प्रश्न उठना आरंभ हो जाते हैं कि विकास किस दिशा में जा रहा है, यानी यह विकास देश को पीछे ले जाने वाला है या फिर आगे? यह विकास सकारात्मक है या नकारात्मक? यह विकास देश की मौलिकता या वास्तविकता के अनुरूप है या विरुद्ध, यह विकास देश के लोगों की खुशहाली के लिए है या उसके विरुद्ध? यह विकास देश के सामाजिक-आर्थिक विभाजनों को निर्मित करनेवाली रेखाओं को धुँधला करनेवाला है या और गहरा? महात्मा गांधी ने 'मेरे सपनों का भारत' में लिखा है कि "भारत भोगभूमि नहीं, कर्मभूमि है।" इसका मतलब यह हुआ कि जब हमारा देश भौतिक उपलब्धियों के मामले में कभी शिखर पर पहुँचे तो हमारी आध्यात्मिक उपलब्धियाँ भी शिखर पर हों। लेकिन आज हम जो विकास कर रहे हैं, उसमें यह विशेषता नदारद है; क्योंकि उसमें संघर्ष के तत्त्व कहीं अधिक संरक्षण हासिल कर रहे हैं। ऐसे में, आध्यात्मिक शांति एवं सार्वभौमिक कल्याण की सुपरपोजीशन की जरूरत है। इसके न होने के कारण ही संवेदनात्मक मूल्यों (इमोशनल वैल्यूज) और सामाजिक पूँजी (सोशल कैपिटल) में कमी आई। इन्हें पुनः स्थापित करने की जरूरत है और इसके लिए 'एस.क्यू.' (स्प्रिचुअल क्वाशिएंट) को केंद्र में लाना होगा।

हमारा आर्थिक मॉडल पश्चिम की नकल पर आधारित है; लेकिन देखनेवाली बात यह है कि आज पश्चिम भी आई.क्यू., ई.क्यू., एस.क्यू. पर एक साथ विचार करने लगा है। आज पश्चिमी कॉरपोरेट में आई.क्यू. के बाद ई.क्यू. पर फोकस किया जा रहा है और साथ ही एस.क्यू. का तेजी से प्रभाव बढ़ रहा है। ऐसे में, सवाल यह उठता है कि पश्चिम ने एस.क्यू. पर विशेष फोकस क्यों शुरू किया? क्यों वहाँ सप्ताहांत में आध्यात्मिक शिविर लगने लगे या कार्यरत व्यक्तियों के लिए यह आवश्यक किया जा रहा है कि वे आध्यात्मिक प्रशिक्षण अवश्य लें? इसलिए, क्योंकि आज कॉम्प्लीकेशन का करप्शन अधिक है। खास बात यह है कि यह पश्चिम के देशों, विशेषकर विकसित अर्थव्यवस्थावाले देशों में बहुत ज्यादा

है। इसने अवसाद की स्थिति को तेजी से पैदा करना शुरू किया है। यही वजह है कि पश्चिमी कॉरपोरेट अपने कर्मचारियों को साप्ताहिक ध्यान सत्र (वीकली मेडीटेशन सेशन) में शामिल कराते हैं, ताकि उन्हें अवसाद से दूर रखा जा सके। इसका अर्थ यह हुआ कि पश्चिमी दुनिया और उनका कॉरपोरेट जगत् अब यह स्वीकार करने लगा है कि स्प्रिचुअलिटी क्वाशिएंट (एस.क्यू.) के बिना नेट वैल्यू एडीशन संभव नहीं है। इसलिए आवश्यक है कि अब 'आई.क्यू.' और 'पी. क्यू.' के साथ 'एस.क्यू.' को संयोजित किया जाए। ध्यान रहे कि अध्यात्म किसी कर्मकांड का नाम नहीं है, बल्कि 'नॉलेज ऑफ सेल्फ' या आत्मज्ञान है, जो आत्म-विश्लेषण, आत्म-निर्णयन और आत्म-स्फूर्ति की शक्ति प्रदान करता है। जो लोग इससे ईश्वर को जोड़ देते हैं, वह सही नहीं है। ईश्वर सांसारिक आशीष नहीं देता। वह तभी प्रसन्न होता है, जब आप अपने अंदर विराजमान ईश्वर को जाग्रत् करते हैं। जब आपके ईश्वर से संपर्क की निरंतरता बनी रहती है, क्योंकि उस स्थिति में अन्योन्याश्रित संबंध बनना आरंभ हो जाता है। तब आप यह मानना शुरू करते हैं कि भौतिक उपलब्धियाँ बेकार हैं। फिर संचय की प्रवृत्ति समाप्त हो जाती है। जब संचय की प्रवृत्ति समाप्त हो जाती है। तो करप्शन भी समाप्त हो जाता है। अगर हम इस प्रक्रिया और व्यवस्था को समझ लें तो हमें अनुमान हो जाएगा कि भारत में भ्रष्टाचार क्यों समाप्त नहीं हो पा रहा है या फिर उसे कैसे समाप्त किया जा सकता है।

इन्हीं सबके बीच भारत में महाराजजी (योगी आदित्यनाथ) जैसे संतों की उपयोगिता और प्रासंगिकता जनमती है; लेकिन फिर भी यह सवाल उठाया जा रहा है कि महाराजजी (योगी आदित्यनाथ) क्यों? दरअसल आज के भारत की अर्थव्यवस्था में जटिलता का भ्रष्टाचार (करप्शन ऑफ कॉम्प्लीकेशन) कहीं अधिक है। कॉम्प्लीकेशन के करप्शन का तात्पर्य है—दो लोगों, वर्गों या समूहों के बीच परस्पर अविश्वास। ऐसा इसलिए हुआ, क्योंकि आज के भारत में लोग कम मेहनत में ही ज्यादा पाने की इच्छा-शक्ति रखते हैं। इस वजह से किसी भी चीज या विषय को इतना जटिल बना दिया जाता है कि अगला उसे समझ ही न पाए। इससे समाज में व्यवधान पैदा होता है। स्वाभाविक है कि ऐसा समाज विकसित और प्रगतिशील समाज नहीं बन सकता। फलतः समाज संघर्ष की ओर

चल पड़ता है। इसके स्थान पर यदि सामूहिक प्रयास हों तो कंबाइंड आउटपुट बढ़ जाएगा; जबकि ऐसा देखने को नहीं मिल पा रहा है, यानी अब जटिलताओं में भ्रष्टाचार का सरलीकरण जरूरी है। यह तभी संभव हो पाएगा, जब नेतृत्व के लिए ऐसा व्यक्तित्व हो, जो सरल हो, स्पष्ट हो, जो शुचिता-संपन्न हो, जिसमें निवृत्तिवाद की विशेषताएँ हों, जो सत्यनिष्ठ हो, जो ईमानदार हो और जो संरक्षक व संयोजनकर्ता हो। महाराजजी एक संत हैं, इसलिए उनका व्यक्तित्व सरल एवं स्पष्ट है। उनके विचारों में कोई विरोधाभास नहीं है और वे नैतिक, सत्यनिष्ठ एवं ईमानदार हैं, यानी वे एकमात्र ऐसे नेतृत्वकर्ता हैं, जो इन जटिलताओं को समाप्त कर सकते हैं। स्वाभाविक है, फिर भविष्य के निर्माण का दायित्व उन्हें ही निभाना चाहिए और इस देश के जन-गण को उपर्युक्त विशेषताओं, विसंगतियों, संभावनाओं और चुनौतियों को देखते हुए उन्हें सार्वभौम नेतृत्व के रूप में स्वीकार करना चाहिए। फिलहाल, शुरुआत और स्वीकृति प्रादेशिक स्तर पर हो चुकी है। आगे की राह उन्हें स्वयं निर्मित करनी होगी।

---

* Teleportation is the theoretical transfer of matter or energy from one point to another without traversing the physical space between them. It is a common subject in science fiction literature, film, video games, and television.

Quantum teleportation is a process by which quantum information (e.g. the exact state of an atom or photon) can be transmitted (exactly, in principle) from one location to another, with the help of classical communication and previously shared quantum entanglement between the sending and receiving location.

Quantum 'spooky action at a distance' travels at least 10,000 times faster than light. Quantum entanglement, one of the odder aspects of quantum theory, links the properties of particles even when they are separated by large distance.

□

11

युगधर्म से आगे की राह

कुछ वर्ष पहले बैंक ऑफ इंग्लैंड के कनाडियन गवर्नर ने न्यूयॉर्क में दिए गए अपने एक वक्तव्य में कहा था कि अनियंत्रित मार्केट फंडामेंटलिज्म की प्रवृत्ति सोशल कैपिटल को ग्रास बना जाने की है। फिर तो अनियंत्रित मार्केट फंडामेंटलिज्म जितना बढ़ेगा, उतना ही सामाजिक पूँजी कमजोर पड़ेगी या उसका दायरा सिमटता जाएगा। तात्पर्य यह हुआ कि बाजार के साथ विकास की जो तसवीर गढ़ी जाएगी, उसमें बहुत से विभाजन, उपविभाजन, अमानवीयताएँ और असंभ्रांत प्रतिस्पर्धाएँ होंगी, जिनमें अंततः मनुष्य ही मनुष्य का दुश्मन बनेगा। हम इसकी बानगी देख भी रहे हैं। हमारे देश के अंदर ही पूर्व और पश्चिम में संघर्ष है, उत्तर और दक्षिण में संघर्ष है। भाषा और भाषा के मध्य संघर्ष है। जाति और जाति तथा धर्म और धर्म के बीच संघर्ष है। कहीं अधिकारों के लिए संघर्ष है तो कहीं अस्तित्व का संघर्ष है। राज्य इन संघर्षों के निदान के लिए कानून बनाता है और लागू कराता है। लेकिन कुछ समय बाद देखा जाता है कि संघर्ष समाप्त तो नहीं हुआ, बल्कि उसमें जटिलताएँ और आ गईं। कारण यह कि कानून 'पोस्ट एक्शन' है, जो घटना होने के बाद दंड की प्रक्रिया सुनिश्चित करता है और दंड का विधान करता है। यह निदानात्मक नहीं, बल्कि दंडात्मक होता है, इसलिए समस्या समाप्त होने की बजाय और जटिल हो जाती है। जिस देश और भूमि पर लोग—एक तरफ भूख से तड़प रहे हों और दूसरी तरफ स्वर्ण भंडारों को देखकर भूख उड़ जा रही हो, जिस देश और भूमि पर एक तरफ हजारों करोड़ का आवास हो और दूसरी तरफ एशिया की सबसे बड़ी झुग्गी-झोंपड़ी। जिस देश और भूमि

पर माँ और बहनों का मान एवं उनकी मर्यादा सुरक्षित न हो, जिस देश और भूमि पर गरीब सिर्फ गरीबी की तकदीर लिखाकर पैदा हो रहा हो और गरीबी एवं भूख में मर जाए। फिर कल्याण किसका? फिर राज्य नाम का तंत्र किसलिए? फिर सरकार नाम की संस्था किसलिए? फिर तो असली शासक वे ही होंगे, जो बाजार के अनियंत्रित हिनहिनाते क्रुद्ध घोड़ों की लगाम थामे हुए होंगे या उन्हें थामने का हुनर जानते होंगे। शायद सरकार भी तभी चल पाएगी, जब वह बाजार के इन अधिपतियों या बाजारवादी सामंतों के साथ मिलकर चलेगी? तो क्या फिर स्वरूप कुछ-कुछ 'क्रॉनी कैपिटलिज्म विद क्रॉनी गवर्नमेंट' का होगा अथवा 'मिस गवर्नमेंट विद क्रॉनी कैपिटलिज्म' का; लेकिन देश या प्रदेश का मतलब सिर्फ बाजार और पूँजी तक तो सीमित नहीं होता? कोई बाजार या बाजारवादी अथवा बाजार की अदृश्य शक्तियाँ देश के लोगों की सुधि तो नहीं ले सकतीं, कम-से-कम वे तो बिलकुल नहीं, जो लाभ के लोभ का वरण कर बाजार के महासागर में मार्गदर्शन कर रही हैं या फिर वे, जो सत्ता के लोभ से संपन्न होकर बाजारवादी मार्गदर्शकों की हंसमुखी नौकाओं पर सवार होकर अपनी वैतरणी पार करना चाह रही हैं। फिर तो ऐसा नेतृत्व चाहिए, जो इन विकृतियों से परे हो और अपने लोगों के विकास, उनकी समृद्धि और उनके कल्याण की चिंता कर सके। सत्ता से उसका सरोकार बस उतना ही हो, जितना कि लोगों के कल्याण के लिए जरूरी हो। ऐसी शख्सियत आज के दौर में क्या संभव है? शायद हाँ और शायद नहीं भी। हाँ, इसलिए, क्योंकि योगी आदित्यनाथ एक ऋषि हैं, सत्यनिष्ठ हैं और ईमानदार कर्मयोगी भी। इसलिए वे इस दिशा में देश और समाज को ले जा सकते हैं, इसलिए कि अगर भारत के जन-गण उनके अतिरिक्त किसी को नेतृत्व सौंपने की गलती कर जाते हैं तो फिर यह संभव नहीं होगा।

सवाल यह उठता है कि आज के बाजारवादी युग में, जहाँ कैपिटलिज्म, डिजिटलाइजेशन, प्रॉफिटिज्म, मोनोपॉलिज्म, क्लिक एंड ब्राउंजिंग, कॉरपोरेटिज्म और साइबरिज्म अथवा डिजिटल कैपिटल, प्रॉफिट बेस्ड कैपिटलिज्म, मोनोपॉलिस्टिक कैपिटलिज्म, साइबर कैपिटल आदि की बात हो रही है, वहाँ हम सांस्कृतिक पूँजी और सामाजिक पूँजी की बात कर रहे हैं। हम इन विषयों की बात ही नहीं कर रहे हैं, बल्कि देश से अपेक्षा और आग्रह कर रहे हैं कि

इनकी प्रतिष्ठा हो। आखिर क्यों ? इसलिए उसकी प्रतिष्ठा या पुन:प्रतिष्ठा के लिए योगी आदित्यनाथ जैसे संत राज्य सरकार के मुखिया की भूमिका में हैं, जिनसे हम सांस्कृतिक और सामाजिक पूँजी की प्रतिष्ठा की उम्मीद कर सकते हैं, जो इनके आने से पहले नहीं कर सकते थे। दरअसल मंदी (2008) से पहले तक बाजार ने उस स्थिति को प्राप्त कर लिया था, जहाँ सामान्य मान्यता और आस्था के बीच की सीमा रेखा धुँधली पड़ जाती है या फिर वह समाप्त हो जाती है। इस नव-आस्थावाद ने बाजार की परिधि से परे जाकर सामाजिक व सांस्कृतिक परिधियों का निर्माण करना और उनकी व्याख्या करनी भी आरंभ कर दी थी। जिस दौर में कैपिटल मार्केट फंडामेंटलिज्म का प्रभाव बढ़ रहा था और बाजार उसकी गिरफ्त में आ चुका था; उस दौर में लोभ और लाभ-शास्त्र ने इस तथ्य की पूरी तरह से अनदेखी कर डाली थी या फिर इसे नेपथ्य की ओर धकेल दिया था कि समृद्धता केवल आर्थिक पूँजी के निवेश करने से नहीं आती, बल्कि इसके लिए सामाजिक पूँजी में निवेश अनिवार्य होता है।

हम किसी निष्कर्ष की ओर बढ़ें, इससे पहले हमें यह समझना जरूरी है कि सामाजिक पूँजी है क्या ? सामाजिक पूँजी समाज में साझा मूल्यों और विश्वासों के बीच की एक कड़ी होती है, जो व्यक्ति को अपनी और अपने परिवार की जिम्मेदारी उठाने का साहस तो देती ही है, साथ ही परिवार से बाहर समाज में अन्योन्याश्रित संबंधों और पारस्परिक विश्वासों का निर्माण करने में भी सहायक होती है। अब इस भाव को बाजार तो नहीं समझ सकता, जो हमें यह सिखाता है कि ठगने और लाभ लेने की प्रक्रिया घर से ही शुरू कर देनी चाहिए। परिणाम यह होता है कि विकास की बहती धारा में भारत की मुख्य समस्याएँ नेपथ्य की ओर खिसक जाती हैं और उनकी जगह एक शॉर्ट टर्म गेन वाली व्यवस्था ले लेती है। भारत में यही हुआ और इसी के संगत अनुपात में सामाजिक-सांस्कृतिक खाइयाँ बनती गईं और नागरिकों में निराशा व क्षोभ भी पनपता गया। धीरे-धीरे लोगों ने मानना शुरू कर दिया कि वैश्वीकरण और प्रौद्योगिकीय संवर्धन से प्राप्त होनेवाले अनुलाभ केवल सुपर अमीरों के लिए हैं, आम नागरिकों के लिए नहीं। यह तो कहिए कि यह विचारधारा अभी नवोदित मध्यम वर्ग में उपजी है, जो भारत में खुर्दबीन से भी देखने भर की संख्या में नहीं

है। इसलिए इस दिशा में आम आदमी का ध्यान इस ओर नहीं गया कि उच्च कराधान, शिथिल नियमन तथा शॉर्ट टर्म गेन जैसे मार्गदर्शी सिद्धांत समाजों में असमानताओं को तेजी से हवा दे रहे हैं। युवाओं के लिए अवसरों की दृश्यता घट रही है, सामुदायिक भावना कमजोर पड़ रही है, जिससे 'गलत धारणाओं' के पनपने का खतरा बढ़ चुका है। यह स्थिति तो आर्थिक संकट आने से पहले ही आ गई थी, उसके बाद यह और भी गहरा गई। यह गहराहट किसी एक सतह पर नहीं थी, बल्कि इसका फलक ग्राम से लेकर राष्ट्र तक विस्तृत था। उत्तर प्रदेश जैसे प्रांत में इसका और भी नकारात्मक असर रहा, क्योंकि यहाँ विकास की प्रक्रिया ही कमोबेश ठप रही। इसलिए रोजगार के अवसर ही पैदा नहीं हुए। यहाँ पिछले तीन दशकों में शिक्षा का माफियाकरण हुआ और माफिया व व्यवसायी शिक्षाविद् बनकर सरकार की नीतियों को प्रभावित करने लगे। इससे जो युवा भारत बना, वह शिक्षित होते हुए भी प्रतियोगिता की कुशलता से वंचित है। स्वाभाविक है कि जब यह युवा व्यवस्था का हिस्सा बनेगा तो वह व्यवस्था अकुशल होने के नाते समाज और अर्थव्यवस्था पर भार साबित होगी, वाहक नहीं। इसी दौर में प्रशासन सबसे अधिक भ्रष्टाचार व शिथिलीकरण का शिकार हुआ। इस तरह से उत्तर प्रदेश में जो अव्यवस्था पैदा हुई, उसे न सुधार पाने में अक्षम नेतृत्व ने उसे ही 'व्यवस्था' का नाम दे दिया। जब तक व्यवस्था की पुनर्स्थापना नहीं होती है, तब तक कम-से-कम इस प्रदेश में सदिश विकास की उम्मीद नहीं की जा सकती। तो क्या ऐसा संभव है? क्या राजनीतिक नेतृत्व ऐसी कोई नई नजीर पेश कर पाएगा, जिससे प्रदेश की जनता बेहतर भविष्य की उम्मीद कर सके? बहुत समय तक इसका उत्तर नकारात्मक ही मिलता था; लेकिन योगी आदित्यनाथ के द्वारा उत्तर प्रदेश सरकार का नेतृत्व सँभालने के बाद कम-से-कम हमारा माइंडसेट बदलना आरंभ हुआ। कारण यह है कि अन्यत्र सरकारों एवं विधायिका के सदस्यों तथा सरकार के मंत्रियों के माइंडसेट को बदलने की शक्ति कॉरपोरेट जगत् में हो भी सकती है और नहीं भी, लेकिन योगी आदित्यनाथ के माइंडसेट को बदलने की शक्ति उसमें नहीं है। दूसरा यह कि योगी आदित्यनाथ अंशकालिकवाद (शॉर्ट-टर्मिज्म) से प्रभावित नहीं हैं, बल्कि उनके मस्तिष्क एवं हृदय में प्रदेश व देश को लेकर जो उत्स है, वह

समृद्ध प्रदेश से समृद्ध राष्ट्र तक का है, जिसमें सामाजिक व सांस्कृतिक पूँजी निरंतर न्यूक्लियस की हैसियत में रहेगी।

सांस्कृतिक परिप्रेक्ष्य और उससे जुड़ी वैचारिकी की परिधियों को परखने के लिए थोड़ा पीछे की ओर लौटने की जरूरत होगी। हम उस विभाजक रेखा तक चलते हैं, जहाँ हमें एक स्वतंत्र देश की बुनियाद रखनी थी और जहाँ हमें तय करना था कि नया भारत पुराने भारत जैसा हो या फिर उससे भिन्न। यह नया भारत अंग्रेजों द्वारा गढ़े गए भारत की नकल भर होना था या एक मौलिक भारतीयता और भारतवासियों की जरूरत थी। उस समय जब हमें राजनीतिक स्वतंत्रता प्राप्त हुई थी, तब हमारे सामने सबसे बड़ा प्रश्न यही था कि देश का आर्थिक विकास कैसे हो और किस दिशा में हो ? यदि आर्थिक विकास नहीं हुआ या फिर उसकी दिशा गलत हुई, तब फिर सामाजिक विकास की भी कल्पना करना बेमानी ही होगी। इसी से जुड़ा दूसरा सवाल था कि हम किस प्रकार के आर्थिक मूल्यों का वरण करेंगे ? क्या हम अपने परंपरागत आर्थिक मूल्यों को लेकर आगे बढ़ेंगे या जो हमारे लिए विशद् धरोहर का प्रतिरूप है, जिसमें श्री और समरसता दोनों ही हैं या फिर हम विकास की उस क्रिया का अनुसरण करेंगे, जिसमें लोभ और लालच है तथा सत्ता और संघर्ष है ? रुचिकर तथ्य यह है कि लंबे समय तक उत्तर 'हाँ' में नहीं आया। कारण यह रहा कि जिन्हें देश के सामाजिक-आर्थिक विकास में सहभागी या थिंक टैंक बनाया गया, उनकी अभिरुचियाँ और सरोकार संस्कृति में नहीं, संघर्ष में अधिक थे; सहयोग में नहीं, टकराव में अधिक थे; एकता में नहीं, विभाजन में अधिक थे…। वे अंदर की ओर नहीं देख रहे थे, बल्कि बाहर की ओर देखने की ललक में विक्षिप्त-से थे। उन्हें देश के अंदर की ऋषि परंपरा नहीं दिख रही थी, बल्कि वे बाहर की मार्क्स, एंजेल्स, लेनिन, स्टालिन या फिर माओ की परंपराओं के रूढ़िवादी पोषक और प्रचारक थे। यही कारण रहा कि वे यह भूल गए कि भारतीय संस्कृति में हमारे आर्थिक और भौतिक जीवन के विकास की भी समुचित व्यवस्था की गई है। महत्त्वपूर्ण तथ्य यह कि इन विचारकों ने देश और समाज को इस सच्चाई से वंचित रखा कि भारतीय संस्कृति केवल अध्यात्मवाद पर ही जोर नहीं देती, बल्कि भौतिक उन्नति में भी सहयोगी है। वे भौतिक द्वंद्वात्मकता को मौलिक अवधारणा मानकर भारत की वसुधैव कुटुंबकम

की सांस्कृतिक अवधारणा को इस कदर खारिज करते रहे कि वह सदैव-सदैव के लिए नेपथ्य में चली जाए।

इसका परिणाम यह हुआ कि भारतीय समाज में बहुत सी विभाजक रेखाएँ खिंचती गईं और समाज जाति, धर्म व लिंग के आधार पर संघर्ष की ओर बढ़ गया। आज इस संकुचित विचारधारा और कपटता के उदाहरण चारों तरफ देखे जा सकते हैं। पर अभी तक कुछ ऐसे विचार बचे थे, जो इस बात पर बल देते थे कि भारत में अभी भी भौतिक विकास के लिए उतना ही स्थान है, जितना कि सांस्कृतिक व आध्यात्मिक विकास के लिए। कारण यह है कि हमारे अपने आर्थिक मूल्य और अपनी उत्पादन पद्धतियाँ, वितरण के तरीके तथा उपभोग के प्रकार हैं, जो आज भी हमें 'त्वदीयं वस्तु गोविन्दं तुभ्यमेव समर्पये' की जीवंतता प्रदान किए हुए हैं। उन्होंने यह भी बताया कि किसी भी अर्थव्यवस्था का देश और काल—दोनों से ही संबंध होता है। यही वजह है कि हमारी संस्कृति व अवधारणा में युगधर्म और राष्ट्रधर्म दोनों ही मौजूद थे और अभी मौजूद हैं। हम जब नियंत्रित, विकासवाद से मुक्त विकासवाद की ओर बढ़े तो आर्थिक विचारकों में पाश्चात्यवादी समूह भी शामिल हो गया। बदला अभी भी कुछ नहीं था, बल्कि मार्क्स या एंजेल्स का पाश्चात्यवादी राज्य नियंत्रण-आधारित तंत्र टूटा था; लेकिन उसका स्थान स्मिथ, मिल्टन, फ्रीडमैन, मार्शल या कींस के पाश्चात्यवादी अर्थवाद ने लिया था। इस दौर में हमने दो बातों का प्रचार खूब किया। पहली थी—सबकुछ अर्थव्यवस्था की विकास दर में निहित है और दूसरी थी—अंतरराष्ट्रीयतावाद, जिसका वाहक भूमंडलीकरण (या ग्लोबलाइजेशन) था। हम इनसे इतने प्रभावित हुए कि विकास दर को लेकर अंकीय गणितवाले प्रबोधन में सारी ऊर्जा, सारी मशीनरी खपाने लगे और दूसरी ओर अंतरराष्ट्रीयतावाद का यह प्रभाव पड़ा कि हमने विश्व ग्राम (ग्लोबल विलेज) की अवधारणा का निर्माण किया और फिर उसे सर्वोच्च एवं सार्वभौम आदर्शवादी मान बैठे। लेकिन सच यह था कि हमने इस दौर में अंतरराष्ट्रीय समानता के आधार पर युगधर्म की बात कहकर राष्ट्रधर्म को भुलाने का अपराध करना शुरू कर दिया था। दूसरे शब्दों में कहें तो हमने अंतरराष्ट्रीय समानता जैसी पश्चिम द्वारा दी हुई शब्दावली की नकल करके, उसके आधार पर युगधर्म की बात कहकर राष्ट्रधर्म को नेपथ्य की ओर धकेलने का अपराध किया था।

इसलिए अब उस माइंडसेट की आवश्यकता थी, जो विकास के साथ-साथ सांस्कृतिक जीवन के विविध पक्षों का पोषण करने के लिए उत्सुक हो। हमें यह देखने की आवश्यकता थी कि संस्कृति में भौतिकता का समावेश न हो, क्योंकि हमारी संस्कृति भोग्य और काम्य पर नहीं, बल्कि पूजा और श्रद्धा पर आधारित रही है। हमारे लिए तो 'जननी जन्मभूमिश्च स्वर्गादपि गरीयसी' ही एक मूलमंत्र रहा है। यही वजह है कि हमारी आत्मा और हृदय में 'वंदे मातरम्' का स्पंदन होता है और भारत माता की वंदना करते समय भारत माता का 'सुजलां सुफलां मलयज शीतलाम्' वाला रूप ही हमारे समक्ष प्रकट होता है। लेकिन भौतिक विकास के बिना व्यवस्थाएँ सुचारु रूप से नहीं चल सकतीं, न ही वे कभी इतिहास में चलती हुई देखी गईं। इसलिए आज के वर्तमान पूँजीवादी बाजार के दौर में वैसी उम्मीदें की जा सकती हैं। आज की दुनिया एक प्रतिस्पर्धी दुनिया है, इसलिए अब आवश्यकता है कि हमें पीछे की ओर जाकर अपनी सांस्कृतिक धरोहरों का अध्ययन करना चाहिए, ताकि उनकी उपादेयता परखी जा सके; साथ ही हमें यह भी सुनिश्चित करना होगा कि हम अपनी संस्कृति के आँचल से उसे निकालकर ला सकें तो बेहतर हो, जो यह सुनिश्चित करे कि उत्पादन व्यवस्था और जीवन-शैली के बीच तथा सांस्कृतिक एवं भौतिक जीवन के बीच संतुलन बना रहेगा। लेकिन इसके लिए यह जरूरी होगा कि हम यह भी तय करें कि हमारा आर्थिक दर्शन क्या है और हम जिस राह पर चल रहे हैं, क्या वह हमारी ही बनाई हुई है और हमारी आवश्यकताओं के अनुरूप है या हम बिना जाने और समझे हुए सिर्फ उसका अनुगमन कर रहे हैं? हमें यह भी देखने की जरूरत होगी कि मनु ने अभिनवीकरण का बहिष्कार क्यों किया था और कौटिल्य को उसका प्रतिपादन करने की जरूरत क्यों पड़ी थी? इसलिए, क्योंकि दोनों का समय और युग की विशेषताएँ या परिस्थितियाँ भिन्न थीं। आज के भौतिक जीवन में 'स्व' तत्त्व बेहद प्रभावशाली है, जबकि हमारी संस्कृति 'पर' पर अधिक चलती थी। हमें तो बचपन से ही पढ़ाया गया था—"पिबन्ति नद्यः स्वयमेव नाम्भाः स्वयं न खादन्ति फलानि वृक्षाः, नादन्ति शस्यं खलु वारि व हा परोपकाराय शतां विभूतया।" फिर भी, यदि आज टकराव है तो इसकी वजह नेतृत्व का भारतीयता से परे रहना माना जाएगा। यही वजह है कि आज की असल जरूरत है सत्यनिष्ठ, संस्कृतनिष्ठ और आध्यात्मिक नेतृत्व की प्रतिष्ठा।

महात्मा गांधी ने लिखा है कि "भारत कर्मभूमि है, भोगभूमि नहीं।" प्रत्येक व्यक्ति को यह विचार अवश्य करना चाहिए कि गांधीजी आखिर इस सत्य से लोगों को क्यों अवगत कराना चाह रहे थे। इसलिए, ताकि भारत के प्रति सभी में यथार्थिक ज्ञान हो। यदि वे अपने उद्देश्य में सफल हो जाते तो आज भारत की तसवीर कुछ और होती। हमारा देश आज खंडित व्यक्तित्वों और विभाजित संस्कृतियों का भारत न ढोता। इसलिए अब हम यह मान लें कि अभी भी समय है, जब भारत के विषय में हमारी विषयाभिव्यक्ति और परिकल्पना पूरी तरह स्पष्ट कर ली जाए। हमारी भारतीय संस्कृति समाज को कई रूपों में देखती है; लेकिन यह बात शायद पश्चिम की संस्कृति और विचारधाराओं में मौजूद नहीं है। हमारी संस्कृति व्यक्ति और व्यष्टि (माइक्रो) से आरंभ होकर समष्टि (मैक्रो) तक की यात्रा हमें कराती है, जिसमें समाज की परिकल्पना में मनुष्य है, गाँव है, राष्ट्र है और फिर अखिल विश्व है। इसीलिए यह सिद्धांत प्रतिपादित हुआ कि हम जो कुछ उत्पन्न करें, उसे संपूर्ण राष्ट्र के हित में व्यय कर दें। राष्ट्र ही हमारे कर्म की प्रेरणा का स्रोत रहे। यही भावना भारतीय संस्कृति के आर्थिक रूप का मूलाधार है; लेकिन यह तभी संभव है, जब हम भारतवर्ष को कर्मभूमि मानकर चलें, भोगभूमि नहीं। जहाँ भोग की भावना आ जाती है, वहाँ परिश्रम और कर्म चाहे स्वयं ही क्यों न किया जाए, एक पूँजीवादी व्यवस्था का निर्माण हो जाता है। वह हमें मान्य नहीं, क्योंकि वहाँ 'जंगल का कानून' होता है, जिसमें व्यक्तिगत स्वार्थ ही प्रमुख होता है और समाज व राष्ट्र का सामूहिक हित गौण हो जाता है। ऐसी व्यवस्था आर्थिक उत्पादन का पुनर्वितरण ठीक से नहीं कर पाती और समाज के सामूहिक विकास का मार्ग इतना सँकरा हो जाता है कि सामूहिक भावना की धमनियों में उचित रक्त प्रवाहित ही नहीं हो पाता। चूँकि हम इस दिशा में काफी आगे खिसक चुके हैं, जिसके दुष्परिणाम सामने आ रहे हैं, फिर चाहे वे सामाजिक पूँजी के अभाव के रूप में हों या जनसांख्यिकीय आपदा की ओर बढ़ने की प्रवृत्ति में निहित हों। हम इसे चुपचाप देख भी रहे थे, लेकिन यह सवाल भी कर रहे थे कि इसे तोड़ेगा कौन? वही, जो समाज, संस्कृति और राष्ट्र की चिंता को प्रमुख मानकर आगे बढ़ने के लिए प्रतिबद्ध होगा। यह कोई नेता मात्र नहीं कर सकता था, इसे केवल ऋषि परंपरा का कोई नेता या संत ही कर सकता

था। इसलिए जब एक संत हमें देश के सबसे ज्यादा मानवीय संपदावाले प्रदेश का नेतृत्व करने के लिए मिला तो उम्मीद जगना भी स्वाभाविक लगी। हालाँकि अभी ऋषि परंपरा के नेता योगी आदित्यनाथजी को बहुत संघर्ष करना होगा, यदि वे अब तक की बह रही धारा को उलटना चाहते हैं या फिर उसकी दिशा सही करना चाहते हैं तो। संघर्ष इसलिए, क्योंकि धाराओं को विपरीत दिशा में ले जाने से सबसे ज्यादा दिक्कत धारा की दिशा में चलनेवाले या फिर चलानेवाले लोगों की होगी, जो बाहर भी हैं और अंदर भी।

वैश्वीकरण के आने के पश्चात् हमारी संपूर्ण बौद्धिक या अकादमिक और प्रशासनिक मशीनरी इस बात पर गहन चर्चा करती रही कि आर्थिक संकट हल कर लिये जाएँ, आर्थिक सुधार संपन्न कर लिये जाएँ, टोकनवादी राजनीति को संस्थागत विज्ञापनों के जरिए स्थापित कर लिया जाए तो फिर सारी समस्याएँ समाप्त हो जाएँगी। इसी सैद्धांतिकी का देश भर में जोर-शोर से प्रचार भी किया जाता रहा और तंत्र की समस्त ऊर्जा इसी का समाधान ढूँढ़ने के लिए खपाई जाती रही, जो अभी भी कहीं अधिक विकृतियों के साथ मौजूद है। क्या वास्तव में सच यही है? देश और समाज के सामने जो विषय संकट बनकर खड़े हैं, क्या वे इतने एकांगी हैं? हमारा विकास शहर-केंद्रित हो रहा है, लेकिन ग्राम-केंद्रित व प्रकृति-केंद्रित नहीं। विश्व बैंक जैसी अंतरराष्ट्रीय संस्थाएँ हमें निर्देशित करती हैं कि हम शहरों का विकास करें, तभी वे हमें विकासात्मक ऋण या सहायता देंगी, अन्यथा नहीं। तब क्या यह समझने की जरूरत पैदा नहीं हो जाती है कि हमारा वास्तविक संकट आर्थिक नहीं, बल्कि कुछ और है, विशेषकर सांस्कृतिक है? लेकिन हमने जब से पश्चिमी चश्मे से देखना शुरू किया है, तब से यह तथ्य दरकिनार कर दिया गया और यह स्थापित कर दिया गया कि देश और समाज का विकास करना है तो विकसित देशों से तकनीक और पूँजी लाना, सांस्थानिक ढाँचे को रूपांतरित करना और फिर उसे आर्थिक विकास के पर्याय या नियति के रूप में स्वीकारना जरूरी है। हमने वही किया भी; लेकिन परिणाम क्या रहा—कुपोषण, गरीबी, बेरोजगारी, भुखमरी, असंतुलन, संघर्ष शिक्षा व्यवस्था का गर्त में जाना, भाषा व पंथ का संघर्ष तथा भ्रष्टाचार का संस्थागत रूप में उदय। हम इसका वास्तविक उत्तर तभी खोज पाएँगे, जब हम यह देख पाएँगे कि विदेशी

जातियों ने भारत में प्रवेश करते ही भारत की संस्कृति पर हमला क्यों किया था? हमारे मंदिर क्यों तोड़े गए? हमारे पुस्तकालय क्यों जलाए गए? हमारी मूर्तियों को जमींदोज क्यों किया गया? हमारे लोगों का जबरन धर्म-परिवर्तन क्यों कराया गया? इन विषयों पर निगाह डालनी होगी, तभी हम भारत के मूल चरित्र और चुनौतियों को समझ पाएँगे। यह बात केवल मुसलमान आक्रांताओं तक सीमित नहीं रही, बल्कि ईसाइयों ने भी वही किया। मिशनरियों ने पूरी कोशिश की कि भारतीय संस्कृति और धर्म पर इतने सुनियोजित हमले किए जाएँ कि यह नष्ट-भ्रष्ट हो जाए और जो बचे, उसे अपने खाँचे में ढाल लिया जाए। विशेष बात यह रही कि पूरी-की-पूरी पश्चिमी सभ्यता हम पर थोप दी गई; लेकिन संभ्रांत या उच्च वर्गीय शिक्षित भारतीय वर्ग को इससे कोई खतरा नहीं महसूस हुआ, बल्कि इस वर्ग ने यह कहकर प्रचार भी किया कि यह हम पर दैवी कृपा है कि हम पश्चिमी व्यवस्था के अधीन आए। लेकिन आम जन या मध्यम एवं निम्न मध्यम वर्ग ने इसके खिलाफ लंबी लड़ाई लड़ी। हालाँकि इसमें महात्मा गांधी जैसे नेतृत्व की निर्णायक भूमिका रही, जो यह मानते थे कि अंग्रेजों से लड़ाई सिर्फ राजनीतिक स्तर पर ही नहीं लड़नी है, बल्कि यह संघर्ष एक संपूर्ण सभ्यता के खिलाफ है।

उस लड़ाई के बाद भी भारत में सांस्कृतिक जागरण नहीं हो पाया। यही वजह है कि असमान विकास को बढ़ावा मिला। इसी ढर्रे पर हम निरंतर चलते रहे, बल्कि राहें और टेढ़ी-मेढ़ी होती गईं। वर्ष 1990 के बाद स्थितियाँ और बदलीं तथा भारत में एक बुनियादी विरोधाभास जनमा। एक तरफ वैश्वीकरण और दूसरी तरफ आरक्षण। एक तरफ विकास की गति की प्रतियोगिता और दूसरी तरफ बिना रोजगार के विकास। इसने एक परिजीवी संस्कृति को जन्म दिया, जो धीरे-धीरे नीचे तक फैलती गई और जिसने प्रतिभाओं को देश से पलायन करने को विवश किया। इससे सबसे बड़ा नुकसान यह हुआ कि हमारी व्यवस्था, हमारे उद्योग और हमारी वैज्ञानिक संस्थाओं को कम प्रतिभावाले लोग मिले या फिर उन संस्थाओं में प्रतिभावाले व्यक्तियों की भूमिका नगण्य हो गई। अब बचे कला और संस्कृति से जुड़े लोग, तो उन्हें एक कोने में सीमित कर अप्रासंगिक बना दिया गया। इस बात को पूरी तरह से दरकिनार कर दिया गया कि भारत में आर्थिक क्रांति से पहले सांस्कृतिक क्रांति या फिर आर्थिक क्रांति के लिए उससे पहले सांस्कृतिक क्रांति

आवश्यक है। इसका उदाहरण आप जापान से ले सकते हैं, जहाँ 19वीं सदी के द्वितीयार्ध में रिसॉर्जिमिंटो के जरिए पहले सांस्कृतिक क्रांति और फिर आर्थिक क्रांति संपन्न की गई थी। यही वजह है कि जापान एशिया में एक साम्राज्य के रूप में स्थापित हुआ, रूस जैसे देश को हराया और आज तक अपनी हैसियत को बरकरार रखने में कामयाब रहा है।

कुल मिलाकर, हमें उस नेतृत्व की जरूरत थी, जो भारतीय संस्कृति की महत्ता एवं उपादेयता को समझे और संस्कृतिनिष्ठ आर्थिक विकास के साथ-साथ व्यवस्था का निर्माण करने में सक्षम हो। यदि संस्कृति का संकट समाप्त हो जाएगा तो स्पष्ट रूप से 'करप्शन ऑफ कॉम्प्लीकेशन' समाप्त हो जाएगा और कॉम्प्लीकेशन का करप्शन समाप्त हो जाएगा तो सामाजिक पूँजी के निर्माण की समृद्ध प्रक्रिया संपन्न होगी। यदि ऐसा हुआ तो निश्चित तौर पर व्यवस्था प्रगतिशीलता की ओर उन्मुख हो जाएगी और विभाजक रेखाएँ धूमिल होंगी। लेकिन यह कार्य करेगा कौन? वही, जिसे अर्थव्यवस्था के लीकेज को रोकना आता हो; वही, जिसे व्यवस्था में निर्मित सुराखों पर पैबंद लगाने का हुनर आता हो; वही, जिसमें ईमानदारी हो, वही; जिसमें देश और समाज के लिए कुछ कर गुजरने की महत्त्वाकांक्षा हो; वही, जिसमें नैतिक साहस हो। फिलहाल तो इन सभी मानदंडों पर अभी योगी आदित्यनाथ ही खरे उतरते दिखाई दे रहे हैं। इसलिए हम यह विश्वास कर सकते हैं कि वास्तविक संकट का मूल हमारे नेतृत्व को मालूम है और वे इस दिशा में सफल होने की योग्यता व क्षमता रखते हैं। सफल होने की संभावनाएँ कम-से-कम उनमें इसलिए हैं, क्योंकि हमें यह मालूम है कि योगी आदित्यनाथ को धरातल का ज्ञान है और वे अपने कर्तव्य के प्रति प्रतिबद्ध हैं। लेकिन मैं उम्मीद करता हूँ कि वे बुद्धिजीवियों के थिंक टैंक से कुछ-कुछ ग्रहण करें। ऐसा इसलिए, क्योंकि मेरी दृष्टि में—वे कल के राष्ट्रीय नेतृत्व हैं; और सफल नेतृत्व के लिए उन आयामों को छूना एवं जानना जरूरी होता है, जो नौकरशाही नहीं बता सकती। मेरी समझ से, या तो नौकरशाही उन पक्षों को जानती नहीं होती, क्योंकि उसके अध्ययन का दायरा चयन के बाद बेहद संकुचित हो जाता है और यदि वह जानती है तो संपूर्ण बताना नहीं चाहती, ताकि नेतृत्व की उस पर निर्भरता हमेशा बनी रहे।

□

12

बदल रहा प्रदेश : कदम एक

परिवर्तन नियति का सार्वभौम नियम है; लेकिन प्राय: यह उत्सुकता भी रहती है और भय भी कि यह परिवर्तन होगा कैसा? सामान्यतया एकल दिशीय नियंत्रित एवं उद्‍देश्यपूर्ण परिवर्तन स्वयं नहीं आते, बल्कि वे सुनियोजित तरीके से संपन्न किए जाते हैं और नियोजन की निर्भरता नेतृत्व व शासकीय क्षमता पर निर्भरता करती है। इसलिए, दूसरे छोर पर पहुँचते-पहुँचते यह प्रश्न सामने आ जाता है कि यह नेतृत्व करेगा कौन? इतनी सत्यनिष्ठा, नैतिकता, योग्यता एवं क्षमतापूर्ण ईमानदारी क्या वास्तव में आज शेष बची है? यही 'चर' (वैरिएबल्स) यह तय करेंगे कि जो परिवर्तन होगा, वह सामर्थ्यवान्, वेगवान्, गुणवान्, नीतिवान्, नैतिक, कल्याणकारी, प्रगतिमूलक या फिर इसके विपरीत गुण-धर्मवाला होगा। हम यहाँ पर उत्तर प्रदेश की बात कर रहे हैं और इस बात को ध्यान में रखकर कर रहे हैं कि भारत में बृहत् परिवर्तन का रास्ता इसी प्रदेश से होकर जाएगा। इस परिवर्तन के पूर्वानुमान को हमने संसद् में दिए गए योगी आदित्यनाथ के ऐतिहासिक भाषण से ही महसूस किया था। उत्तर प्रदेश सरकार का नेतृत्व योगी आदित्यनाथ को मिलने के बाद इस पूर्वानुमान को व्यावहारिक रूप बदलते हुए भी देखा गया। क्या हमने जो महसूस किया, वह एक सच है या फिर सच से परे कुछ और इस पर एक ईमानदार मंथन करने की जरूरत होगी।

योगी आदित्यनाथजी ने उत्तर प्रदेश की सरकार की बागडोर सँभालने से पूर्व भारत की संसद् में एक सांसद और भावी मुख्यमंत्री उत्तर प्रदेश सरकार के नाते अपने वक्तव्य में जिन बातों का जिक्र किया था, उसमें मौलिक विषय यह था

कि उन्होंने पंद्रह वर्षों में गोरखपुर का जो मिजाज बदला है, वही बदलता हुआ मिजाज अब उत्तर प्रदेश में भी दिखेगा। योगी आदित्यनाथ ने भारतीय संसदीय परंपरा के मंदिर संसद् में जिस तरह का शिष्टाचार देखा है, वही शिष्टाचार अब प्रदेश के सामान्य जन-जीवन में भी दिखना चाहिए। उत्तर प्रदेश को भारत के सपनों का प्रदेश, देश का उत्कृष्ट प्रदेश बनाने के नैतिक संकल्प पर उनका मुख्य फोकस रहा। लेकिन यह तभी संभव होगा, जब उत्तर प्रदेश भ्रष्टाचार से मुक्त प्रदेश बने, जब उत्तर प्रदेश दंगों से मुक्त प्रदेश बने, जब उत्तर प्रदेश जाति और धर्म के मध्यकालीन प्रत्ययों से मुक्त प्रदेश बने, जब उत्तर प्रदेश के राजनीतिक दलदल से जाति गायब हो जाए, जब उत्तर प्रदेश की व्यवस्था और संचालन में आरक्षण नवब्राह्मणवादी स्वरूप समाप्त हो और सामाजिक-आर्थिक रूप से क्षैतिज आरक्षण की या तो शुरुआत हो या उसे पूरी तरह से समाप्त कर दिया जाए। उत्तर प्रदेश की उप-क्षेत्रीय राजनीति, धर्म, जाति और इसी तरह की तमाम विशेषताओं का पोटेंशियल, स्किल और योग्यता ग्रहण कर ले। इससे भी बड़ी बात है कि शिक्षा व्यवस्था में कायाकल्प हो और वहाँ से अराजकता व माफियागीरी का लोप हो। प्रदेश अव्यवस्था और गुंडागर्दी से मुक्त होकर एक ऐसे आर्थिक मॉडल की स्थापना करे, जिसमें अंतिम पंक्ति के अंतिम व्यक्ति से लेकर पहली पंक्ति के पहले व्यक्ति तक—सभी का समुचित उपयोग हो और हिस्सेदारी भी। उत्तर प्रदेश एक ऐसी अर्थव्यवस्था की संस्थापना करे तो सार्वत्रिक कल्याण और गतिशीलता के साथ-साथ युवाओं के लिए बेहतर स्पेस हो, ताकि वे पलायन व कुंठा का शिकार न हो सकें। कानून और व्यवस्था के मामले में उत्तर प्रदेश सबसे दुरुस्त व दक्ष प्रदेश बने, जिससे व्यावसायिक वातावरण का निर्माण हो, 'ईज ऑफ डूइंग बिजनेस' में प्रदेश सबसे आगे निकले, मातृ-शक्ति स्वयं को सुरक्षित महसूस करे और यदि उसे कहीं भी इस तरह का भय महसूस हो तो उसे इसके लिए गुहार न लगानी पड़े। इसके साथ ही प्रदेश में श्रेष्ठ सामाजिक, सांस्कृतिक और आध्यात्मिक पूँजी का निर्माण हो।

योगी आदित्यनाथ ने सर्वप्रथम यह तय किया कि विकास का कोई विकल्प नहीं हो सकता। यह उत्तर प्रदेश की राजनीतिक वैचारिकी में एक 'बिग शिफ्टिंग' थी, जो पहले प्रदेश के राजनीतिक मॉडल को पूरी तरह से बदल देने की शक्ति

रखती थी। दरअसल इससे पहले उत्तर प्रदेश की वैचारिकी सामाजिक न्याय के नाम पर, विशेषतः जाति और वर्ग के राजनीतिक मॉडल पर, आ ठिठकी थी; लेकिन व्यावहारिक रूप से उसका फोकस परिवार या व्यक्ति पर ही रहा। प्रदेश के जन-गण की प्रचारवादी प्रक्रिया का हिस्सा यथार्थ व्यक्ति से आगे नहीं बढ़ पाया और खिसका भी तो वह सिर्फ परिवार में उलझकर रह गया या फिर सिर्फ एक व्यक्ति, एक जाति के स्वर्णकाल में। उनकी पॉलिटिकल इकोनॉमी में आर्थिक विकास का मॉडल नहीं था और वे इस बात पर भी विचार करने के लिए तैयार नहीं थे कि 'विकास का कोई विकल्प' नहीं है। वर्तमान सरकार से पहले शासन-तंत्र और सरकारें कमोबेश आभासी समाजवाद या फिर परिवारवादी समाजवाद के इर्द-गिर्द सिमटी रहीं या छद्म अंबेडकरवाद अथवा कांशी दर्शन के आस-पास असल तो यह था कि वह दौर नव-सामंतवाद का था, जिसमें एक तरफ मुलायम सिंह एवं उनका जन्मज-रक्तवंशी कुनबा था और दूसरी तरफ मायावती एवं कुछ नव-मनुवादी सहयोगी थे। इस राजनीतिक-आर्थिक मॉडल का सामान्य जन-गण के हितों और उनके कल्याण से कोई वास्तविक सरोकार नहीं था। पिछले तीन दशक में उत्तर प्रदेश में जिन्होंने शासन किया, उनमें से कुछ जातिवाद के फर्श पर अधटिके-से थे और कुछ औंधे मुँह गिरे हुए थे। जो बचे, उनमें सीधा खड़े होने की क्षमता नहीं थी। उनमें न सत्यनिष्ठा थी और न ही राज्य के प्रति समर्पण और जन-गण के हितों के प्रति संकल्प-निष्ठा। स्वाभाविक है कि आर्थिक प्रतियोगिता और उन्नति के लिए प्रदेश को जो मिलना चाहिए था, वह नहीं मिला और प्रदेश विकास व सुशासन से दूर होता चला गया। हम यह भी कह सकते हैं कि पिछले लगभग दो से तीन दशकों में शासन व सरकारों का अंतिम पड़ाव (डेस्टिनेशन) विकास नहीं था, बल्कि कुछ महापुरुषों के नाम पर स्मारक खड़े कर, पार्कों का निर्माण कर, कुछ महापुरुषों को दक्षिण से उत्तर लाकर (जिनमें से अधिकांश उत्तर-विरोधी और हिंदी-विरोधी रहे) और स्वयं अपनी ही मूर्तियाँ बनवाकर स्वयं के होने का एहसास दिलाना था। सही बात तो यह है कि इस दौर में प्रभावी रहे नेतृत्व के पास की विचारधारा के व्यावहारिक पक्षों में न ही लोहिया थे, न जयप्रकाश नारायण, न डॉ. अंबेडकर और न ही ज्योतिबा फुले या नारायण गुरु जैसे महात्मा। यही वजह रही कि उनके सरोकार उस जन-गण से नहीं रहे,

जिनके लिए उनके आदर्श जीवन भर संघर्ष करते रहे। तो जब डेस्टिनेशन में ही आम जनता के अधिकार, कल्याण और विकास तथा राज्य की समृद्धता नहीं थी, तो फिर राजनीतिक मॉडल में विकास का स्थान तो गौण ही रहना था। परिणाम यह हुआ कि प्रदेश की जनता सामाजिक पूँजी के स्केल पर, मानव विकास के स्केल पर, शिक्षा के स्केल पर, कौशल के स्केल पर पीछे खिसकती गई और प्रदेश भौतिक, मानवीय व प्राकृतिक उपादानों से संपन्न होने के बावजूद बीमार होता गया। पिछले दो दशकों में दुनिया पूँजीवाद, विकासवाद, प्रतियोगी विश्व के निर्माण की दिशा में आगे बढ़ी और तेजी से नव–प्रवर्तनों को अपनाया; जबकि हमारा प्रदेश भ्रष्टाचार, जातिवाद, बाहुबलवाद, परिमार्जित सामंतवाद, संशोधित राजशाही सहित मध्य काल की तमाम रूढ़िवादी व गैर–प्रगतिवादी लकीरों में उलझकर गहरी खाई में जा गिरा।

इस पतन के लिए नेतृत्व जिम्मेदार न ठहराया जा सके, इसलिए उसने बड़ी कुशलता से अपने आपको मसीहाई फ्रेम में फिट करने की कोशिश की। कोई किसान बना, कोई दलित की बेटी बनी तो कोई कुछ और। दूसरा उपकरण अव्यावहारिक भाषा को, आक्रामता को, राज्य की मशीनरी को, वैयक्तिक मशीनरी को बनाया गया, जिसका परिणाम यह हुआ। यह प्रक्रिया निरंतर चलती रही और प्रदेश आवश्यक मानवीय सुविधाओं से भी वंचित होता गया, विकास अविकास की ओर बढ़ा और निवेश किन्हीं अनजान चेहरों पर पड़ी झुर्रियों के मुताल्लिक स्वयं को छिपाने की कोशिश करता रहा या युवा दिखनेवाली किसी फेस क्रीम को खोजने में लगा रहा। इसका अर्थ यह हुआ कि वर्ष 2017 में हम जिस प्रदेश को देख रहे थे, वह एक तरह से 'अयोग्यता के संस्थित जाल' में फँसा हुआ प्रदेश था, यानी इस जाल के तंतुओं को काटे बिना प्रदेश में आधारभूत परिवर्तन लाना संभव नहीं था या दूसरे शब्दों में कहें तो 'फ्रैक्शन ऑफ सेंटीमीटर' में भी प्रदेश आगे बढ़ने की क्षमता अर्जित नहीं कर पाता। शायद प्रदेश की जनता ने भी इतना ही या इससे कुछ कम या ज्यादा महसूस किया। इसलिए उसने जो जनादेश दिया, वह अभूतपूर्व दिया और इसके जरिए राजनीतिक तंत्र को यह निर्देश भी दिया कि अब वह प्रदेश में आमूलचूल परिवर्तन लाने की पक्षधर है और यह जनादेश उसी का हिस्सा है। इसी जनादेश ने योगी आदित्यनाथ को प्रदेश सरकार का मुख्यमंत्री

बनवाया। इसलिए अब योगी आदित्यनाथ की यह नैतिक और आध्यात्मिक जिम्मेदारी बनती थी कि वे प्रदेश को बदलने के लिए जन-गण के निर्देश को धार्मिक अध्यादेश मानकर पूरा करें। इसे उन्होंने बखूबी समझा और इस दिशा से पहले ही दिन से प्रयास भी आरंभ कर दिया। उन्होंने आरंभ से ही जो प्रयास किए, वे अधिकतम शासन, अधिकतम कल्याण को सुनिश्चित करने, अधिकतम न्याय प्रदान करने, प्रदेश को समृद्ध बनाने और जटिलता के भ्रष्टाचार को खत्म करने की दिशा में निर्णायक थे। हालाँकि इस प्रदेश में बदलाव के लिए निर्णायक पहल करना आसान नहीं था, क्योंकि नकारात्मक विशेषताएँ स्थायी संस्थाओं का रूप धारण कर चुकी थीं। इसलिए उन्हें बहुआयामी संघर्ष की रणनीति बनाने के साथ-साथ स्वयं को बचाने की रणनीति पर भी काम करना था, जिसके खतरे कहीं बहुत अधिक थे। उन्होंने जो कार्य किए, उन्हें बिंदुवार कुछ इस तरह से देखा जा सकता है—

1. राज्य सरकार के अधीन अधिकारियों की क्लीनिंग, ताकि स्वस्थ और स्वच्छ प्रशासन स्थापित हो सके। अगर विशुद्ध शब्दों में कहें तो राज्य की नौकरशाही पिछले दो-ढाई दशकों में प्रदेश की नौकरशाही न रहकर दलगत नौकरशाही में तब्दील हो गई थी। जाहिर है इस स्थिति में उसका मूल ध्येय दलगत नेतृत्व को संतुष्ट करना था, न कि प्रदेश को समृद्ध बनाना और जन-नीतियों के निर्माण व संचालन में एक प्रतिबद्ध सिविल सर्वेंट का दायित्व निभाना। चूँकि यह स्थिति योग्यता को नहीं, बल्कि जाति सहित उन तमाम मानदंडों को आधारभूत मानती है, जिनके सरोकार उनके निजी लाभों को पोषित करने तक सीमित हों, इसलिए योग्यताएँ कुंठित होती हैं।

   इस संदर्भ में अंतरराष्ट्रीय जनरल 'इकोनॉमिक रिव्यू' और 'वर्ल्ड इकोनॉमिक आउटलुक' पर ध्यान दें तो आपको एक समीकरण मिलेगा। यह समीकरण जनता (अर्थव्यवस्था की भाषा में 'कंज्यूमर'), सरकार (आर्थिक शब्दावली में 'स्टेट') और प्रशासनिक अधिकारी (राजनीतिक शब्दावली में 'ब्यूरोक्रेसी', जबकि आर्थिक शब्दावली में 'सर्विस प्रोवाइडर') में है, जिसमें कहा गया है कि जनता/कंज्यूमर

अपनी शक्ति राज्य को हस्तांतरित कर देता है, ताकि सरकार सर्विस प्रोवाइडर्स से नियंत्रण स्थापित कर जनता के कल्याण एवं समृद्धि को सुनिश्चित करे। लेकिन होता यह है कि सरकार और नौकरशाही आपस में गठबंधन कर लेती हैं। सरकार नौकरशाही को संरक्षण देने लगती है और नौकरशाही सरकार, नेताओं और उनके क्रॉनी रिलेटिव्स को सेवाएँ प्रदान करने लगती है। इस कॉकस को योगी आदित्यनाथजी को तोड़ना था, जो बेहद मुश्किल कार्य था; लेकिन उन्होंने धीरे-धीरे इसे तोड़ने का कार्य आरंभ किया, हालाँकि इसकी गति थोड़ी धीमी है और जनता की अपेक्षाएँ बहुत अधिक।

2. राजनीति और नौकरशाही (जिसमें पुलिसिंग भी शामिल है) के कॉकस के नीचे माफिया संरक्षण प्राप्त कर रहे थे, जिससे कई तरह की चुनौतियाँ प्रदेश और उसके लोगों को झेलनी पड़ रही थीं। सबसे अधिक निराशाजनक बात यह थी कि व्यावसायिक निराशावाद उत्तर प्रदेश में पनपने लगा था, जिसके कारण 'ईज ऑफ बिजनेस डूइंग' में प्रदेश निरंतर निचले पायदानों की ओर खिसकता जा रहा था। कानून और व्यवस्था की स्थिति बद से बदतर हो गई। लेकिन योगी आदित्यनाथ के नेतृत्व में सरकार बनते ही माफियाओं के लिए बुरे दिन की शुरुआत हो गई, जिसका असर कानून और व्यवस्था पर बेहद सकारात्मक दिखना शुरू हुआ।
3. विकास के लिए अबाधित ऊर्जा आपूर्ति की आवश्यकता होती है, ताकि प्रति इकाई उत्पादन की निरंतरता बनी रहे। इस उद्देश्य से मुख्यमंत्री योगी आदित्यनाथजी ने 24 X 7 बिजली आपूर्ति सुनिश्चित करने संबंधी कदम उठाया, जिसमें जिला मुख्यालयों और नगरों के लिए 24 घंटे की आपूर्ति, जबकि ग्रामीण क्षेत्रों के लिए 18 घंटे की आपूर्ति सुनिश्चित की गई। इस दिशा में एक जो सबसे नकारात्मक तथ्य था, वह था बिजली चोरी संबंधी। एक रिपोर्ट के अनुसार पिछली सरकार के समय तक 32 प्रतिशत बिजली चोरी होती थी। जाहिर है, इस बिजली का न ही मूल्य मिलता था, न राजस्व की प्राप्ति होती थी

और न ही यह उत्पादन कार्यों के लिए उपलब्ध हो पाती थी और न ही आम जनता को। अब दोनों ही मोरचों पर तेजी से कार्य को देखा जा सकता है।

4. शिक्षा में सुधार

भारत में शिक्षा की स्थिति क्या है, इसे निम्नलिखित प्रकार से व्यक्त किया जा सकता है—

स्थिति 1 : भारत में स्कूल की पढ़ाई करनेवाले 9 में से 1 छात्र ही कॉलेज पहुँच पाता है। यही नहीं, नामांकन अनुपात भी बेहद कम है (अमेरिका के 83 प्रतिशत के मुकाबले 11 प्रतिशत)।

कारण : आर्थिक और सामाजिक कारणों के साथ-साथ नामांकन के लिए अच्छे कॉलेजों में स्थानों की कमी और रोजगार की कम संभावनाएँ।

प्रयास : यदि भारत 11 प्रतिशत से 15 प्रतिशत तक नामांकन को ले जाना चाहता है तो उसे तत्काल 2,26,410 करोड़ रुपए का निवेश करना होगा; जबकि अभी भारत इस मामले में बहुत पीछे है।

निजी क्षेत्र : एक विकल्प के रूप में : निवेश वृद्धि के लिए यदि सरकार राजकोष पर बोझ बढ़ाती है तो उसकी अन्य योजनाएँ व कार्यक्रम प्रभावित होंगे और राजकोषीय घाटे में वृद्धि प्रोत्साहित होगी, जो अंतरराष्ट्रीय साख और सरकार की वित्तीय प्रबंधन की योग्यता के लिहाज से नकारात्मक होगा। ऐसे में पी.पी.पी. मॉडल का चुनाव या विशुद्ध रूप से निजी पूँजी को प्रोत्साहित करने की जरूरत होगी, जिसके अपने जोखिम हैं।

जोखिम : आजादी के पहले 50 वर्षों में सिर्फ 44 निजी संस्थाओं को डीम्ड विश्वविद्यालय का दर्जा मिला। पिछले 16 वर्षों में 69 और निजी विश्वविद्यालयों को मान्यता दी गई, लेकिन इसका विशेष लाभ नहीं हुआ। कारण यह है कि अब तक जो निजीकरण हुआ है, उसके चलते भारत में शिक्षा के निजीकरण ने डीम्ड विश्वविद्यालयों और विद्यालयों में विद्यार्थी, विषय, व्यवसाय, समाज के प्रति प्रतिबद्धता न होने के कारण आज शिक्षा की परिभाषा को दो शब्दों में बंद कर दिया गया है—डंपिंग एंड वोमिटिंग (Dumping and Vomiting) ठूँसना और उड़ेलना। शिक्षा का अर्थ है—परीक्षा, अंक-प्राप्ति, प्रतिस्पर्धा तथा व्यवसाय।

जिनको व्यवसाय नहीं मिलता वह बेकारी की सेना में भरती हो रहे हैं।

स्थिति 2 : नैसकॉम और मैकिंजी के शोध के अनुसार, मानविकी में 10 में से 1 और इंजीनियरिंग में डिग्री ले चुके 4 में से 1 भारतीय छात्र ही नौकरी पाने के योग्य हैं (पर्सपेक्टिव 2020)। इस दृष्टि से भारत के पास दुनिया की सबसे अधिक तकनीकी और वैज्ञानिक मानव शक्ति का जखीरा है, इस दावे की यहीं हवा निकल जाती है। राष्ट्रीय मूल्यांकन और प्रत्यायन परिषद् का शोध बताता है कि भारत के 90 फीसदी कॉलेजों और 70 फीसदी विश्वविद्यालयों का स्तर बहुत कमजोर है।

उपाय : 'रन ऑफ द मिल' यानी बने-बनाए ढर्रे पर स्नातक पैदा करने की प्रवृत्ति से जितनी जल्दी छुटकारा पाया जाए, उतना ही अच्छा है। लेकिन इसके लिए सरकारों के हस्तक्षेप को कम करना होगा और कुलपतियों के दायित्वों की ऑडिटिंग, शिक्षण ऑडिटिंग और परफॉर्मेंस के आधार पर शिक्षकों के वेतन में कटौती, सुविधाओं की कमी और डिमोशन जैसे मानदंड अपनाने के साथ-साथ स्थायी शिक्षकों की बजाय आउटसोर्सिंग की प्रक्रिया को अपनाने की जरूरत होगी।

संभावना : विदेशी संस्थानों को आमंत्रण, जिससे एक प्रतिस्पर्धी वातावरण बनेगा। तब संभव है कि घरेलू वातावरण में उसी तरह से परिवर्तन आए, जिस तरह से बाजार और बाजार आधारित संस्थाओं में आया है। वैसे, विश्व व्यापार संगठन ने इसके लिए दूसरे रास्ते बनाने आरंभ कर दिए हैं (नैरोबी सम्मेलन)।

जोखिम : लोकतांत्रिक व्यवस्था और संगठनात्मक शक्तियाँ शिक्षकों पर नियंत्रण स्थापित नहीं करने देंगी, बल्कि सरकारों पर उनके सामूहिक दबाव अंततः ऐसे प्रयोजनों को निस्तेज कर देंगे। इसके साथ ही वैश्विक संस्थाओं एवं आउटसोर्सिंग के अपने जोखिम हैं, जिन्हें नजरअंदाज नहीं किया जा सकता है।

योगी आदित्यनाथ की सरकार ने अभी तक शिक्षा माफियाओं और शिक्षा व्यवसायियों पर नियंत्रण स्थापित किया है और पूरी तरह से नकल-विहीन बोर्ड परीक्षाएँ संपन्न कराने में सफलता अर्जित की। लेकिन इसे हमें पहला कदम मान सकते हैं, अभी बहुत लड़ाई लड़नी है। कारण यह कि उत्तर प्रदेश में शिक्षा का पूरा ढाँचा ही ध्वस्त है।

5. नई औद्योगिक नीति

निवेश प्रोत्साहन और रोजगार संवृद्धि के उद्देश्य से नई औद्योगिक नीति की शुरुआत की गई। राज्य सरकार द्वारा राज्य निवेश प्रोत्साहन बोर्ड की स्थापना की गई। प्रदेश में व्यापार एवं उद्यम को सुगम बनाने और प्रोत्साहन देने के लिए 'ईज ऑफ डूइंग' बिजनेस के अंतर्गत बिजनेस रिफॉर्म एक्शन बीस विभागों द्वारा लागू कर दिया गया है। डिजिटल क्लियरेंस को लागू करने जा रहे हैं। सी.एम. कार्यालय द्वारा मॉनीटरिंग की जा रही है। ध्यान रहे कि अखिलेश सरकार के समय 'ईज ऑफ बिजनेस डूइंग' में उत्तर प्रदेश की रैंकिंग 14 पर पहुँच गई थी और प्रदेश का स्कोर वर्ष 2015 में 47.37 था, जो वर्तमान समय में 95.12 पहुँच गया है। दूसरी तरफ देखें तो अखिलेश सरकार के पाँच वर्षों में 50,000 करोड़ का निवेश प्राप्त हुआ था, जबकि योगी आदित्यनाथ की सरकार ने पिछले 16 महीने (इन्वेस्टर्स समिट 2018 के बाद 5 महीने) में ही 60,000 करोड़ रुपए के निवेश को जमीन पर उतार दिया, जिसमें लगभग 5,000 करोड़ रुपए का सैमसंग द्वारा नोएडा में किया गया निवेश और सरकार द्वारा 38,000 करोड़ रुपए का निवेश शामिल नहीं है। अभी जब डिफेंस कॉरीडोर अपने व्यावहारिक स्वरूप को प्राप्त करेगा तो संभव है कि उत्तर प्रदेश पूरी तरह से बदल जाएगा।

6. प्रदेश प्रगतिशील, प्रतियोगी, संतुलित एवं एसोसिएटिव अर्थव्यवस्था बने, इसके लिए जरूरी है कि गाँव और जिले आत्मनिर्भर बनें। इस दिशा में 'वन डिस्ट्रिक्ट-वन प्रोडक्ट' एक स्थानीय आर्थिक इकाई बनाने के साथ-साथ प्रत्येक जिले को एक आत्मनिर्भर अर्थव्यवस्था बनाने में सहयोगी साबित हो सकता है। यह प्रोजेक्ट प्रत्येक जिले की आत्मनिर्भर अर्थव्यवस्था का आधार बने, इसके लिए आवश्यक है कि इसे स्टार्टअप से जोड़ा जाए और सरकार इसके लिए वित्त की व्यवस्था के साथ-साथ 'कुशल उत्पादन-कुशल शासन' की नीति को आगे बढ़ाए। हालाँकि सरकार ने स्टार्टअप नीति को आगे बढ़ाने के लिए आई.आई.टी., कानपुर को सहयोगी बनाया है, जिससे यह संभावना बनती है कि प्रदेश की अर्थव्यवस्था छोटे-छोटे संकुलों के रूप में संयोजित होकर एक नई स्फूर्ति हासिल करेगी।

7. संभवत: पिछले दशकों में उत्तर प्रदेश उन राज्यों में एक रहा, जिनका बुनियादी ढाँचागत विकास या तो बहुत धीमा रहा या शून्य के करीब रहा; लेकिन बिना इन्फ्रास्ट्रक्चरल डेवलपमेंट के इकोनॉमिक डेवलपमेंट संभव नहीं है। हालाँकि पिछली सरकार ने इस दिशा में अपने अंतिम वर्षों में एक कोशिश की, लेकिन वह इस कोशिश को आर्थिक विकास और रोजगार से नहीं जोड़ सकी। इस समय उत्तर प्रदेश में दो नए एक्सप्रेस वे बन रहे हैं। एक है—पूर्वांचल एक्सप्रेस-वे और दूसरा बुंदेलखंड एक्सप्रेस-वे। इसके अतिरिक्त, उत्तर प्रदेश से गुजरनेवाले वेस्टर्न और ईस्टर्न डेडीकेटेड फ्रेट कॉरीडोर हैं। ईस्टर्न डेडीकेटेड फ्रेट कॉरीडोर के दोनों तरफ औद्योगिक कॉरीडोर का निर्माण किया जा रहा है, जिसे दोनों एक्सप्रेस-वे (यानी पूर्वांचल एक्सप्रेस-वे और बुंदेलखंड एक्सप्रेस-वे) के साथ जोड़ा जाएगा। जब ये दोनों डेडीकेटेड फ्रेट कॉरीडोर बनकर तैयार हो जाएँगे, प्रदेश की आर्थिक गति अपने आप ही तीव्र होने लगेगी। ईस्टर्न कॉरीडोर पूर्वी भारत के बंदरगाहों तक राज्य के उद्यमियों की पहुँच सुगम बनाएगा, साथ ही ईस्टर्न डेडीकेटेड फ्रेट कॉरीडोर के दोनों ओर विकसित किए जा रहे हैं—अमृतसर-कोलकाता औद्योगिक कॉरीडोर को निश्चित करते हुए उत्तर प्रदेश में दो नेशनल इन्वेस्टमेंट एंड मैन्युफैक्चरिंग जोन और इंटीग्रेटेड मैन्युफैक्चरिंग क्लस्टर को विकसित करने की योजना बनाई गई है। ये प्रदेश के ढाँचागत बदलाव के संकेत हैं।

8. **आर्थिक विकास दर में वृद्धि की रणनीति**

   योगी आदित्यनाथ के नेतृत्व में प्रदेश बेहद कम समय में पॉलिसी ड्रिवेन स्टेट बन गया, जिसके कारण ही पाँच महीने के अंदर उद्यमियों ने मेमोरेंडम ऑफ अंडरस्टैंडिंग को व्यावहारिक रूप दिया और 60,000 करोड़ रुपए के निवेश की शुरुआत की। यह निवेश पूरी तरह से निजी उद्यमियों की तरफ से किया जा रहा है, जिसमें अल्ट्राटेक सीमेंट, अडानी समूह, एक्सेल समूह, आई.टी.सी. समूह, लूलू समूह आदि शामिल हैं। चूँकि इस निवेश का 51 प्रतिशत पश्चिमी उत्तर प्रदेश, 27

प्रतिशत सेंट्रल उत्तर प्रदेश व बुंदेलखंड और 22 प्रतिशत पूर्वी उत्तर प्रदेश में जाएगा, इसलिए अब उत्तर प्रदेश में जो विकास होगा, वह संतुलित होगा, जिससे उत्तर में उपक्षेत्रीयताओं के मध्य संघर्ष नहीं, बल्कि सहयोगी प्रतियोगितावाद विकसित होगा। इन प्रयासों के नतीजे अभी से दिखने लगे हैं, इसलिए हम जैसे आशावादी यह कह सकते हैं कि जल्द ही ग्रॉस स्टेट डोमेस्टिक प्रोड्यूस (जी.एस.डी.पी.) में प्रदेश अन्य प्रदेशों की तुलना में आगे निकल जाएगा। उल्लेखनीय है कि वर्ष 2016-17 में जी.एस.डी.पी. 183.72 अरब डॉलर था, जो 2017-18 में बढ़कर 207.83 अरब डॉलर हो गया।

9. कृषि और कृषक इस प्रदेश के लिए बेहद महत्त्वपूर्ण हैं। कृषि का पिछड़ापन और किसानों की गरीबी के कारण ही संभवत: उत्तर प्रदेश देश की आबादी में 17 प्रतिशत का हिस्सेदार है; लेकिन जी.डी.पी. में वह लगभग 8 प्रतिशत का ही हिस्सेदार है। यह असंतुलन उत्तर प्रदेश को आर्थिक प्रतियोगिता में निरंतर पीछे धकेलता रहा है और यही वजह है कि उत्तर प्रदेश एक बीमारू प्रदेश बना। इसलिए यदि प्रदेश का चेहरा (फेस ऑफ स्टेट) बदलना है तो फिर 'फेस ऑफ फॉर्मर' भी बदलना होगा। चूँकि मैं इस मान्यता को पूर्वी तरह से स्वीकार करता हूँ कि कृषि और ऋषि भारत के आर्थिक-आध्यात्मिक जीवन का आधार ही नहीं, बल्कि भारत की प्राणवायु हैं, यानी एक ऋषि कृषि और उसकी महत्ता को अच्छी तरह से समझ सकता है। योगी आदित्यनाथजी ने इसका प्रमाण भी दिया है। प्रमाण यह कि कैबिनेट की पहली बैठक में ही 'फार्म लोन वीवर्स' का 1 लाख रुपए तक का कर्ज माफ किया गया, जिससे 2 करोड़ किसान लाभान्वित हुए। पिछले कई दशकों में प्रदेश सरकार का यह रिकॉर्ड रहा है कि गन्ना किसानों का समय पर भुगतान नहीं हुआ; लेकिन योगी आदित्यनाथ की सरकार ने न केवल पिछले बकाया भुगतान दिलवाए, बल्कि चालू वित्त वर्ष का भुगतान तत्काल कराया गया, जिससे किसानों के पास पुनर्निवेश हेतु पूँजी उपलब्धता सुनिश्चित हुई और जीविका चलाने के

लिए भी। अब सरकार को एम.एस.एम.ई. का तीव्र विकेंद्रीयकरण कर और उसे प्रोत्साहन व संरक्षण देकर कृषि के साथ संबद्ध करने की कोशिश करनी है, ताकि कृषि तक इनोवेशन और स्टार्टअप पहुँचे और कृषि परंपरा की परिपाटियों से सरककर पूँजी, बाजार व प्रौद्योगिकियों की आधुनिक रेखाओं का हिस्सा बन सके।

10. **सांस्कृतिक अर्थव्यवस्था को गति प्रदान करना**

योगी आदित्यनाथजी को उत्तर प्रदेश का नेतृत्व प्राप्त होने के पश्चात् उत्तर प्रदेश ने सांस्कृतिक अर्थव्यवस्था पर पुनर्विचार शुरू कर दिया है। इस पुनर्विचार की शुरुआत गाय से हुई, जो भारत की संस्कृति का प्राण है। इसलिए गाय की रक्षा का तात्पर्य है—संस्कृति की रक्षा और संस्कृति की रक्षा का तात्पर्य है भारतीय जीवन-पद्धति की रक्षा। यही वह जीवन-पद्धति है, जो आर्थिक विकास के साथ-साथ खुशहाली ला पाएगी, अन्यथा तब तक हम इस इंडेक्स पर खरे उतरने के लिए कभी भूटान की ओर देखेंगे तो कभी ग्लोबल हैप्पीनेस इंडेक्स की ओर। उत्तर प्रदेश पर प्रकृति और परमात्मा की असीम अनुकंपा है। दोनों ने प्रदेश को आर्थिक और प्राकृतिक पोटेंशियल के मामले में अद्वितीय बनाया है। सरकार और नेतृत्व का अब यह दायित्व बनता है कि वह इसे पहचानें और फिर इनके लिए उपयुक्त विधान कर जन-गण के कल्याण के लिए प्रयुक्त करें। इसे दो प्रकार से किया जा सकता है। पहला यह कि प्राकृतिक संपदा की सोशल ऑडिटिंग हो और यह कि सांस्कृतिक धरोहरों को आपस में जोड़कर एक ऐसा परिपथ निर्मित करें, जिसमें प्राकृतिक छटाओं के साथ आधुनिक तकनीक का भरपूर प्रयोग किया गया हो। इसमें राम वन गमन पथ को राष्ट्रीय आध्यात्मिक मार्ग के रूप में विकसित किया जाए और उसको वही रूप दिया जाए, जो पहले रहा था, यानी पथ, रथ, ऋषि का संयोग। तत्पश्चात् कृष्ण की मथुरा से द्वारका के बीच एक आध्यात्मिक पथ की शुरुआत हो और इनकी शाखाओं को अन्य स्थलों से जोड़ा जाए। शर्त यह है कि उसके प्राकृतिक सौंदर्य को नुकसान न हो और जहाँ हुआ है, उसका

पुनरुद्धार किया जाए। मुख्य आध्यात्मिक पथों को ऋषि आश्रमों, तीर्थों व आध्यात्मिक स्थानों से संयुक्त किया जाए। फलतः उत्तर प्रदेश एक आध्यात्मिक (स्प्रिचुअल) अर्थव्यवस्था की ओर बढ़ सके।

यदि इन परिप्रेक्ष्यों का सूक्ष्म अध्ययन किया जाए और फिर उसे व्यापक फलक पर लाकर मैक्रो स्प्रिचुअल-इकोनॉमिक परिप्रेक्ष्य में स्थापित किया जाए तो यह कहने में न ही कोई पूर्वग्रह होगा, न संकोच और आत्मग्लानि कि जो प्रदेश बदल रहा है, वह कल पूरी तरह से बदला हुआ दिखेगा। लेकिन ऐसा कुछ एक दिन में नहीं हो पाएगा। ऐसा कुछ सिर्फ और सिर्फ एक व्यक्ति नहीं कर पाएगा। संपूर्ण प्रदेश के जन-गण को करना होगा और संपूर्ण प्रदेश के जन-गण को संकल्प लेना होगा और हमारे नेतृत्व को इस बदले हुए मनोवैज्ञानिक धरातल को समझना होगा तथा आवश्यकतानुरूप बदलने के लिए निरंतर प्रयास करना होगा। तभी यह सुषुप्तावस्था की माँद से बाहर आ पाएगा। तभी यह अकुशल-निष्क्रिय केंचुल को उतारकर नया उन्मुक्त आवृत्तिपूर्ण आवरण चढ़ाने और फिर उसे बनाए रखने तथा उसके अनुरूप सक्रिय होने में सफल हो पाएगा। यह परिवर्तन चूँकि बहुत बड़ा होगा, इसलिए इस दिशा में लिया जानेवाला निर्णय भी साहसी होगा और इसके लिए साहसी नेतृत्व की जरूरत होगी। इस शीर्षक के तहत एकमात्र नाम मेरी समझ में है और वह है योगी आदित्यनाथ। उन्होंने इसकी झलक दे भी दी है, जिसके समझने के लिए एक निश्चित फ्रीक्वेंसीवाले विवेक की जरूरत होगी।

□

13

बदल रहा प्रदेश : कदम दो

वर्ष 2017 में उत्तर प्रदेश ने राजनीतिक मिजाज बदलने का संकेत दिया। इस संकेत की भाषा और भावना को समझने की जरूरत थी; लेकिन इसके लिए यह आवश्यक था कि प्रदेश की राजनीतिक बागडोर ऐसी शख्सियत सँभाले, जो सत्यनिष्ठ हो, ईमानदार हो, प्रतिबद्ध हो और परिवार व मध्यकालीन ऐतिहासिक प्रत्ययों से परे हो। इन पैरामीटर्स पर योगी आदित्यनाथ चूँकि सबसे आगे थे, इसलिए उन्हें ही प्रदेश की सरकार का नेतृत्व सौंपा गया। मुख्यमंत्री के रूप में योगी आदित्यनाथ के शपथ लेने के साथ ही गवर्नेंस और सरकार का उन्मुखीकरण विकास और कानून की प्रतिष्ठा की ओर होना आरंभ हो गया। यह सही अर्थों में उत्तर प्रदेश की परंपरागत राजनीतिक संस्कृति में बदलाव का संकेत था; लेकिन प्रदेश को बदलने के लिए सोशल माइंडसेट और अर्थव्यवस्था को भी बदलने की जरूरत थी और इसके लिए एक मुख्यमंत्री के रूप में योगी आदित्यनाथ को अथक उद्यम करना था। अब सवाल यह उठता है कि अब तक उत्तर प्रदेश कितने कदम आगे बढ़ पाया?

प्रदेश की अर्थव्यवस्था में क्रांतिकारी व प्रगतिशील बदलाव की बुनियाद 21 फरवरी, 2018 को शुरू हुई 'इन्वेस्टर्स समिट' के साथ रखी गई, जिसमें लगभग 4.5 लाख के आस-पास के निवेश प्रस्ताव समझौते (एम.ओ.यू.) हस्ताक्षरित हुए थे। इस समिट के उद्घाटन के समय प्रधानमंत्री नरेंद्र मोदी ने एक बात कही थी, जो महत्त्वपूर्ण लगी। उनका कहना था कि जब परिवर्तन होता है तो सामने दिखने लगता है। उत्तर प्रदेश में इतने व्यापक स्तर के इन्वेस्टर्स समिट का सफलतापूर्वक

संपन्न होना, इतने निवेशकों और उद्यमियों का एक मंच पर आकर उत्तर प्रदेश को लेकर अपने विचार रखना और उत्तर प्रदेश के प्रति अपनी सकारात्मक सोच को रखना तथा सरकार के विकास संबंधी संकल्प में भागीदार बनने की मंशा प्रकट करना, स्वयं में एक बड़े परिवर्तन को प्रदर्शित करता है। समिट के उद्घाटन के अवसर पर ही प्रधानमंत्री ने कहा था कि उत्तर प्रदेश के मुख्यमंत्री श्रीमान आदित्यनाथ योगीजी को बधाई देता हूँ कि वे अपने प्रदेश को इतने कम समय में समृद्धि और विकास के रास्ते पर ले जाने में सफल हुए हैं। प्रधानमंत्री का कहना था कि पहले भय और असुरक्षा का वातावरण था। एक ऐसा वातावरण, जिसमें सामान्य मानवीय जीवन जीना मुश्किल हो जाता है, तो फिर उद्योगों के लिए तो सोच ही कैसे सकते हैं। हो सकता है कि एक सामान्य नागरिक इस सच को स्वीकार न करे, हो सकता है कि राजनीति से सरोकार रखनेवाले लोग इस सच को बिलकुल स्वीकर न करें; लेकिन इसकी वजह से तथ्य तो नहीं बदल जाएगा। वास्तविकता तो यही है कि जो वातावरण उत्तर प्रदेश में मौजूद था, उसमें नए अवसरों की बात नहीं की जा सकती थी और न ही मध्यम वर्ग अपने अंदर संभावनाओं को उत्पन्न कर सकता था। फिर तो युवा अपना माइंडसेट भी नहीं बदल पाता, यानी वह नकारात्मकता को निकालकर सकारात्मकता को संप्रेषित, पोषित और जीवित नहीं रख पाता। ये स्थितियाँ ही उत्तर प्रदेश को 'ईज ऑफ डूइंग बिजनेस' में, आशावादी वातावरण के निर्माण में, प्रतियोगी अर्थव्यवस्था, प्रतियोगी समाज और प्रतियोगी राज्य बनाने में बड़ी अवरोधक थीं। इन्हीं स्थितियों ने प्रदेश को बीमारू राज्य की श्रेणी में ले जाने और प्रदेशवासियों को निराशावादी वातावरण की ओर बढ़ने में भूमिका निभाई थी। जबकि उत्तर प्रदेश में संसाधन और सामर्थ्य का इतना विस्तार है कि यहाँ पर इतिहास की बुनियाद पड़ने के बाद से ही निरंतरता के साथ लगभग प्रत्येक क्षेत्र की एक अपनी अलग पहचान रही है। इस विषय को प्रधानमंत्री ने कुछ इन शब्दों में व्यक्त किया था—

"लखनऊ के चिकन का काम मशहूर है, तो मलीहाबाद के आम पूरी दुनिया में एक्सपोर्ट होते हैं। भदोही की कालीन है, तो बनारस की जरी-जरदोजी की कला और साड़ियों की धूम है। मुरादाबाद में बने पीतल के बरतन देश-विदेश जाते हैं, तो फिरोजाबाद का काँच चमक दिखाकर ही रहता है। हमारे आगरे का पेठा है,

तो कन्नौज का इत्र भी है। यहाँ सुबह बनारस की है तो अवध की शाम भी है। यहाँ ताजमहल, सारनाथ है तो अयोध्या, मथुरा, काशी भी है। यहाँ राम की लीला है तो कृष्ण का रास भी है। यहाँ गंगा है, यमुना है तो सरयूजी का आशीर्वाद भी है। यहाँ आई.आई.टी., कानपुर है; आई.आई.एम., लखनऊ है तो बनारस हिंदू यूनिवर्सिटी जैसे महान् संस्थान भी हैं।"

ये चीजें बता रही हैं कि उत्तर प्रदेश ज्ञान, निर्माण और अध्यात्म की धुरी है। इसलिए उत्तर प्रदेश केवल गौरवशाली इतिहास का ही नहीं, बल्कि गौरवशाली वर्तमान का भी प्रतिनिधि है। उत्तर को आप टेक्सटाइल, पर्यटन, कृषि आदि की झलकियों के जरिए देख सकते हैं। उत्तर प्रदेश की शिक्षा, शक्ति और भक्ति में उत्तर प्रदेश का सामर्थ्य है। उत्तर प्रदेश यही सामर्थ्य भारतीय अर्थव्यवस्था के ग्रोथ इंजन के रूप में प्रतिष्ठा दिला सकता है और इसके साथ ही यह खुशहाल अर्थव्यवस्था को भी स्थापित कर सकता है। फिर भी, यह विचार करना जरूरी होता है कि आगे क्या होगा? क्या उत्तर प्रदेश अपनी क्षमता और सामर्थ्य के साथ पूरा न्याय कर पाएगा?

प्रधानमंत्री ने इन्वेस्टर्स समिट के दौरान अपने भाषण में कहा था कि उत्तर प्रदेश में वैल्यूज हैं, वर्चूज है; लेकिन अब बदले हुए समय में वैल्यू एडीशन (मूल्य-वर्धन) की ज्यादा आवश्यकता है। सिर्फ कार्य-संस्कृति (वर्क कल्चर) में ही नहीं, सिर्फ व्यावसायिक संस्कृति (बिजनेस कल्चर) में ही नहीं, बल्कि हर क्षेत्र में उत्तर प्रदेश की जो पूरक-शक्ति (को-स्ट्रेंथ) है, उसमें वैल्यू एडीशन की आज बहुत आवश्यकता है। दरअसल उत्तर प्रदेश एक ऐसा राज्य है, जिसकी 60 प्रतिशत आबादी 'वर्किंग एज ग्रुप' में है। इस आर्थिक और जनसांख्यिकी भाग का रणनीतिक ढंग से इस्तेमाल किया जाए तो फिर उत्तर प्रदेश कई नई ऊँचाइयों को छू सकता है। यह भी ध्यान रखनेवाली बात है कि यदि ऐसा नहीं हुआ तो जनसांख्यिकी उत्तर प्रदेश को आपदा की ओर ले जाएगी। हमें यह ध्यान रखना होगा कि किसी भी राजनीतिक-आर्थिक इकाई की प्रगति तभी संभव है, जब उसमें पोटेंशियल, पॉलिसी, प्लानिंग और परफॉर्मेंस (4सी) हों। ये चारों वैरिएबल किसी भी राजनीतिक इकाई की आर्थिक प्रगति को स्वत:स्फूर्त करने में सहायक होंगे। चूँकि उत्तर प्रदेश में पोटेंशियल बहुत अधिक है, इसलिए उत्तर प्रदेश में

भविष्य को लेकर बहुत सी संभावनाएँ हैं; लेकिन मानव पूँजी के आधिक्य को देखते हुए श्रेष्ठ एवं डायनेमिक मैनेजमेंट की आवश्यकता है। यह तभी संभव हो पाएगा, जब मानव पूँजी/मानव संसाधन की संवेदनशील प्रतिबद्धता और संकल्प से संपन्न नेतृत्व हो।

प्रदेश में मौजूद इन्हीं संभावनाओं और विशेषताओं को देखते हुए ही प्रधानमंत्री संभवत: इस निष्कर्ष पर पहुँचे होंगे कि महाराष्ट्र की सरकार ने अपने राज्य की अर्थव्यवस्था को 'ट्रिलियन डॉलर इकोनॉमी' में बदलने का लक्ष्य रखा है। क्या महाराष्ट्र और उत्तर प्रदेश में इस बात की प्रतियोगिता आरंभ हो सकती है कि दोनों राज्यों में से पहले कौन 'ट्रिलियन डॉलर इकोनॉमी' के लक्ष्य को प्राप्त कर सकता है? यह प्रतियोगिता जितनी तेज होगी, राज्य में निवेश भी उतना ही बढ़ेगा। राज्य का विकास होगा, राज्य में रोजगार के नए अवसर बनेंगे तो राज्य में हेल्दी रेस, कॉम्पीटीटिव, कोऑपरेटिव फेडरलिज्म की भावना और भी मजबूत होगी।

एक बात ध्यान रखने योग्य यह है कि उत्तर प्रदेश की अर्थव्यवस्था में कृषि के बाद रोजगार देने में सूक्ष्म, लघु एवं मध्यम उद्योगों (माइक्रो, स्मॉल एंड मिडिल इंटरप्राइज) का दूसरा स्थान है। इससे भिन्न पक्ष यह है कि एम.एस.एम.ई. का उत्तर प्रदेश में बृहत्तर जाल (मैक्रो नेटवर्क) है, जो कृषि और औद्योगिक या दूसरे शब्दों में कहें तो ग्रामीण और शहरी अर्थव्यवस्था के बीच सेतु का काम कर सकते हैं, साथ ही ग्रामीण अर्थव्यवस्था को बूस्ट कर सकते हैं और युवाओं को रोजगार प्रदान करने के साथ-साथ ग्रामीण पलायन को रोक सकते हैं। एम.एस.एम.ई. की 50 लाख यूनिट्स हस्तशिल्प, प्रॉसेस्ड फूड प्रोडक्ट्स, कॉरपेट, रेडीमेड गारमेंट्स, लेदर प्रोडक्ट्स के निर्यात में अग्रणी रही हैं और आगे भी उत्तर प्रदेश की तसवीर बदलने में निर्णायक भूमिका निभा सकती हैं। बहुजन समाज पार्टी की सरकार के दौर में प्रदेश की एम.एस.एम.ई. इकाइयों को बहुत क्षति पहुँची थी, विशेषकर उन इकाइयों को, जो गन्ना सहित तमाम कृषि उत्पादों से जुड़ी थीं। उन्हें अब फिर से जीवंततापूर्ण व क्रियाशील बनाने की जरूरत है। इस दिशा में एम.एस. एम.ई. इंटरप्रेन्योर्स के लिए सबसे बड़ी समस्या है—पूँजी एवं वित्त की। सरकार को चाहिए कि वह उन्हें सशर्त वित्तीय प्रोत्साहन दे और उन्हें स्टॉक एक्सचेंज में

शामिल करने के लिए प्रेरित करे, ताकि वे कर्ज की बजाय पूँजी को बॉरो कर सकें, हेजिंग कर सकें। यदि यह स्थिति प्राप्त होती है तो उत्तर प्रदेश के स्पेशल प्रोडक्ट्स अंतरराष्ट्रीय पहचान बना सकते हैं। संभव है कि इस प्रयास के बाद 'वन डिस्ट्रिक्ट, वन प्रोडक्ट' (एक जिला एक उत्पाद) प्रदेश की अर्थव्यवस्था में सर्वाधिक मुख्य भूमिका में आ जाए। फिर तो प्रधानमंत्री के शब्दों में—यह गेम चेंजर साबित हो सकता है। प्रधानमंत्री का इस संदर्भ में कहना था कि हम क्लस्टर एप्रोच से परिचित थे, लेकिन 'वन डिस्ट्रिक्ट, वन प्रोडक्ट' एक पूरे होलिस्टिक इकोनॉमिक सिस्टम का निर्माण कर सकता है।

उत्तर प्रदेश के लिए अब सबसे बड़ी जरूरत है कि एक्सपर्टाइज एफीसिएंसी की इंटरलिंकिंग एक्सपर्टाइज मार्केट और ब्रांडिंग से हो। इससे प्रतियोगी टैलेंट, प्रतियोगी मार्केट और प्रतियोगी अर्थव्यवस्था का निर्माण संभव हो सकेगा।

प्रदेश को बदलने के लिए जरूरी है कि कुछ विषयों पर इनोवेटिव, कमिटेड, टाइम बाउंड रिजल्ट के साथ कार्य किया जाए। ये हैं—

1. उत्तर प्रदेश की खास विशेषता यह है कि यहाँ उत्पादन की समस्या नहीं है। इसलिए पूर्तिजन्य (सप्लाई ओरिएंटेड) समस्या अगर आती है तो इसका मतलब यह नहीं होना चाहिए कि उत्पादन कम हुआ, बल्कि यह होना चाहिए कि सप्लाई चेन कहीं से ब्रेक हुई है। इस ब्रेकिंग की शुरुआत प्रसंस्करण से ही शुरू हो जाती है। इसके बाद मार्केटिंग इन्फ्रास्ट्रक्चर, लॉजिस्टिक्स, मार्केटिंग और बिजनेस में वैल्यू एडीशन का अभाव इसमें अवरोधक के रूप में कार्य करते हैं। स्वाभाविक है कि पूर्ववर्ती ढाँचे को संपूर्णता में बदलने की जरूरत होगी। इसकी शुरुआत इन्फ्रास्ट्रक्चर और सप्लाई चेन के बीच के संबंधों में परिवर्तनों से होनी चाहिए।
2. विकेंद्रीकृत विकास को प्रोत्साहन देनेवाली दिशा में तेजी से आगे बढ़ने की जरूरत होगी। इससे न केवल आबादी के पलायन को रोकने में सहयोग मिलेगा, बल्कि उसमें स्थिरता व चक्रीयता की विशेषता का निर्माण भी होगा। इस दिशा में जो प्रयास आरंभ हुए हैं, वे हैं—

   इस दृष्टि से डिफेंस इंडस्ट्रियल कॉरीडोर महत्त्वपूर्ण है, जो बुंदेलखंड

के लिए कम-से-कम रोजगार के संदर्भ में लाइफ लाइन सिद्ध हो सकता है। पूर्वांचल एक्सप्रेस-वे तथा बुंदेलखंड एक्सप्रेस-वे से पूर्वांचल और बुंदेलखंड का औद्योगिकीकरण संभव होगा। ईस्टर्न और वेस्टर्न डेडीकेटेड फ्रेट कॉरीडोर—यह प्रोजेक्ट पहले से ही जारी है, लेकिन प्रदेश इसका लाभ उठा सकता है। इसका कारण यह है कि दोनों कॉरीडोर दादरी में मिलते हैं। इस कॉरीडोर के साथ दिल्ली-मुंबई इंडस्ट्रियल कॉरीडोर या अमृतसर-दिल्ली-कोलकाता इंडस्ट्रियल कॉरीडोर हैं, जो आपस में संयोजित होकर त्रि-शक्ति का निर्माण करते हैं, जो उत्तर प्रदेश की अर्थव्यवस्था में जीवंततापूर्ण उछाल ला सकती है।

3. टूरिज्म आनुपातिक रूप से उत्तर प्रदेश की मानव-पूँजी की खपत नहीं कर पा रहा है और न प्रदेश सरकार को अपेक्षित राजस्व दे पा रहा है; जबकि वास्तविकता यह है कि इसे आज आर्थिक विकास के गुणक के तौर पर देखा जा रहा है। यदि उत्तर प्रदेश की ऐतिहासिक व सांस्कृतिक विरासत पर नजर डालें तो यह प्रचुर मात्रा में है और इसकी परिधियाँ बहुत विस्तृत हैं, जो अनेक विधाओं, विविधताओं और आर्थिक तंत्र से संपन्न हैं। अब आवश्यकता है कि टूरिस्ट सेंटर इकोनॉमिक सिस्टम से जुड़े और अन्योन्याश्रितता के साथ कार्य करे। इस दिशा में हेरिटेज टूरिज्म, हैंडीक्राफ्ट टूरिज्म, इको टूरिज्म, वाइल्डलाइफ टूरिज्म, विलेज टूरिज्म को एक संकुल का रूप देना होगा और इन्हें विभिन्न परिपथों के साथ संयोजित करने की जरूरत होगी। यदि ऐसा संभव होता है तो फिर उत्तर प्रदेश टूरिज्म इकोनॉमी में नंबर वन का दावेदार बन सकता है।
4. उत्तर प्रदेश मानव पूँजी/मानव श्रम की दृष्टि से सर्वाधिक संपन्न है। विशेष बात यह है कि दक्षिण के मुकाबले उत्तर प्रदेश के पास युवा आबादी कहीं अधिक है। इसलिए प्रदेश के लिए अब जरूरी है कि वह अपनी आर्थिक विकास दर को रोजगार-केंद्रित और जन-केंद्रित बनाए। यदि ऐसा नहीं होता है तो वेलफेयर इकोनॉमी की स्थापना नहीं हो पाएगी और

जनसांख्यिकीय आपदा की संभावनाएँ बनने लगेंगी।

5. सामान्यतया सरकारें इस बात पर फोकस अधिक करती हैं कि 'ईज ऑफ बिजनेस डूइंग' के स्केल पर शीर्ष तक पहुँचा जाए, लेकिन उत्तर प्रदेश की आवश्यकता है कि वह इसके साथ-साथ 'ईज ऑफ लिविंग' को सर्वोच्च प्राथमिकता दे।

कुल मिलाकर, उत्तर प्रदेश को यदि बदलना है तो फिर सरकार को 'पॉवर ऑफ ऑल' एवं 'पॉवर फॉर ऑल' की सैद्धांतिकी के बीच एक संतुलन साधना होगा। योगी आदित्यनाथजी के साथ बातचीत में ही नहीं, बल्कि उनकी प्रतिबद्धता और प्रदेश को बदलने की इच्छा-शक्ति को देखते हुए ऐसा विश्वास होता है कि प्रदेश बदलेगा, जिसकी तरफ एक कदम बढ़ाया जा चुका है।

इस निष्कर्ष पर इसलिए पहुँचना उचित लगता है, क्योंकि भारत के राष्ट्रपति रामनाथ कोविंद ने 'वन डिस्ट्रिक्ट श्री वन प्रोडक्ट' को जमीन पर उतारने संबंधी कार्यक्रम के उद्घाटन भाषण में कुछ बातें कहीं, जो उस आकलन और निष्कर्ष का प्रतीक थीं कि प्रदेश बदल रहा है। उस दिशा में किया जा रहा संकेत था कि प्रदेश बदलने के लिए अग्रसर है। उस दिशा में व्यक्त की जा रही संभावना थी कि प्रदेश स्वयं को बदलने के पोटेंशियल से संपन्न है, उस दिशा में व्यक्त किया विश्वास था कि प्रदेश का नेतृत्व ऐसा करने में सक्षम साबित होगा। उनके वक्तव्य में कुछ मौलिक बिंदु थे—1. उत्तर प्रदेश वन ट्रिलियन इकोनॉमी की ओर अग्रसर है। 2. उत्तर प्रदेश के विकास के बिना भारत के विकास की कल्पना करना सही मायने में उचित नहीं होगा। 3. जब उत्तर प्रदेश विकसित होगा, तभी भारत विकसित होगा। 4. उत्तर प्रदेश प्रतिभा एवं संसाधनों से भरा प्रदेश है और इसमें विकास की सभी स्थितियाँ एवं उपकरण मौजूद हैं। 5. वन डिस्ट्रिक्ट वन प्रोडक्ट, यानी 'एक जिला एक उत्पाद' में वह क्षमता है, जिससे अंतिम व्यक्ति तक विकास पहुँच सकेगा। 6. लघु और मझोले उद्यम (एम.एस.एम.ई.) को अर्थव्यवस्था का मेरुदंड माना जाता है। यह समावेशी विकास का इंजन है। (ध्यान रहे कि उत्तर प्रदेश की अर्थव्यवस्था में ये निर्णायक की भूमिका निभाते हैं और इनमें उत्पादन और रोजगार दोनों ही दृष्टियों से बहुत अधिक पोटेंशियल है। यदि इनकी प्रतिष्ठा सही अर्थों में संभव हुई और राज्य सरकार की तरफ से वित्तीय व शासकीय सहयोग

मिला तो वास्तव में ये उत्तर प्रदेश की अर्थव्यवस्था के स्वरूप को बदलने में सहायक होंगे)।

हम किसी निष्कर्ष तक आगे पहुँचें, इससे पहले भारत की ऋषि परंपरा के राजनेता रहे पूर्व प्रधानमंत्री श्री अटल बिहारी वाजपेयी के इन शब्दों पर ध्यान दें कि "उत्तर प्रदेश उत्तम प्रदेश है। जो इसकी खोज करेगा, उसे पता चलेगा कि उत्तर प्रदेश संभावनाओं से कितना संपन्न है।" अटलजी के इस तथ्य से मुख्यमंत्री योगी आदित्यनाथ न ही विमुख हैं और न अपरिचित। हम ऐसा इसलिए कह सकते हैं, क्योंकि वे यह स्वयं स्वीकारते हैं कि प्रदेश पर प्रकृति और परमात्मा की असीम कृपा है। इस प्रदेश को प्रकृति और परमात्मा ने असीम संभावनाओंवाला बनाया है। यह उनका गहन अध्ययन ही है कि वे इस निष्कर्ष पर पहुँच चुके हैं कि उत्तर प्रदेश में जापान और थाईलैंड जैसी विकास की संभावनाएँ हैं। इन्हीं संभावनाओं को देखने के पश्चात् उन्होंने प्रदेश की राजधानी में इन्वेस्टर्स समिट करने का निर्णय लिया और उसे सफल बनाने के लिए अथक परिश्रम किया। समिट दो अर्थों में बेहद सफल रही। एक इस अर्थ में कि वर्तमान सरकार से पहले अखिलेश यादव के नेतृत्ववाली सरकार ने भी इन्वेस्टर्स समिट किया था; लेकिन मुंबई में जिसके चलते उसका चरित्र मात्र नुमाइशी रह गया। उनके सलाहकार और वे स्वयं यह भूल गए कि जब तक निवेश प्रदेश की जमीन, प्रदेश का वातावरण, प्रदेश का निजाम नहीं देखेगा और प्रदेश की अधिसंरचनात्मक प्रगति को जमीन पर नहीं देखेगा, वह निवेश के लिए मनोवैज्ञानिक रूप से तैयार नहीं हो सकता। योगी आदित्यनाथ ने इन्वेस्टर्स समिट को लखनऊ में संपन्न कर देश और प्रदेश के निवेशकों को उत्तर प्रदेश की व्यवस्था और जमीनी कार्यों से परिचित कराया। दूसरे इस अर्थ में कि अखिलेश सरकार ने जितने भी समझौता ज्ञापन (मेमोरेंडम ऑफ अंडरस्टैंडिंग; एम.ओ.यू.) हस्ताक्षरित किए थे, वे सभी नौकरशाही के निकम्मेपन की भेंट चढ़ गए, यानी निवेश के लिए कोई धनराशि उत्तर प्रदेश की सरजमीं तक नहीं आई। इसके विपरीत, योगी आदित्यनाथजी ने इन्वेस्टर्स समिट के बाद से अपनी मॉनीटरिंग के तहत इसे रखा और लगभग छह माह के अंदर ही 4.68 लाख करोड़ रुपए की समझौता ज्ञापन राशि में से 60,000 करोड़ रुपए की निवेश राशि जमीन पर आ गई और 50,000 करोड़ रुपए की निवेश राशि अभी

पाइपलाइन में है, जिसके शीघ्र ही व्यावहारिक आकार ग्रहण करने की संभावनाएँ हैं। अभी इसमें वह राशि शामिल नहीं है, जो 38,000 करोड़ रुपए की है और जिसके तहत प्रदेश में लगभग 80 प्रोजेक्ट्स अपने लक्ष्य तक पहुँचेंगे और न ही इसमें वह राशि शामिल है, जो 'डिफेंस इंडस्ट्रियल कॉरीडोर' के निर्माण के लिए केंद्र सरकार द्वारा सुनिश्चित की गई।

डिफेंस इंडस्ट्रियल कॉरीडोर अपने आप में बेहद महत्त्वपूर्ण है, क्योंकि इसके प्रमुख रूप से दो आयाम हैं—एक आर्थिक और दूसरा सामरिक। आर्थिक दृष्टि से यह उस बेल्ट (बुदेलखंड) की आर्थिक जीवन रेखा बनेगा, जो अब तक मूल धारा की अर्थव्यवस्था में समाहित नहीं हो सकी है, जिसके चलते प्राय: उसे अलग प्रदेश बनाने की माँग होती है या फिर उसे लेकर राजनीतिक सौदेबाजी। दूसरी यह कि नेपाल की तरफ से चीन की सामरिक रणनीतियाँ अपेक्षाकृत अधिक तीव्र और रणनीतिक दिख रही हैं। ऐसे में यह कॉरीडोर उत्तर भारत के एक बड़े हिस्से को सामरिक रूप से सशक्त और आत्मनिर्भर बनाएगा। यह कॉरीडोर मुख्य रूप से बुंदेलखंड का हिस्सा होगा, जो अलीगढ़, आगरा, झाँसी, चित्रकूट, कानपुर और लखनऊ के मध्य छह जनपदों में विकसित होगा। प्रदेश सरकार इसे लेकर जिस तरह की नीति बना रही है, उसमें यह प्रदेश डिफेंस कॉरीडोर हब का आकार ग्रहण करेगा। मुख्यमंत्री योगी आदित्यनाथ ने डिफेंस कॉरीडोर इंडस्ट्रियल इन्वेस्टर्स समिट के उद्घाटन के समय यह कहते हुए कि "सोलह माह पूर्व उ.प्र. की क्या स्थिति थी और आज क्या? प्रदेश को लाल फीताशाही से मुक्ति दिलाना एक चुनौती थी, लेकिन 16 माह में हमने लाल फीताशाही को खत्म कर अमन बहाल किया है। प्रदेश में पहले कोई व्यापारी और उद्यमी निवेश करने को तैयार नहीं था, लेकिन आज उद्यमी हजारों करोड़ रुपए का निवेश कर रहे हैं।" दो संदेश दिए थे। प्रथम यह कि उत्तर प्रदेश कानून और व्यवस्था के लिहाज से बदल रहा है और उद्यमी इसके प्रति अपने परंपरागत माइंडसेट को बदल चुके हैं। द्वितीय यह कि अन्य निवेशकों के लिए अन्य प्रदेशों के मुकाबले उत्तर प्रदेश एक बेहतर डेस्टिनेशन साबित होगा। इस कॉरीडोर की शुरुआत अलीगढ़ से हो चुकी है, जहाँ इसके लिए 363 हेक्टेयर भूमि का अधिग्रहण किया जा चुका है। निवेश और तेज हो, इसलिए प्रक्रिया सरल और पूर्ण सुरक्षित बनाई

गई है। आगे कोई अड़चन नहीं आएगी, इसकी मुख्यमंत्री ने स्वयं गारंटी दी है।

इसी प्रकार से मुख्यमंत्री ने 'वन डिस्ट्रिक्ट, वन प्रोडक्ट' के मामले में कॉमन फैसिलिटेशन की सुविधा प्रदान करने का तंत्र विकसित करने संबंधी निर्देश दिया है। प्रशिक्षण की व्यवस्था की गई है और मार्केटिंग एवं ब्रांडिंग की रणनीति तैयार की गई है। ध्यान रहे कि हमारा स्थानीय उद्यमी आज क्यों पिछड़ गया, या लखनऊ का दशहरी महाराष्ट्र के हापुस से प्रतियोगिता में पीछे क्यों रहा गया? अलीगढ़ के परंपरागत सात लीवरवाले तालों के बनानेवाले क्यों बदलती हुई आर्थिक परंपरा का हिस्सा नहीं बन पाए? हाथों से बनी बनारस की बेशकीमती साड़ियाँ पॉवरलूम के मुकाबले बेहतर होने के बावजूद उन हाथों को ताकत नहीं दे पाईं, जिनके हुनर से देश का शृंगार इल्यूजन की सीमा तक पहुँच जाता है? कुछ अध्ययनों में कुछ कारणों पर प्रकाश डाला गया। पहला कारण सामान्यतया वित्तीय पोषण संबंधी रहा। दूसरा कारण मार्केटिंग मैनेजमेंट में कमी संबंधी रहा। तीसरा यह कि स्थानीय उत्पादन श्रेष्ठता के बावजूद अपनी ब्रांडिंग करने में पीछे रहा। चौथा, नई पीढ़ी परंपरागत हुनर से इसलिए दूर भागने लगी, क्योंकि बाजार में उसकी महत्ता, उसकी हैसियत और उसका वैभव नव-उत्पादों के मुकाबले बेहद कमजोर था। पाँचवाँ, नई राजनीतिक धाराओं ने इन पेशों के गिरते बाजार के कारण बेकार हो रहे युवाओं को अपनी भीड़ का जरिया बनाने की कोशिश की। छठा, सरकार के संरक्षण की कमी। सातवाँ, सरकार द्वारा इन्हें राष्ट्रीय व अंतरराष्ट्रीय स्तर की प्रतियोगिता में भागीदार बनाने के लिए अपेक्षित नेतृत्व, पहल और तकनीकी मदद न देने संबंधी रवैया। क्या अब भी वैसा ही है? क्या अब भी ऐसा ही रहेगा?

स्पष्टत: न वैसा है और न ही रहेगा, क्योंकि योगी आदित्यनाथ ने चार स्तरीय आर्थिक मॉडल (फोर टियर इकोनॉमिक मॉडल) को आधारभूत रूप से स्थापित करने और आगे बढ़ाने का काम किया है। इसमें पहला स्तर है गाँव, जहाँ किसानों की आय में वृद्धि कर ग्रामीण आर्थिक क्षमता बढ़ाना है। तत्पश्चात् उसे एम.एस.एम.ई. के साथ जोड़कर गतिशीलता प्रदान करता है। दूसरा स्तर है—जिले को एक स्वायत्त आर्थिक इकाई बनाना। 'एक जिला, एक उत्पाद' (ओ.डी., ओ.पी.) योजना, जो प्रदेश की आर्थिकी में एक निर्णायक पहल साबित होगी।

इससे उत्तर प्रदेश के उत्पादों को देश और विदेश में एक नई पहचान मिलेगी। प्रति वर्ष 5 लाख नौकरियों का सृजन होगा। इससे बेरोजगारी तो समाप्त होगी ही साथ ही प्रदेश के युवाओं में कौशल विकास, तकनीक, नव-प्रवर्तन की प्रेरणा का संचार होगा और उनका पलायन रुकेगा। मुख्यमंत्री योगी आदित्यनाथ का निष्कर्ष है कि इससे प्रदेश एक नई छवि के साथ उभरेगा। मैं उनके निष्कर्ष से पूरी तरह से सहमत हूँ। तीसरे स्तर पर एम.एस.एम.ई. को प्रोत्साहन मिलेगा और उसकी पुन:प्रतिष्ठा होगी। यह क्षेत्र रोजगार और आर्थिक विकास के लिहाज से उत्तर प्रदेश के लिए बेहद जरूरी है, क्योंकि उत्तर प्रदेश का मानव संसाधन, मानव पूँजी कहीं अधिक वैविध्यपूर्ण है। बहरहाल, मुख्यमंत्री ने इस क्षेत्र को नेशनल स्टॉक एक्सचेंज और बॉम्बे स्टॉक एक्सचेंज के साथ जोड़ने के लिए प्रोत्साहित करने का प्रयास किया है, ताकि ये उद्यम बैंक से लिये जानेवाले कर्ज पर निर्भर न रहें, बल्कि इक्विटी या शेयर के माध्यम से वित्तीय पूँजी हासिल कर सकें, जो कर्ज का रूप न होकर साझा पूँजी का रूप है। इससे एम.एस.एम.ई. फर्मों पर वित्तीय उत्तरदायित्व बढ़े बगैर वित्तीय पूँजी प्राप्त होने का जरिया दुरुस्त होगा। यदि यह उद्यम विकसित होता है तो ग्रामीण अर्थव्यवस्था से संबद्ध होगा और शहरी अर्थव्यवस्था के साथ उसका जुड़ाव पुख्ता होगा। चौथे स्तर पर बड़े उद्योगों की स्थापना का लक्ष्य है, जिसकी झलक 'यू.पी. इन्वेस्टर्स समिट' में दिख चुकी है। बड़े उद्यम आज की अर्थव्यवस्था में ग्रोथ इंजन के रूप में स्थापित हो चुके हैं। इनके बिना किसी भी प्रदेश या देश की अर्थव्यवस्था वैश्विक या राष्ट्रीय प्रतियोगिता का हिस्सा नहीं बन पाएगी। हमें आज के दौर में यह ध्यान रखना है कि अब भौगोलिक आकार या परिधियों का फैलाव और संकुचन मायने नहीं रखता; बल्कि अब टेक्नोलॉजी, पैशन, क्यूरियोसिटी और बाजार की क्षमताएँ एवं योग्यताएँ मायने रखती हैं। हमारा नेतृत्व इन्हें जितना जान पाएगा, वह प्रदेश और फिर देश को उसी अनुपात में बदलने में कामयाब हो जाएगा। योगी आदित्यनाथ इस तथ्य से अवगत ही नहीं, बल्कि इन पैरामीटर्स पर प्रदेश और देश को बदलने के लिए सक्रिय व संकल्पबद्ध भी हैं, यह बात कम-से-कम मैं निष्कर्ष के रूप में स्वीकार कर सकता हूँ।

□

14

क्या खोज पूरी हुई?

बिल गेट्स का एक कथन है, "पैदाइशी किस्मत बदल चुकी है, जिस तरह से भूगोल और प्रतिभा का पूरा संबंध बदल चुका है।...प्राकृतिक प्रतिभा भूगोल पर भारी पड़ने लगी है।" जिस समय हम बिल गेट्स का कथन पढ़ रहे होते हैं, उस समय हम कई बार भारत भूमि के इस भू-भाग, यानी उत्तर प्रदेश को केंद्र में रखकर देखते हैं। क्षण भर के लिए हम इस विषय पर मंथन भी करते हैं कि क्या हमारा यह विचार बिल गेट्स के विचार के सापेक्ष प्रासंगिक है? फिलहाल उत्तर भ्रम-मूलक ही आता है, यानी सही है और नहीं भी। इसलिए समय तय करेगा कि इसका उत्तर वास्तव में क्या हो या क्या होगा? परंतु विक्टर ह्यूगो ने कहा है कि "...उस बल को कोई नहीं रोक सकता, जिसका समय आ गया है।" तात्पर्य यह हुआ कि यह विचार जन्म ले चुका है कि प्रतिभाएँ भौगोलिकता के अधीन नहीं होतीं। भौगोलिकताएँ किसी की योग्यताओं और क्षमताओं को बेड़ियों में बाँध नहीं सकतीं। फिर उत्तर प्रदेश को बीमारू राज्य की श्रेणी में रखना या यह महसूस करना कि यदि हमारी जन्मभूमि-कर्मभूमि भारत की वह धरा बनती, जिसे हम आर्थिक राजधानी, भाग्य की नगरी, सिल्क सिटी आदि की संज्ञा देते हैं, संभवतः हीन ग्रंथि को ही प्रदर्शित करेगा। परंतु कुछ तो ऐसा है, जो हमारे भारतवर्ष को इंडिया और भारत में विभाजित करने के लिए स्पेस उपलब्ध कराता है और हम पर यह दायित्व छोड़ देता है कि हम इसे भारत, जिसका इशारा एक ग्रामीण और अविकसित भारत की तरफ है, के रूप में स्थापित करना चाहते हैं अथवा इंडिया, जो शहरी और विकसित भारत के लिए प्रयुक्त शब्द है या फिर न्यू

इंडिया। लेकिन इसके साथ एक सच यह भी है कि हमारी परिधियाँ हमारे नेतृत्व के साथ तय होंगी। उस स्थिति में हमें इस प्रश्न का जवाब भी चाहिए होगा कि क्या नेतृत्व के लिए अब हमारी खोज पूरी हुई?

प्रथम दृष्टया कोई निष्कर्ष भविष्य की व्यूह-रचना और बृहत्तर उद्देश्यों को पूरा करने को लेकर नहीं निकाला जा सकता; लेकिन मैं उन्हें जितना जानता हूँ, उस लिहाज से मेरा उत्तर तो सकारात्मक ही होगा। मैं यहाँ पर एक संत परंपरा के राजनेता योगी आदित्यनाथ की बात कर रहा हूँ। योगी आदित्यनाथ की 'फेस वैल्यू' भले ही विशुद्ध हिंदुत्ववादी नेता की हो, लेकिन वास्तव में उनकी 'वैल्यू ऑफ आइडेंटिटी, एक राष्ट्रवादी नेता की है, जिसके मूल में हिंदुत्व है। उनके व्यक्तित्व और कृतित्व में प्रदेश व देश को बदलने की असीम ऊर्जा छिपी है। वे नव-चेतना प्रधान, नवोन्मेषी और नव-संयोजनकर्ता हैं, जिसमें नवविकास का संवेग है। उनमें वह जिज्ञासा, वह जिजीविषा और प्रयत्नशीलता है, जो उस प्रदेश को, जिसे पिछले तीन दशकों के नेतृत्ववाली सरकारों ने बीमार, पिछड़ा तथा कुसंस्कारग्रस्त बनाने का यत्न किया, को सँभाला। इसका प्रभाव दिखा भी, क्योंकि पिछले दशकों में प्रदेश में एक कुसंस्कारग्रस्त राजनीतिक संस्कृति का ही उदय नहीं हुआ, बल्कि विषाक्त, नीरस, संवेदनहीन और संघर्ष-युक्त निराशावादी वातावरण भी बना। इन बदली हुई स्थितियों ने प्रदेश के मध्य वर्गीय युवाओं से संपन्न जनसांख्यिकीय हिस्से को निराश करने का काम किया। ये निराशाएँ कई तरह की थीं, जिनमें सबसे ऊपरी सतह तो शायद संस्कृति व धर्म संबंधी रही हो, लेकिन मैं रोजगार और शिक्षा से जुड़ी निराशाओं को सबसे ऊपर मानता हूँ। जो सतह पर सबसे ऊपर दिखी, उसी के फलस्वरूप एक हिंदूवादी चेहरा, संस्कृतिनिष्ठ व्यक्तित्व, सत्यनिष्ठ नेतृत्व और कर्तव्यनिष्ठ सेवक की आवश्यकता महसूस हुई। इस नई आवश्यकता के झकझोरने से जगे जन-गण ने उत्तर प्रदेश के मुख्यमंत्री के रूप में योगी को अवसर प्रदान किया। इसके अतिरिक्त दूसरा हिस्सा उन युवाओं का था, जो जातिवाद, आयोगों में जमी भ्रष्टाचार की काई तथा अयोग्यतापूर्ण गतिविधियों से त्रस्त था, जो आमूल परिवर्तन चाहता था। उसके लिए भी योगी आदित्यनाथ उम्मीद के लैंपपोस्ट की तरह ही थे, क्योंकि 'भारत रत्न' अटल बिहारी वाजपेयी की भावनाओं का वे भलीभाँति अनुपालन करते हैं कि यदि निर्योग्यताओं और

भ्रष्टाचार से सना उन्हें कोई मिले तो वे उसे चिमटे से भी छूना नहीं पसंद करेंगे। तो क्या उन युवाओं ने भी अपनी खोज पूरी कर ली?

योगी आदित्यनाथ मेरे मनोदैहिक संदर्भ में एक मुख्यमंत्री ही नहीं, संघर्ष और त्याग के पर्याय हैं। इसकी शुरुआत उनके स्कूली दिनों से हुई। जिसे उन्होंने देखा; जो उनके साथ रहे; उन्होंने जाना, जो उनके सहयोगी रहे; उन्होंने समझा, जिन्हें उनका सान्निध्य मिला। छात्र-सम-राजनीति सहयात्रा शुरू करने के लिए हम एक प्रश्न के साथ आगे बढ़ना चाहते हैं। प्रश्न यह कि स्कूल और कॉलेज के दिनों में बेहद शरमीले और शांत स्वभाववाले योगी आदित्यनाथ फायरब्रांड हिंदूवादी नेता कैसे बन गए? पौड़ी के यमकेश्वर खंड विकास क्षेत्र में पंचूर गाँव में जनमे योगी आदित्यनाथ, जो नाथपंथ में दीक्षा लेने से पूर्व अजय सिंह बिष्ट थे, आरंभ से ही हिंदुत्व के प्रति रुझान रखते थे। उनकी कॉलेज राजनीति में खासी अभिरुचि रही और इस उद्‌देश्य से पहचान बनाने के लिए वे अखिल भारतीय विद्यार्थी परिषद् के करीब आए और फिर उसमें शामिल भी हुए। हालाँकि छात्र संघ का चुनाव लड़ते समय उन्होंने इस संगठन से अलग 'एकला चलो' की राह अपनाई और अपना संघर्ष जारी रखा। इस संघर्ष में आरंभ में उन्हें विफलता ही मिली; लेकिन वे निर्भीक होकर आगे बढ़ने के विकल्प पर अडिग रहे। अब आप चाहें तो इसे उनकी किस्मत कह सकते हैं या फिर अपने पथ का एक ऐसा चितेरा कह सकते हैं, जो कभी विचलित नहीं हुआ। दरअसल जिस दौर में योगी आदित्यनाथ अकादमिक शिक्षा की पहली सीढ़ी चढ़ रहे थे, उसी दौर में राम मंदिर आंदोलन एक नया आकार ले रहा था। स्वाभाविक है, हिंदुत्व के प्रति अभिरुचि रखनेवाले युवा के ऊपर उस आंदोलन का गहरा प्रभाव रहा होगा। मस्तिष्क में बहुत उथल-पुथल भी चली होगी। यही वजह रही कि जब वे अकादमिक शिक्षा की दूसरी सीढ़ी पर पैर रखने चले तो उन्होंने उसके साथ ही एक नए जीवन का चयन भी कर लिया। हालाँकि उनके मित्रगणों के अनुसार, कोटद्वार में उनके सर्टिफिकेट्स आदि चोरी हो गए थे। फिर वे गोरखपुर चले गए थे। उनकी इच्छा गोरखपुर विश्वविद्यालय से एम.एस-सी. में प्रवेश लेकर अपनी मास्टर डिग्री पूरी करने की थी; हालाँकि यहाँ पर भी वे अपनी इस इच्छा से वंचित रह गए। लेकिन क्या वास्तव में इसका कारण मात्र इतना रहा होगा कि उनके शैक्षिक प्रमाण-पत्र

एवं अंक-पत्र चोरी हो गए थे? हम सभी जान सकते हैं कि शैक्षिक प्रमाण-पत्र पुनः बन जाते हैं; लेकिन शायद युवा अजय ने यह ठान लिया होगा कि उसे अब राष्ट्र-सेवा का चुनाव करना है और वह उसके प्रति स्वयं में एक शपथ ले चुका है। जब एक युवा अपने सपने में देश-सेवा और संस्कृति-सेवा का चयन कर लेता है तो फिर अकादमिक राहें अपनी दिशा मोड़ लेती हैं और युवा अपना रास्ता बदल लेता है। अब वह विश्वविद्यालय में नहीं, बल्कि भारत माता के आँचल में बैठकर इस देश की संस्कृति को, अध्यात्म को, समाज को, मानवता को, करुणा को, दया को, नए संस्कारों को, रूढ़ियों व नीतियों को पढ़ना चाहते थे। उन्होंने यही किया। उन्होंने यहीं से एक नए अध्येता, एक नए विजेता के रूप में आगे बढ़ने और समय को नए सिरे से समझने की कोशिश शुरू की, उसके साथ संवाद किया और उसकी संततियों की रक्षा करने से पहले असुरक्षा की परतों को उकेरने की कोशिश की।

इन परतों के उतरते ही हमारे जन-गण की भय की मुद्राएँ भी दिखीं और निद्रा की तंद्राएँ भी। उन्हें इन्हें ही तोड़ना था और जन-गण के अंदर एक नया आत्मविश्वास भरना था, ठीक उसी तरह से जिस तरह स्वामी विवेकानंद ने भरा था। हालाँकि अब समय बदल चुका था, इसलिए अब स्वामी विवेकानंदात्मक सरस, आत्मिक, माधुर्यपूर्ण ज्ञानात्मकता, सेवा और शुश्रूषा जन-गण के मानस-पटल को उस सीमा तक बदलने में कामयाब नहीं हो पाती, जितनी कि 19वीं-20वीं सदी में संभव हो गई थी। इसलिए योगी आदित्यनाथ को विवेकानंद बनने के साथ-साथ महाराणा प्रताप और शिवाजी की भूमिका भी निभाना जरूरी था। आदित्यनाथ ने ऐसा किया भी। उन्होंने विवेकानंद की तरह सत्य व असत्य, भौतिक व प्रकृति, अध्यात्म व भोग के चिंतन के विपरीतवादी यथार्थों व अयथार्थों से टकराव मोल लिया, प्रतिरोध और प्रतिक्रिया दर्ज कराई। इस दिशा में आगे बढ़ते समय उन्हें तमाम प्रतिकारों, अवरोधों और यहाँ तक कि षड्यंत्रों या षड्यंत्रपूर्ण हमलों का सामना भी करना पड़ा।

चूँकि योगी आदित्यनाथ का रास्ता अध्यात्म और राजनीति के सम्मिश्रण का था, इसलिए उन्हें भी रामकृष्ण परमहंस या समर्थ गुरु रामदास जैसे गुरु के सान्निध्य की आवश्यकता थी। इसकी पूर्ति हुई नाथपंथ की परंपरा के संत

अवैद्यनाथ का सान्निध्य प्राप्त कर। महंत अवैद्यनाथजी महंत दिग्विजयनाथजी के सांस्कृतिक-आध्यात्मिक पुनर्जागरण को आगे बढ़ाने का कार्य कर रहे थे। ध्यान रहे कि दिग्विजय नाथजी ने जिस आंदोलन को ऊँचाई तक पहुँचाया था, उसमें वसुधैव कुटुंबकम की चेतना का प्रसार; हिंदू जाति का संगठन करना; सांस्कृतिक पुनर्जागरण; हिंदी, हिंदू, हिंदुस्तान की रक्षा हेतु संकल्प; राष्ट्रीय एकीकरण की भावना को बढ़ाना; देश की एकता एवं अखंडता को बनाए रखने हेतु युवा पीढ़ी को मार्गदर्शन देना; 'गाय हमारी संस्कृति का आधार है' जैसे मत की प्रतिष्ठा; भारतीय संतों में सामाजिक एवं राष्ट्रीय चेतना का प्रसार आदि दो दर्जन से अधिक विषय शामिल थे। महंत अवैद्यनाथजी ने दिग्विजय नाथजी के आंदोलन को आगे बढ़ाते हुए सामाजिक यांत्रिकी के उन तत्त्वों को जाँचा-परखा था, जो एकता की शक्ति का निर्माण कर सकते थे। अवैद्यनाथजी ने आध्यात्मिक हिंदुत्व के साथ-साथ सामाजिक हिंदुत्व पर विशेषतौर पर फोकस किया था। वे ऐसे संत और सामाजिक आंदोलनकर्ता थे, जिन्होंने सामाजिक जागरूकता के जरिए सोशल इंजीनियरिंग जैसे विषय को ईजाद किया और उसकी स्थापना के लिए प्रतिबद्ध रहे।

अवैद्यनाथजी ने श्रीराम जन्मभूमि आंदोलन में एक निर्णायक भूमिका निभाई और उसे ताकत प्रदान की। लेकिन ध्यान देनेवाली बात यह है कि महंत अवैद्यनाथजी का राजनीति में आने का वास्तविक कारण था दक्षिण भारत, विशेषकर रामनाथपुरम और मीनाक्षीपुरम में अनुसूचित जाति के लोगों के सामूहिक धर्मांतरण की घटना से आहत होना। ऐसी घटनाएँ उत्तर भारत में भी घट सकती थीं, इसलिए उत्तर में इसकी पुनरावृत्ति न हो, इसके लिए जरूरी था कि राजनीति में शामिल होकर षड्यंत्र के इन प्रयासों को रोका जाए। उन्होंने 1960 के दशक से ही सक्रिय राजनीति का वरण किया और पूरी तरह सफल रहे। लगभग साढ़े तीन दशक तक राजनीति में सफलतापूर्वक सक्रिय रहने के बाद भी उन्होंने हिंदुत्व को भारतीय राजनीति से जोड़ने तथा सामाजिक हितों की रक्षा करने का कार्य ही संपन्न किया, कोई पद धारण नहीं किया। आप कह सकते हैं कि राजयोग में भी हठयोग का प्रयोग उन्होंने बेहद सफलता, सरलता और नैतिकता के साथ किया।

यानी अवैद्यनाथजी ने एक सांस्कृतिक और सामाजिक नवजागरण संपन्न

किया था। अब इस सोशल और कल्चरल मेकैनिज्म में नई ताकत व ऊर्जा भरने की आवश्यकता थी, क्योंकि वैचारिक आधारवाला युग अब नेपथ्य की ओर खिसक रहा था और राजनीति संभ्रांतता की परिधि से बाहर हो रही थी। ऐसे में आवश्यकता थी एक ऐसे युवा नेतृत्व की, जिसमें महाराणा प्रताप-सी वीरता और अपनी जन्मभूमि के प्रति प्रतिबद्धता हो तथा विवेकानंद की तरह की विवेच्यशीलता हो। इन्हीं दिनों योगी आदित्यनाथ अवैद्यनाथजी के शिष्य बने, उनसे दीक्षा ले ली, यानी हम कह सकते हैं कि अवैद्यनाथजी की खोज पूरी हुई। अध्ययन, मूलतः पड़ताल करने से पता चलता है कि अजय सिंह बिष्ट गोरखपुर जाने से पहले तक आक्रामकता या उग्र हिंदुत्व के नायक नहीं बने थे, न ही इस विषयिक आधार पर उन्हें विशेषित किया जाता था, बल्कि वे तो एक संकोची युवक थे, जिन्हें नई जगह और नए शहर में सामंजस्य बिठाने तक में दिक्कत होती थी। कुछ अध्ययनों के अनुसार, इस बात की पुष्टि उनके कुछ सहपाठियों ने भी की है। वे तो इतने संकोची रहे कि महंत अवैद्यनाथजी के उत्तराधिकारी बनने के लिए माँ से अनुमति भी माँगी तो आधा-अधूरा सच बताकर। उनके पिता के अनुसार, अजय ने अपनी माँ से बस, इतना पूछा कि क्या मैं गोरखपुर चला जाऊँ? स्वाभाविक है कि माँ तो यही मानतीं कि वे गोरखपुर अध्ययन के लिए जा रहे हैं या फिर किसी नौकरी के लिए, न कि एक संन्यासी या महंत अवैद्यनाथजी के उत्तराधिकारी बनने के लिए। इसलिए माँ ने भी 'हाँ' कह दिया और अजय ने भी अनुमति मान ली।

फरवरी 1994 में बसंत पंचमी से अजय का एक नया जन्म हुआ, जब उन्होंने 'योगी आदित्यनाथ' के रूप में महंत अवैद्यनाथ से दीक्षा ली। यहीं से अजय सिंह 'योगी' हो गए और उनके नाम के साथ 'महाराजजी' जुड़ गया। योगी आदित्यनाथ ने हिंदुत्व को सामने रखकर राजनीतिक अनुसंधान किया, क्योंकि उनके लिए हिंदुत्व के विरोध का मतलब है—विकास और भारतीयता दोनों का ही विरोध। उनकी दृष्टि में हिंदुत्व और विकास एक-दूसरे के विरोधी नहीं, बल्कि एक-दूसरे के पूरक हैं। उन्होंने इस आंदोलन को ताकत देने के लिए युवा शक्ति को संगठित करने का निर्णय लिया, जो हिंदू युवा वाहिनी के रूप में सामने आई। हिंदू युवा वाहिनी एक सांस्कृतिक संगठन है, जो हिंदू हितों की रक्षा करने के लिए कृत-संकल्पित है। यह इसी वाहिनी की सक्रियता और प्रतिबद्धता का नतीजा है

कि पूर्वांचल में बना राजनीतिक, धार्मिक (मुसलिम) और बाहुबल का त्रिकोण ध्वस्त हुआ। यह इसी का प्रभाव है कि माओवादी उत्तर प्रदेश में नहीं घुस सके।

यदि थोड़ी देर के लिए बैकफ्लैश में जाकर देखें तो योगी आदित्यनाथ ने 1990 के दशक में एक युवा व तेज-तर्रार नेता के रूप में लोगों के सामने स्वयं को पेश किया था, या यूँ कहें कि उन्होंने लोगों को यह भरोसा दिला दिया था कि वे एक ऐसे संत हैं, जो शस्त्र और शास्त्र को धारण करने का हुनर रखते हैं। दरअसल एक दुकानदार के खिलाफ कार्रवाई की माँग को लेकर छात्रों के प्रदर्शन की अगुवाई और एस.एस.पी. आवास की दीवार पर उनका चढ़ जाना संभवतः उस रेखा को पार कर जाता था, जहाँ से एक संत के एक अभिभावक और नेता बनने की प्रक्रिया शुरू होती है। यहीं से उनकी गोरखपुर की राजनीति या यूँ कहें कि पूर्वांचल की राजनीति में एक 'एंग्री यंग मैन' के रूप में प्रवेश हुआ था। योगी आदित्यनाथ में, विशेषकर गोरखपुर विश्वविद्यालय के छात्र नेताओं को हिंदू महासभा के अध्यक्ष रहे महंत दिग्विजयनाथ की छवि दिखी और उनके नेतृत्व में कुछ कर गुजरने का विश्वास भी जगा। यह कारवाँ धीरे-धीरे आगे बढ़ा और योगी आदित्यनाथ महंत बनने के चार वर्ष पश्चात् महंत अवैद्यनाथजी के राजनीतिक उत्तराधिकारी भी बन गए। वर्ष 1998 में केवल 26 वर्ष की उम्र में योगी आदित्यनाथ गोरखपुर से लोकसभा के सदस्य चुने गए। इस तरह से उनका आध्यात्मिक जीवन के साथ संस्थागत तरीके से राजनीतिक जीवन में भी प्रवेश हो गया। हालाँकि वर्ष 1999 के चुनाव में उनकी जीत का अंतर थोड़ा सिमटा, लेकिन उनकी युक्ति और रणनीति ने इसके बाद उन्हें निरंतर आगे बढ़ने का अवसर प्रदान किया। इसी के बाद उन्होंने हिंदू युवा वाहिनी (हियुवा) का गठन किया, जो 'ग्राम रक्षा दल के रूप में हिंदू-विरोधी, राष्ट्र-विरोधी और माओवादी-विरोधी गतिविधियों' को नियंत्रित करता था; जिसने एक सामाजिक जागरूकता उत्पन्न की और लोगों के परंपरागत माइंडसेट को बदलने में कामयाबी हासिल की। इसका परिणाम यह हुआ कि जिस सीट से योगी आदित्यनाथ वर्ष 1998 में लगभग 22,000 मतों से जीते थे, 1999 में लगभग मतों से जीते थे, उसी सीट से वे 2014 में 3 लाख से भी अधिक मतों से विजयी हुए। योगी आदित्यनाथ की राजनीतिक संघर्ष की कहानी इतनी सरल, सीधी और सपाट नहीं है कि कुछ

शब्दों में बयाँ हो जाए। उनकी बढ़ती लोकप्रियता और स्वीकार्यता तथा ऊपर उठते राजनीतिक कद से ऐसी शक्तियाँ बेचैन हुईं, जो योगी-विरोधी ही नहीं थीं, बल्कि राष्ट्र-विरोधी भी थीं।

योगी आदित्यनाथजी के संघर्ष और चुनौतियाँ का जिक्र यहाँ संभव नहीं है, लेकिन तथ्य बताते हैं कि राष्ट्र-विरोधी, समता-विरोधी, व्यवस्था-विरोधी ताकतों ने उन्हें प्राय: नुकसान पहुँचाने की कोशिश की और विपक्षी दलों की सरकारों ने उन्हें सत्ता का भय दिखाकर डराने की कोशिश; लेकिन योगी हिंदू युवा सम्राट् की तरह पीछे नहीं हटे, बल्कि अपने कारवाँ को नेतृत्व देते हुए आगे बढ़ते रहे। हिंदू युवा वाहिनी ने अपने नेतृत्व के प्रभाव को गोरखपुर तक ही सीमित नहीं रहने दिया, बल्कि पूरे देश में हर उस जगह सक्रिय होकर नया संदेश देने की कोशिश की, जहाँ राष्ट्र-विरोधी, संस्कृति-विरोधी और हिंदू-विरोधी स्थितियाँ पैदा की गईं। जब सरकार को इस नई संस्कृति और संस्कृति-निष्ठता से भय लगने लगा तो योगी आदित्यनाथ को 28 फरवरी, 2007 को गिरफ्तार कर लिया गया। उनकी गिरफ्तारी के बाद सरकार प्रतिक्रिया देखकर डरी भी और उसने उन्हें गिरफ्तार करनेवाले जिलाधिकारी और पुलिस अधीक्षक को सस्पेंड कर दिया। लेकिन तब तक प्रतिक्रिया गति पकड़ चुकी थी, इसलिए सरकार ने हिंदू युवा वाहिनी को निशाना बनाना शुरू कर दिया। इसी का जिक्र करते समय योगी आदित्यनाथ संसद् में भावुक हो गए थे। योगी आदित्यनाथ ने ही सबसे पहले लव जिहाद की ओर पूरे देश का ध्यान खींचा। जमीनी अध्ययन बताते हैं, उनका आकलन सही था। हालाँकि इस बात को देश और देश के प्रबुद्ध जनों ने गंभीरता से नहीं लिया, जिसके परिणाम आनेवाले समय में भुगतने पड़ सकते हैं। घर वापसी योगीजी का ही विचार है, जिसका प्रतिपादन नाथपंथ में बहुत पहले से ही हो चुका है; लेकिन योगीजी ने इसे राष्ट्रीय फलक देने की इच्छा व्यक्त की थी। कुछ विचारधाराएँ व लेखकीय जमातें उन्हें 'इसलामिक आतंकवाद' नाम देने के लिए दोषी मानती हैं। मेरी दृष्टि में, वे या तो बुद्धिहीन हैं या फिर अंधे, क्योंकि अमेरिका 9/11 की घटना के बाद न केवल यह नाम दे चुका है, बल्कि इसका प्रचार भी किया और बेरुत, अफगानिस्तान, इराक, लीबिया, मिस्र आदि में काररवाइयाँ भी कीं। फिर भारत में इस शब्द के इस्तेमाल पर हिकारत भरी निगाहें क्यों? 'इसलामी आतंकवाद'

स्पष्ट रूप से कहने पर न जाने लोगों के कंठ क्यों रुँध जाते हैं।

'लव जिहाद' पर कुछ कहने से पहले यह सवाल करना ज्यादा उचित लगता है कि क्या इस पर मौन रहा जाए या उन बंद दीवारों को तोड़ा जाए, जिनके पीछे बहुत कुछ ऐसा हो रहा है, जिसकी अनदेखी करना शायद आनेवाले समय में एक गुनाह की श्रेणी में गिना जाए। कारण यह कि एक धर्म विशेष से संबंधित कुछ संस्थाओं ने कुछ ऐसा संस्थापित किया है, जो किसी दूसरी संस्कृति और अस्मिता पर चोट पहुँचाने वाला है। चूँकि यह सब बेहद रणनीतिक ढंग से हो रहा है, इसलिए इस पर बोलना हिंदू अस्मिता और राष्ट्र दोनों के ही हित में होगा। दरअसल, छद्म धर्मनिरपेक्ष वादियों और विशेष विचारधारा के लोगों ने 'लव जिहाद' को एक मनगढ़ंत शब्दावली करार देकर इस विषय को उठानेवालों को भारत की बहुलतावादी संस्कृति-विरोधी श्रेणी में ला खड़ा करने का थोथा यत्न किया। ऐसा इसलिए कहा जा सकता है, क्योंकि राष्ट्रीय जाँच एजेंसी (एन. आई.ए.) ने अंतर-धार्मिक विवाहों में 'लव जिहाद' जैसे मामलों में कुछ ऐसा पाया था, जो न ही भारत की सामाजिक-धार्मिक संरचना के लिहाज से सही है और न भारत की अखंडता एवं संप्रभुता के लिहाज से। यही नहीं, एजेंसी को कुछ ऐसे इनपुट्स भी मिले (जैसा कि सूत्रों के हवाले से पता चलता है) कि कुछ संस्थाओं के माध्यम से आतंकी संगठन महिलाओं को इसलाम अपनाने के लिए बहला-फुसला रहे हैं, ताकि बाद में उन्हें आई.एस.आई.एस. जैसी संस्थाओं से जोड़ा जा सके, जो यदि संगठन में प्रत्यक्ष नहीं तो 'लोन वुल्फ' जैसी भूमिकाएँ अवश्य निभाएँ। उल्लेखनीय है कि अखिल अशोकन, जिसने एक मुसलिम युवक सफीन जहान से दिसंबर 2016 में विवाह कर इसलाम अपना लिया था और अपना नाम बदलकर 'हादिया' रख लिया था, मामले में केरल हाई कोर्ट ने यह माना था कि यह 'लव जिहाद' का हिस्सा है(हालाँकि भारत के सर्वोच्च न्यायालय ने हाई कोर्ट के निर्णय पर रोक लगा दी थी, लेकिन इससे एन.आई.ए. के तथ्यों की अनदेखी करने का आधार मजबूत नहीं हो जाता। एन.आई.ए. की तरफ से यह भी कहा गया था कि यह एक तरह का मनोवैज्ञानिक अपहरण है, क्योंकि कुछ हिंदू लड़कियों के बयानों से पता चलता है कि उन्हें कथित रूप से इसलाम अपनाने के लिए बहलाया-फुसलाया गया था। एक लड़की के मुताबिक, वह विवादित

इसलामिक प्रचारक जाकिर नाइक के वीडियो से प्रभावित हुई थी। महत्त्वपूर्ण तथ्य यह है कि इन मामलों से जाँच एजेंसी ने कट्टरपंथी मुसलिम संगठन पॉपुलर फ्रंट ऑफ इंडिया (पी.एफ.आई.) और इसकी राजनीतिक शाखा सोशल डेमोक्रेटिक पार्टी ऑफ इंडिया (एस.डी.पी.आई.) की भूमिका पर संदेह व्यक्त किया था।

जाँच में आए कुछ तथ्यों के आधार पर एन.आई.ए. का कहना था कि पॉपुलर फ्रंट ऑफ इंडिया द्वारा संचालित धार्मिक मामलों में सहयोग करनेवाला केंद्र सत्यसारिणी अपने टारगेट्स को यह यकीन दिलाता था कि दूसरे मजहब के लोग उनसे हीन हैं। एन.आई.ए. को ऐसे भी तथ्य मिले हैं कि सत्यसारिणी के उपदेशक लोगों के अवचेतन मन को टारगेट करते थे और उन्हें यह यकीन दिलाने की कोशिश करते थे कि गैर-इसलामी लोग जहन्नुम जैसी यातना का सामना करेंगे। खास बात यह है कि एन.आई.ए. ने लव जिहाद के ग्यारह मामलों की जाँच की और इनमें से नौ में सत्यसारिणी, जिसे 'मरकज हिदाया दावा इंस्टीट्यूट' के नाम से भी जाना जाता है, की भूमिका पाई गई है। सूत्रों के मुताबिक, इन लोगों को सत्यसारिणी इसलामी अध्ययन केंद्र में दो महीने के धार्मिक कोर्स के लिए भेजा गया था। जाँचकर्ताओं को पी.एफ.आई.-सोशल डेमोक्रेटिक पार्टी ऑफ इंडिया के कार्यकर्ताओं की कार्य-प्रणाली में एक पैटर्न दिखा कि किस तरह उन्होंने लोगों को सत्यसारिणी में जाने के लिए मनाने की खातिर प्रलोभन, क़ैद और जोर-जबरदस्ती का सहारा लिया। टारगेट्स को सत्यसारिणी में भेजने के बाद जबरदस्त काउंसलिंग, ब्रेनवॉशिंग और मुसलिमों पर कथित अत्याचारों के वीडियो दिखाकर उनका धर्म-परिवर्तन कराया जाता था। कट्टरपंथी संगठनों द्वारा धर्म-परिवर्तन के लिए कथित अत्याचारों का हवाला देकर टारगेट को प्रेरित करने की एक जैसी रणनीति अपनाई जाती रही है। इसका दायरा यहीं तक सीमित नहीं पाया गया, बल्कि कुछ सूत्रों के अनुसार, इन युवाओं और युवतियों को आई.एस.आई.एस. जैसे संगठन तक ले जाने की रणनीति पर भी कुछ संगठन काम कर रहे हैं। 'लव जिहाद' केवल दक्षिण भारत तक ही सीमित नहीं है, बल्कि उत्तर प्रदेश भी इसकी चपेट में आया, जिसकी प्रतिक्रिया सरकार की अकर्मण्यता और एक विशेष समुदाय के संरक्षण के बाद मुजफ्फरनगर में दिखी, अन्यत्र भी ऐसे मामले देखे गए। फिर महाराजजी द्वारा उठाए गए सवाल सही अर्थों में तो

राष्ट्रीय महत्त्व के सवाल थे, जिन पर पूरे देश के संभ्रांतों को पहल करनी चाहिए थी; लेकिन ऐसा हुआ नहीं।

जो लोग योगी आदित्यनाथजी को सिर्फ ऐसे विषयों के इर्द-गिर्द रखने की कोशिश करते हैं, सही अर्थों में उनकी दृष्टि में दोष है। वे अपने संघर्ष की लंबी परंपरा में आम जन से संवाद और सहयोगी की आधारभूत विशेषताओं के साथ जुड़े रहे और उनके संरक्षक की भूमिका भी निभाई। आज की प्रोफेशनल और कुसंस्कारग्रस्त राजनीति से विलग योगी आदित्यनाथजी ने अपने बढ़ते राजनीतिक कद के साथ जन-संवाद और जनसहयोग में वृद्धि की। यही वजह है कि आज भी लोग उनमें महंत दिग्विजयनाथजी के तेवर और महंत अवैद्यनाथजी के सामाजिक न्याय संबंधी दायित्वों के सम्मिश्र को पूरी तरह से प्रतिष्ठित पाते हैं। ध्यान रहे कि जिस पूर्वांचल से पिछले दो दशकों में विधायकों की संख्या दहाई का आँकड़ा पार नहीं कर पाती थी, वहाँ यदि आज भाजपा का वर्चस्व दिख रहा है तो इसकी जमीन तैयार करनेवाले योगी आदित्यनाथ ही हैं। महत्त्वपूर्ण पक्ष यह है कि योगी आदित्यनाथ अपने व्यवहार, अपने संकल्प, अपने उद्देश्य, अपने लक्ष्य और आम जन के प्रति अपने भाव को लेकर जैसे पहले थे, वैसे ही आज हैं। यही कारण है कि उनकी रिकॉल वैल्यू में वैल्यू एडीशन हुआ है, डिफिसिट नहीं। वे यह मानते हैं कि "जब अयोध्या में विवादित ढाँचा गिराने से कोई नहीं रोक सका तो मंदिर बनाने से कौन रोकेगा!" (जनवरी 2016)। वे आज भी स्पष्ट रूप से तर्क और कुतर्क का जवाब देने की अपनी पुरानी शैली पर दृढ़ हैं। वे आज भी यह कहने का साहस रखते हैं कि "मूर्ति विसर्जन से होनेवाला प्रदूषण दिखता है, लेकिन बकरीद के दिन हजारों निरीह पशु काटे गए काशी में, उनका खून सीधे गंगाजी में बहा है। क्या वह प्रदूषण नहीं था?" यह किसी को क्यों नहीं दिखा? यह वह सच है, जिसे कहने से भारत की नपुंसक राजनीति डरती रही है और तथाकथित बुद्धिजीवी अपनी राह बदल लेते हैं। वे यह कहने से नहीं हिचके और मेरी दृष्टि में किसी भी संस्कृतिनिष्ठ व्यक्ति, ऋषि और परंपरा के संरक्षक राजनेता को हिचकना भी नहीं चाहिए कि "जो लोग योग का विरोध कर रहे हैं, उन्हें भारत छोड़ देना चाहिए। जो लोग सूर्य नमस्कार को नहीं मानते, उन्हें समुद्र में डूब जाना चाहिए।" (जून 2015) कारण यह कि यह तो भारत की आत्मा

और भारत की संस्कृति का विरोध है। अगस्त 2015 में यह भी एक खबर छपी थी कि "मुसलिमों की जनसंख्या तेजी से बढ़ना खतरनाक रुझान है। यह एक चिंता का विषय है। इस पर केंद्र सरकार को कदम उठाते हुए मुसलमानों की आबादी को कम करने की कोशिश करनी चाहिए।" महाराजजी की इस बात पर भारत का वामपंथ उबल सकता है, तथाकथित विवेक पंथ भी चीख सकता है; लेकिन हम इससे इतर कुछ तथ्यों के जरिए पूरी दुनिया की इसी तरह की चिंताओं और शंकाओं को व्यक्त करना चाहते हैं, जो इस प्रकार है—

1. एक अमेरिकी ने एक शॉर्ट फिल्म बनाई थी, जिसका नाम था— 'इनोसेंस ऑफ मुसलिम्स'। इस फिल्म से जुड़े 13 मिनट 51 सेकंड के एक ऑन लाइन वीडियो ट्रेलर ने दुनिया, इसलामी दुनिया, के लोगों को जिस तरह से अमेरिका के विरुद्ध आक्रोशित किया था, उससे 'इनोसेंस' शब्द अपने आप में महत्त्वहीन और अप्रासंगिक हो जाता है। इस फिल्म में एक व्यक्ति कुछ पढ़ा रहा होता है और उसकी शुरुआत वह बोर्ड पर कुछ इस प्रकार करता है—

   Man+X = BT
   BT–X= Man

   यद्यपि यह पूर्ण सत्य नहीं है, क्योंकि इन समीकरणों में 'एक्स' का तात्पर्य इसलाम से है और 'टी' का टेररिज्म से। यह गलत है या सही, यह तो दुनिया तय करे; लेकिन यहाँ पर मेरा प्रश्न यह है कि आखिर दुनिया में ऐसी बात उठी क्यों? यदि यह बात उठी है तो इसके कुछ तो कारण भी अवश्य होंगे। यदि कारण हैं तो फिर चिंता भी होनी जरूरी है।

2. वेटिकन सिटी और कैथोलिक दुनिया के मुखिया पोप बेनेडिक्ट सोलहवें ने ईसाई दुनिया (यदि पूरी दुनिया मानने से गुरेज हो तो) से यह अपील क्यों की थी कि वे ईसाइयों की सुरक्षा के लिए आगे आएँ। उनकी यह चिंता तात्कालिक नहीं थी, बल्कि एक लंबी परंपरा का हिस्सा थी, जो तमाम अनुभवों और अध्ययनों के बाद बाहर आई थी। इसका प्रबल कारण यह है कि दुनिया में ईसाइयों की संख्या में कमी आ रही है

और आनुपातिक तौर पर मुसलिम जनसंख्या में वृद्धि हो रही है। इससे यह खतरा पैदा होना भी लाजिमी है कि देर-सबेर मुसलिम दुनिया की सबसे बड़ी आबादी बन जाएँगे और ईसाई दूसरे पायदान पर। फिर तो यूरोप में भी मुसलिम बहुसंख्यक होंगे और ईसाई अल्पसंख्यक। फिर सत्ता और पूँजी पर कब्जा किसका होगा? अपनी एक अन्य टिप्पणी में पोप बेनेडिक्ट सोलहवें ने इससे भी अधिक चेतावनी भरी टिप्पणी की थी। उन्होंने यूरोप को घटती हुई ईसाई जनसंख्या पर चेतावनी देते हुए कहा था कि यूरोप अपने भविष्य में आस्था खो रहा है, क्योंकि वह खुद को इतिहास से मिटाने के रास्ते पर चल पड़ा है।

3. 'ह्वाइल यूरोप स्लेट : हाउ रेडिकल इसलाम इज डिस्ट्रॉइंग द वेस्ट फ्रॉम विदिन' नामक पुस्तक में इस बात की चिंता की गई थी और यूरोप के उदारवादियों को यह कहते हुए कोसा गया था कि यूरोप का दुश्मन इसलाम या कट्टरपंथी इसलाम नहीं है, बल्कि यूरोप का दुश्मन यूरोप खुद है। इसमें कहा गया है कि यूरोपीयों की सौहार्दता, आततायियों के खिलाफ उसकी नरमी और उसकी तुष्टीकरण की नीतियाँ आत्मघाती हैं।
4. जर्मनी में पेगिडा (पेट्रिओटिक यूरोपियंस अगेंस्ट दि इसलामिजेशन ऑफ द वेस्ट) ने लंबे समय तक मुसलिम-विरोधी आंदोलन चलाया, जिसका एंजेला मर्केल सरकार ने विरोध किया था।
5. आतंकवादी घटनाओं के बाद फ्रांस में विचारकों ने अपने विचारों और लेखन में 'इसलामी शासन' की कल्पना करनी शुरू कर दी। प्रश्न उठता है कि क्यों? ध्यान रहे कि प्रसिद्ध फ्रांसीसी लेखक मीशेल वेलबेक ने अपने उपन्यास 'सबमिशन' में लिखा है कि साल 2022 तक फ्रांस का इसलामीकरण हो जाएगा। देश में मुसलिम राष्ट्रपति होगा और महिलाओं को नौकरी छोड़ने के लिए प्रेरित किया जाएगा। विश्वविद्यालयों में 'कुरआन' पढ़ाई जाएगी। इस उपन्यास से पहले ही दक्षिणपंथी पत्रकार एरिक जेमूर ने अपनी पुस्तक 'ले सुसाइड फ्रांकाइस' (फ्रांसीसी आत्महत्या) में फ्रांस में इसलाम के उदय के

बरक्स फ्रांस के नैतिक पतन की बात लिखी गई थी। सवाल यह उठता है कि फ्रांस के विवेच्यवादी और विचारक आखिर इसलाम को लेकर इतने चिंतित क्यों हैं? क्या उनकी चिंता अनावश्यक और आधारहीन है? यदि नहीं तो फिर इसलामी दुनिया उन्हें आगे बढ़कर आश्वस्त नहीं कर पाती कि ऐसा कुछ होने वाला नहीं है या संपूर्ण यूरोप मिलकर इन्हें आत्मविश्वास और आत्मशक्ति प्रदान क्यों नहीं कर पाता?

6. अमेरिकी प्रशासन प्राय: मुसलमानों को लेकर चिंता व्यक्त करता है। वर्तमान अमेरिकी राष्ट्रपति डोनाल्ड ट्रंप ने यह क्यों माना था कि अमेरिका में मसजिदों पर निगरानी रखी जानी चाहिए। चरमपंथ-रोधी पहल के तहत मुसलमानों पर कानूनी रूप से नजर रखनी चाहिए और अगर मसजिदों को 'राजनीतिक रूप से गलत' माना जाता है तो इसकी परवाह नहीं है। खुद को इसलामिक स्टेट कहनेवाले चरमपंथी संगठन के खिलाफ अमेरिका को 'कठोर पूछताछ' के लिए वॉटरबोर्डिंग (पानी में सिर डुबोकर यातना देना) जैसे दूसरे तरीकों का इस्तेमाल करना चाहिए। अवैध आप्रवासियों और सीरियाई प्रवासियों को रोकने के लिए अमेरिका और मेक्सिको के बीच एक 'बहुत बड़ी दीवार' खड़ी करनी चाहिए। यह भी सवाल उठता है कि ट्रंप की 'जन्म से नागरिकता' संबंधी नीति को बदलने की पहल के पीछे वास्तव में कौन केंद्र में था? ट्रंप इस निष्कर्ष पर क्यों पहुँच गए कि अमेरिका में मुसलमानों के आने पर पूरी तरह से रोक लगा देनी चाहिए?

अब, जब पूरी दुनिया इस तरफ उँगली उठा रही है, तब हमें इसका गंभीर अध्ययन करना चाहिए या फिर यह मानकर खारिज कर देना चाहिए कि दुनिया में उठते सवाल सिर्फ लफ्फाजियाँ हैं, नैतिक एवं वैचारिक बेईमानियाँ हैं और कुछ शासकों की तरफ से फैलाया जा रहा मिथ्या भ्रम है। दुनिया ने जो पिछले दो दशकों में देखा और झेला है, उसके आधार पर उठते हुए सवालों और पलती हुई शंकाओं को खारिज करना तथ्यात्मक दृष्टि से गलत है। इन स्थितियों में योगी आदित्यनाथ का इस ओर उँगली उठाना यह बताता है कि वे वैश्विक परिस्थितियों और चिंताओं से वाकिफ हैं। फिर तो इस सच को यह राष्ट्र और इसके जन-गण

भी जितनी जल्दी समझ लें, उतना ही अच्छा है। इस स्थिति में उनकी फरवरी 2015 की यह बात भी उचित है कि "अगर उन्हें अनुमति मिले तो वे देश की सभी मसजिदों के अंदर गौरी-गणेश की मूर्ति स्थापित करवा देंगे। हमें यह नहीं भूलना चाहिए कि मुसलिम आक्रांताओं ने भारत की भूमि पर तलवार के जरिए हमारी संस्कृति को नष्ट करने का प्रयास किया था। अगर यह सच न होता तो उन्होंने हमारे मंदिर नहीं तोड़े होते; हमारे राम, कृष्ण और शिव की पवित्र भूमियों पर अपनी मसजिदें स्थापित न की गई होतीं। इसे देखते हुए ही उन्होंने वर्ष 2005 में कहा था कि "मैं तब तक नहीं रुकूँगा, जब तक कि उत्तर प्रदेश और भारत को हिंदू राष्ट्र में परिवर्तित नहीं कर दूँगा।" उनकी उसी मनोवैज्ञानिक अभिव्यक्ति का यह एक पहलू था, जिसमें उन्होंने कहा था कि "हिंदू समाज विश्वनाथ के दर्शन के लिए जाता है, तब ज्ञानवापी मसजिद हमें चिढ़ाती है। यदि ऐसा है तो हमें अनुमति दें, हम प्रत्येक मसजिद में गौरी-गणेश और नंदी की स्थापना करेंगे। उनका कहना था कि आर्यावर्त ने आर्य बनाए, हिंदुस्तान में हम हिंदू बनाएँगे।" कुल मिलाकर वह चाहे लव जिहाद संबंधी विषय हो या जनसंख्या के बीच बिगड़ता परंपरागत असंतुलन, उनकी प्रतिक्रिया उतनी ही उचित प्रतीत होती है, जितनी कि होनी चाहिए। वैसे भी, यदि कानून इस छद्म सांस्कृतिक युद्ध को नहीं रोक पा रहा है तो फिर संत का हुंकार भरना समय की माँग ही मानी जाएगी।

बहरहाल, इन सीमित और सामान्य विषयक विमाओं का आकलन करने के पश्चात् हम इसी निष्कर्ष पर आ ठिठके कि योगी आदित्यनाथ की राजनीति के इस फलक पर पहुँचने से प्रदेश के जन-गण की खोज पूरी हुई। जब योगी आदित्यनाथ उत्तर प्रदेश की राजधानी लखनऊ में मुख्यमंत्री पद की शपथ ले रहे थे, तब पाकिस्तान में वैचारिक सुगबुगाहट हो रही थी कि "भारत अब भगवा युग में प्रवेश कर चुका है।" एक कॉलमिस्ट बी.बी.सी. पर व्यंग्यात्मक रूप में एक पाकिस्तानी सलीमुल्लाह के बहाने लिख रहे थे कि "अगर पड़ोसी देश के सबसे बड़े सूबे की चीफ मिनिस्ट्री योगी आदित्यनाथ को मिल सकती है तो यहाँ मौलवी सलीमुल्लाह क्यों चीफ मिनिस्ट्री का उम्मीदवार नहीं बन सकता?" यह दिखाता है कि योगी आदित्यनाथ के अपनी स्थायी और समृद्ध रिकॉल वैल्यू के साथ देश के प्रमुख राज्य का नेतृत्व हासिल करने संबंधी जो हलचल पड़ोसी राज्यों

से लेकर पश्चिमी दुनिया के अखबारों तक हुई, वह उनकी प्रासंगिकता को सिद्ध करता है। वे आज ही नहीं, कल भी स्वीकार्य होंगे; क्योंकि उनमें देश को बदलने और भारतीय गौरव की प्रतिष्ठा करने का सामर्थ्य है। इसलिए हम कह सकते हैं कि खोज पूरी हुई। लेकिन अब यही बात युवाओं के मुँह से भी निकलनी चाहिए, यह बात किसानों के मुँह से भी निकलनी चाहिए, यह बात मजदूरों के मुँह से भी निकलनी चाहिए और यह बात इस देश के अंतिम पंक्ति के अंतिम व्यक्ति के मुँह से भी निकलनी चाहिए। पर इसके लिए अभी बहुत दूरी तय करनी होगी। हम इन सभी पर 'हाँ' में उत्तर मिलने की प्रतीक्षा में हैं, महाराजजी!

□□□